Tomás Bairéad

Rogha Scéalta

TOMÁS BAIRÉAD
Rogha Scéalta

Aingeal Ní Chualáin
a chuir in eagar

Cló Iar-Chonnacht
Indreabhán
Conamara

An chéad chló 2010
© Cló Iar-Chonnacht 2010

ISBN 978-1-905560-59-2

Dearadh clúdaigh: Creative Laundry
Dearadh: Deirdre Ní Thuathail

Foras na Gaeilge

Tá Cló Iar-Chonnacht buíoch de Fhoras na Gaeilge as
tacaíocht airgeadais a chur ar fáil.

arts
council
schomhairle
ealaíon

Faigheann Cló Iar-Chonnacht cabhair airgid
ón gComhairle Ealaíon.

Clóchur: Cló Iar-Chonnacht, Indreabhán, Co. na Gaillimhe.
Teil: 091-593307 **Facs:** 091-593362 **r-phost:** cic@iol.ie
Priontáil: CL Print, Indreabhán, Co. na Gaillimhe.

4

Clár

Foinsí

As na leabhair seo a leanas a tógadh na scéalta sa chnuasach seo:

Cumhacht na Cinniúna (Baile Átha Cliath, An Gúm, 1936): "Cáit an Mheán Oíche"; "An Stiléara"; "An Reilig"; "Sionnach an Bhrollaigh Bháin"; "An Balbhán Bocht"; "Clann na Lachan Fiáine"; "Costas an Ghiorria".

An Geall a Briseadh (Baile Átha Cliath, An Gúm, 1938): "Teach Ósta na dTans"; "Sé Dia a Rathaíonns"; "Gach Uige Mar a hÁbhar"; "An Crochadóir Nár Íocadh"; "Sionnach Ghleann na Sí".

Cruithneacht agus Ceannabhán (Baile Átha Cliath: Comhlucht Oideachais na hÉireann, 1940: "Boladh an Anraith".

Ór na h-Aitinne (Baile Átha Cliath, Faoi Chomhartha na dTrí gCoinneal, 1949): "Sú an tSeagail"; "An Ministéir Óg"; "An Brathadóir"; "Péacóg Chill Bhríde"; "Roghain an Dá Fhuascailt".

Dán (Baile Átha Cliath: Clódhanna Tta, 1973: "An Captaen"; "An Cliamhain".

Nóta Eagarthóireachta

San eagrán seo cuireadh litriú scaoilte caighdeánach an lae inniu i bhfeidhm, agus tugadh roinnt mírialtachtaí chun rialtachta. Theastaigh uaim go mbeadh an leabhar soléite ag léitheoirí an lae inniu ach go mbeadh Gaeilge na mbunleaganacha le sonrú go láidir tríd síos; mar sin fágadh an litriú neamhchaighdeánach in áiteanna mar aon le méid áirithe seanfhoirmeacha atá imithe i léig.

Tomás Bairéad, 1893–1973

Is díol spéise é saol agus saothar Thomáis Bairéad ar mhórán bealaí. Ba dhuine é a mhair le linn na géarleanúna a d'imir lucht tiarna talún ar an bpobal ag deireadh an naoú haois déag ina áit dúchais, Maigh Cuilinn i gContae na Gaillimhe. Ag tús an fichiú haois agus é mar bhall de Bhráithreachas Phoblacht na hÉireann, de Shinn Féin agus d'Óglaigh na hÉireann, ghlac sé páirt ghníomhach sna himeachaí áitiúla a bhain le hÉirí Amach 1916 agus le Cogadh na Saoirse (Breathnach 1993: 102). Le linn na tréimhse céanna bhí sé ag obair leis an *Galway Express*, páipéar a cheannaigh Sinn Féin go saor sa bhliain 1917 ach a scrios na píléaraí i 1920 (Bairéad 1972: 149). D'oibrigh sé seal leis an *Curadh Connachtach* ansin, agus sa bhliain 1922 thosaigh sé ag obair leis an *Irish Independent*, go dtí gur fhág sé é sa bhliain 1948 agus post mar eagarthóir an leathanaigh Ghaeilge bainte amach aige (Breathnach 1993: 102,103). Cé nach raibh baint aige le Cogadh na gCarad, b'fhinné géarchúiseach é ina ghairm mar iriseoir agus a chuid contúirtí féin ag baint leis an ngairm chéanna ag an am (Bairéad 1972: 152). Is é an Bairéadach a thug an chéad ráiteas ar an bpáirtí nua a bhí bunaithe ag Éamon De Valera i 1926, chlúdaigh sé an dá olltoghchán thábhachtacha i 1927 (Bairéad 1972: 165) agus is é a toghadh chun tuairisciú a dhéanamh ar thoghchán Fhianna Fáil na bliana 1943 (Bairéad 2005: 9). Chuir sé cor ina chinniúint féin nuair a rinne sé cinneadh cathair Bhaile Átha Cliath a fhágáil agus filleadh ar Mhaigh Cuilinn sa bhliain 1948 (Bairéad 1972: 246).

Níor fhág sé saol na nuachtán ina dhiaidh i bhfad, ámh, agus i Samhain na bliana 1953 thosaigh sé ag scríobh alt seachtainiúil i nGaeilge don *Clare Champion*, rud ar lean sé de suas go dtí Meán Fómhair na bliana 1959 (Ní Chualáin 2006, 47–73).

Is féidir a chéad iarrachtaí mar scríbhneoir cruthaitheach a rianú siar go dtí an bhliain 1928 nuair a foilsíodh dán fada leis, "Tuireadh Eachdhroma", in *An Stoc*. Foilsíodh ábhar i nGaeilge leis san *Irish Independent* idir 1924 agus 1938 agus i gcuid de na hirisí Gaeilge ó 1944 go dtí 1955, dráma grinn aon ghnímh in *Ar Aghaidh* sa bhliain 1955, san áireamh. Ach is do na cúig chnuasach gearrscéalta leis a foilsíodh idir na blianta 1936 agus 1973 is mó a bhfuil cáil agus gradam bainte amach ag Tomás Bairéad. Is ón saol a bhí timpeall air, saol corrach in amanna, a fuair sé a chuid inspioráide dá shaothar cruthaitheach. Ba é an saol tuaithe a chaith sé i Maigh Cuilinn le linn a óige agus gach a bhfaca sé sa tréimhse a chaith sé mar shaighdiúir, agus níos deireanaí mar iriseoir gairmiúil san ardchathair, a mhúnlaigh sé ina chuid gearrscéalta. Is foinse shaibhir é a shaothar mar sin, idir shaothar cruthaitheach agus iriseoireachta, ar shaol sóisialta agus polaitiúil a linne. Ach ní hé sin amháin é ar ndóigh. Tá an chuid is fearr dá chuid gearrscéalta – agus ba mar ghearrscéalaí go príomha a chonaic Tomás Bairéad é féin (Nic Mhathúna 2006) – ar chuid de na saothair Ghaeilge is cruthaithí agus is ealaíonta atá ar fáil sa seánra sa fichiú haois.

Is ar an 7 Iúil 1893 a rugadh Tomás Bairéad ar an mBaile Dóite, Maigh Cuilinn. B'as an áit sin a mháthair, Máire Nic Dhonncha, agus b'as na Cúlacha cúpla míle siar uaidh sin a athair, Mícheál Bairéad. Ba é Tomás an duine ba shine den chúigear clainne a bhí orthu. Bhí beirt deirfiúracha aige, Mairéad agus Caitlín, agus beirt deartháireacha, Proinsias, agus Seán a fuair bás agus é ina naíonán (Breathnach 1993: 102). B'fheirmeoirí iad a mhuintir. Nuair a bhí an Bairéadach thart ar thrí bliana déag d'aois d'fhág sé an scoil, rud nach raibh aon aiféala air faoi is cosúil (Bairéad 1972: 12) agus chuaigh chun cónaithe lena Uncail Riocard, deartháir a athar, a raibh feirm aige ar na Cúlacha. Is léir go ndeachaigh an áit seo i bhfeidhm go mór air ón méid a insíonn sé dúinn faoi in *Gan Baisteadh* (Bairéad 1972: 12). Bhí a chion féin den obair feirme le déanamh aige ansin nach raibh cleachtadh aige air roimhe sin. Luann sé dul amach roimh bhreacadh an lae sa sioc agus leac oighir "ag súil le huain" (Bairéad 1972: 14). Bhí an dúlra inar chuir sé an oiread sin spéise mórthimpeall air agus bhí gach uile dheis aige aithne agus eolas a chur ar ainmhithe agus éanlaithe na coille: "Ba mhinic na sionnaigh ag sclamhairt agus ag freagairt a chéile sna coillte máguaird. Ba ghéar agus ba shearbh a nglór." (Bairéad 1972: 14)

Is é an saol seo a spreag a chuid samhlaíochta chun cuid de na scéalta is fearr leis a scríobh níos deireanaí (Bairéad 1972: 19). Cé go mba leis an mBairéadach an fheirm sa bhaile mar an mac ba shine, níor fhan sé ann. D'fhág sé ina fhear óg chun a bhealach féin a dhéanamh sa saol (Nic Mhathúna 2006). Is léir go raibh tuairimí láidre aige fiú ag aois óg faoin gcineál saoil a theastaigh uaidh féin.

Tá tréith an neamhspleáchais le sonrú go grinn i gcarachtar an Bhairéadaigh in eachtra a tharla sa bhliain 1910 agus gan é ach in aois a sheacht mbliana déag. Chuir sé an ruaig ar bheithígh amach as talamh an tiarna talún áitiúil Seoirse Búrc, siar an bóthar óna theach féin i gCnoc an tSeanbhaile. Mar thoradh air sin cuireadh príosún air i nGaillimh ar feadh ráithe (Breathnach 1993: 102). D'fhan cuimhne an bhraighdeanais leis, agus déanann sé tagairt in

Gan Baisteadh don chroch agus do chillín an bháis "nach ndéanfadh aon phríosúnach dearmad orthu" (Bairéad 1972: 49).

Bánaíodh Cnoc an tSeanbhaile ag deireadh an naoú haois déag nuair a dhíbir Seoirse Búrc na daoine as a dtithe agus chuir a chuid beithíoch féin ar féarach ar a gcuid talún (Breathnach 1986: 36). Gan amhras chuaigh an eachtra seo agus scéalta a bhí i mbéal na ndaoine faoi dhuine "de na haintiarnaí ba mheasa san Iarthar" (Bairéad 1972: 234) i gcion go mór ar Thomás Bairéad agus é ina fhear óg agus gur gríosaíodh é chun seasamh ina aghaidh. Tá sé follasach óna dhírbheathaisnéis an drochmheas a bhí ag an mBairéadach ar an mBúrcach agus an chaoi ar chaith sé le muintir na háite (Bairéad 1972: 235).

Chuir na díshealbhuithe agus bochtanas agus fulaingt na ngnáthdhaoine as go mór dó agus is rud é sin ar labhair sé air blianta ina dhiaidh (Nic Mhathúna 2006). Bhí cuimhne fós ag na daoine ar an nGorta Mór ach bhí tais an ocrais fós ina ngaobhar. Cláraíodh trí cinn de mhionghortaí sna blianta 1890-91, 1894 agus 1898 in iarthar na tíre, go háirithe i Maigh Eo agus Gaillimh. Ní go dtí an bhliain 1925 a úsáideadh an téarma "gorta" den uair dheireanach chun cur síos ar ghéarghátair i gContae na Gaillimhe (O'Neill 1996: 472,473). Is sa chomhthéacs seo a shantaigh an Bairéadach malairt saoil. Bhí malairt saoil ag teacht agus bhí sé féin le bheith lánpháirteach sa chlaochlú sin.

Bhí spiorad na hAthbheochana go láidir teann i gContae na Gaillimhe ag deireadh an naoú haois déag. Bunaíodh craobh de Chonradh na Gaeilge i Maigh Cuilinn ar an 5 Feabhra 1899 tar éis cuairt a thug Tomás Bán Ó Concheanainn, an chéad duine de thimirí an Chonartha, ar Uachtar Ard (Breathnach 1993: 3; Ó Torna 2005: 66). Tá sé le feiceáil ó na cuntais a coinníodh den chraobh don bhliain 1907 go raibh Tomás Bairéad ag aois a cheithre bliana déag ar dhuine den seachtó sé duine a bhí ag freastal ar ranganna Gaeilge (Breathnach 1993: 8). Is cosúil gur ag na ranganna céanna a chuir sé barr feabhais ar a chuid Gaeilge scríofa (Nic Mhathúna 2006), rud a raibh sé in ann leas a bhaint as roinnt blianta ina dhiaidh sin agus é ag obair mar iriseoir don *Galway Express*. Bhí sé ag an gcruinniú bliantúil i mí Iúil na bliana 1913, agus i Meitheamh na bliana 1915, áit ar toghadh ar an gcoiste é. (Breathnach 1993: 32-49). D'fhreastail sé rialta go maith ar chruinnithe i rith na mblianta 1915 agus 1916 cé go bhfuil sé le sonrú nach raibh sé i láthair ar an 7 Aibreán 1916 ná ag na cruinnithe speisialta a reáchtáladh ar an 9 agus an 23 Iúil 1916. Tá a ainm i measc na mball a d'fhreastail ar chruinniú i mí Márta na bliana 1918 (Breathnach 1993: 48-62). Níl aon amhras ó na fíricí seo go raibh tábhacht faoi leith ag an gConradh i saol an Bhairéadaigh i rith na tréimhse seo. Ba chraobh ghníomhach, fhuinniúil a bhí ann de réir dealraimh. Chomh maith le múineadh na Gaeilge, reáchtáil Craobh Mhaigh Cuilinn feiseanna, díospóireachtaí, taispeántais, céilithe agus drámaíocht, agus tugadh aoi-léachtóirí ón Spidéal agus as Gaillimh ann (Breathnach, 1993: 3). I Márta na bliana 1918 taispeánann miontuairiscí an chruinnithe gur léadh litir ó Cholm Ó Gaora faoi léacht a bhí le tabhairt i rith Sheachtain na Gaeilge (Breathnach 1993: 61). Mar is léir in *Mise le Colm Ó Gaora*, níor chuir sé féin agus Tomás Bairéad aithne ar a chéile go dtí 1920 (Ó Gaora 1943: 236) nuair a thug an Bairéadach cuairt air sa phríosún, agus an bheirt acu gníomhach i gCogadh na Saoirse. Ina dhiaidh sin ba chairde iad beirt mar is léir ó chomhfhreagras Uí Ghaora chuig an mBairéadach ó 1938 go dtí 1945 (P GP2/64-70).

In *Gan Baisteadh* déanann an Bairéadach cur síos ar Fheis Mhaigh Cuilinn áit a mbíodh Seán P. Mac Énrí ina mholtóir. Is

11

ann a chloiseadh sé na scéalta Fiannaíochta inar chuir sé an oiread sin suime (Bairéad 1972: 48) Is ann freisin a chonaic sé an Piarsach agus é ag bailiú amhrán ó sheanbhean as an bparóiste, Máire Uí Chéidigh (Bairéad 1972: 214).

Déanann sé cur síos freisin ar an gcaoi ar dhóigh píléirí na Gaillimhe an tseanscoil i Maigh Cuilinn sa bhliain 1921, áit a mbíodh cruinnithe an Chonartha ar siúl. Dódh leabharlann Chonradh na Gaeilge agus an t-ardán a úsáideadh le haghaidh drámaí a stáitsiú (Bairéad 1972: 313). Ar na leabhair a dódh bhí *In the Celtic Past* le Ethna Carbery, *Ireland's Ancient Schools and Scholars* le John Healy, *Ireland under Cromwell* le Moran, *Knocknagow* le Charles Kickham agus *Agriculture Note Book* le O'Connell (Breathnach 1993: 65,66). Is léir ó chlár imeachtaí na Craoibhe go raibh an náisiúnachas cultúrtha a bhí bunaithe ar an "gcultúr dúchasach, an teanga san áireamh" (Ó Torna 2005: 25) faoi lánseol i gceantar dúchais an Bhairéadaigh ag tús an fichiú haois agur gur tháinig sé go mór faoina anáil é féin. B'ógfhear aclaí a bhí ann i rith na mblianta seo chomh maith. Bhíodh sé ag rith leis na Harriers agus bhí sé ar dhuine den fhoireann peile a bhuaigh an Western Championship sa bhliain 1914. Ní dheachaigh a shuim sa Chumann Lúthchleas Gael i léig in imeacht na mblianta, agus thugadh sé síntiús maith gach uile bhliain don eagraíocht níos deireanaí ina shaol (Nic Mhathúna 2006).

Má bhí sé faoi anáil an Chonartha bhí sé faoi anáil Ghluaiseacht na Saoirse chomh maith, agus é ina bhall d'Óglaigh na hÉireann. Luann sé nach ndearna an scoilt a tharla sna hÓglaigh go náisiúnta aon dochar dóibh ach amháin nach raibh siad chomh gníomhach sin ó fhómhar na bliana 1915 agus go mba bhliain amú dóibh a bhí ansin (Bairéad 1972: 96). Léirítear tábhacht an Chonartha agus Chumann Lúthchleas Gael chun spiorad agus meanma na nÓglach a spreagadh i rith na tréimhse sin (Bairéad 1972: 96). Níl aon amhras faoi ach go raibh tábhacht faoi leith freisin ag Liam Ó Maoilíosa i gcothú na físe a bhí ag an mBairéadach agus ag a chomrádaithe, in Éirinn a bheadh saor agus Gaelach. Déanann sé tagairt in *Gan Baisteadh* don "aoibhneas saolta" a bhí air lá na tionóla i mBaile Átha an Rí sa bhliain 1915 chun fáilte abhaile a chur roimh Ó Maoilíosa a bhí tagtha amach as an bpríosún: "Ach an lá úd chonaic muid malairt saoil ... Bhí blas agus boladh na saoirse agus a mbaineann léi an lá úd, agus bhí dúshlán ann freisin." (Bairéad 1972: 93,94)

Ag tráth an ama seo bhí an Bairéadach ar dhuine de na daoine a chuir fir óga i Maigh Cuilinn faoi mhóid "faoi dheifir" (Bairéad 1972: 97). Thug Liam Ó Maoilíosa cuairt ar Mhaigh Cuilinn go luath sa bhliain 1916 áit ar cuireadh fáilte fhial roimhe (Bairéad 1972: 98). In ainneoin líon na nÓglach a bhí ag paráid Lá Fhéile Pádraig na bliana 1916, ba léir don Bhairéadach na laigí a bhain leis an ngluaiseacht agus iad ag ullmhú d'éirí amach (Bairéad 1972: 100).

Ina ainneoin sin, bhí siad réidh chun troda. Nuair a cuireadh ar ceal an t-éirí amach ba scéal "aisteach, iontach, do-chreidte" a bhí ann dóibh (Bairéad 1972: 107). Tugann an Bairéadach a bhreith féin ar an éirí amach san alt seo a leanas:

An tráth a raibh an tír báite i ngalldachas, agus na mílte Éireannach ag troid do naimhde na tíre sin thug doscán Éireannach ar bheagán arm, agus traenála, agus lucht leanúna, dúshlán an airm ghallda agus dúshlán cúpla milliún Éireannach ina theannta sin. Chuireadar rompu fuascailt a thabhairt ar phobal a raibh an fonn saoirse caite suas acu, agus nár shantaigh fuascailt. Níor mhór a saoradh dá mbuíochas, nó geall leis! ... Níor mhór saoirse a bhrú orthu! (Bairéad 1972: 111)

Faoi 1917 bhí sé ag obair do pháipéar Shinn Féin, an *Galway Express*, agus d'fhan sé leo go dtí an bhliain 1920 nuair a scrios na píléirí é. (Breathnach 1993: 102). Is cosúil go ndearna an Bairéadach cinneadh dul le hiriseoireacht agus é i bpríosún sa bhliain 1910. Cheap sé go raibh leabharlann mhaith sa phríosún agus is amhlaidh gur ann a spreagadh é chun dul leis an ngairm sin (Nic Mhathúna 2006). I bpíosa a scríobh sé i mBéarla, "Galway Jail Revisited", sa bhliain 1940 don *Irish Independent*, rinne sé cur síos ar an tréimhse a chaith sé i bpríosún na Gaillimhe. Is léir gur bhunaigh sé an gearrscéal "Costas an Ghiorria" (Bairéad 1936: 103-115) ar an am a chaith sé i ngéibheann freisin. Bhí sé seo le rá aige faoi leabharlann an phríosúin:

The library room where the late Monsignor Considine used to hear Confessions now resembles an empty cell. It differed from most other rooms accessible to prisoners because it had a fire. I never got from it anything more seditious than the life of Daniel O'Connell, except a translation from the Irish of that fierce piece composed by the sister of Father Nicholas Sheehy after that priest's execution in Clonmel in 1766. (Bairéad 1940)

Scríobh an Bairéadach aiste faoi dhúnmharú an Athar Ó Síthigh sa *Clare Champion* blianta ina dhiaidh sin. Tamall tar éis dó teacht amach as an bpríosún cheannaigh sé leabhar luathscríbhneoireachta a d'fhoilsigh an comhlacht Sloan-Duployan agus d'fhoghlaim sé scil na luathscríbhneoireachta é féin. Léadh col ceathar leis píosaí os ard dó chun a luas a thástáil agus an Bairéadach ag fógairt air dul níos sciobtha i gcaitheamh an ama (Nic Mhathúna 2006). Déanann an leabhar cur síos in áit faoi leith do luathscríbhinn do thuairisceoirí nuachta. Bhí an scil chéanna an-usáideach dó chun ainmneacha na bhfear a bhí á gcur faoi mhóid agus cuntais eile a choinneáil faoi rún i nGaeilge (Bairéad 1972: 97). Ba chontúirteach an post a bhí aige leis an *Express* agus an ghráin a bhí ag na píléirí ar an bpáipéar agus gach ar bhain leis (Bairéad 1972: 48). Ba mhór an meas a bhí ag an mBairéadach ar eagarthóir an pháipéir, Tomás Mac Niocais. Bhí sé lách, cineálta leis agus is uaidh a d'fhoghlaim sé ceird na hiriseoireachta. (Bairéad 1972: 146). Dar leis an mBairéadach ní raibh sárú an *Galway Express* le fáil ag an am ná ó shin as an méid Gaeilge a bhí le fáil ann (Bairéad 1972: 146). Is é an cineál ábhair a bhí sa pháipéar ná "Nótaí" Chonradh na Gaeilge, seanamhráin, paidreacha agus drámaí. Scríobh Padraic Ó Conaire aistí don *Galway Express* ó mhí an Mheithimh go mí Mheán Fómhair na bliana 1920 agus ba é an Bairéadach a léigh a chuid lámhscríbhinní (Bairéad 1972: 146). In aiste leis, "Bimis i ndá ríre" (Ó Conaire 120: 4) bhí Ó Conaire ag tathaint ar scríbhneoirí ábhar léitheoireachta Gaeilge a chur ar fáil do Ghaeilgeoirí mar dá n-imeodh an teanga go mbeadh "deireadh go deó le seannáisiúntacht na nGael". Gan amhras bhí tionchar ag Ó Conaire ar Thomás Bairéad, mar náisiúnaí, agus b'fhéidir, freisin, mar scríbhneoir. D'aithnigh sé gur "duine ar leith" a bhí in Ó Conaire nuair a chonaic sé é don chéad uair i 1918 agus é ag caint le Sinn Féin i gCois Farraige (Bairéad 1972: 221). Is í an obair chéanna a bhí ar bun ag an mbeirt acu sa *Galway Express* agus iad ag iarraidh an réabhlóid chultúrtha a bhí lárnach d'fhealsúnacht Uí Chonaire (Denvir 1997: 73) a chur ar bun. Deir Niall Ó Murchadha faoin am ar thosaigh Cogadh na Saoirse i gceart gur mar nuachtóir ba mhó a chuidigh an Bairéadach leis an ngluaiseacht ina dhiaidh sin (Ó Murchadha 1989: 21).

Is sa bhliain 1920 agus é ag obair leis an *Express* a chuaigh Tomás Bairéad agus deichniúr eile siar as Maigh Cuilinn chomh fada leis an nGort Mór i Ros Muc chun an bheairic a bhaint de na píléirí, rud nár éirigh leo a dhéanamh sa deireadh thiar nuair a chuaigh rudaí ina n-aghaidh. Luann sé in *Gan Baisteadh* gur ar éigean a bhí sé in ann fanacht ina dhúiseacht in oifig an *Express* an lá dár gcionn ceal codlata (Bairéad 1972: 13).

Tar éis deireadh a theacht leis an *Galway Express* chuaigh sé ag obair leis an *Curadh Connachtach* (Breathnach 1993: 102). Scríobh sé léirmheas ar leabhar amháin, *Duanaire Gaedhilge* le Róis Ní Ógáin, don pháipéar i mí Dheireadh Fómhair na bliana 1921, a thaispeáin go raibh suim aige sa tseanfhilíocht go luath ina shaol. Bhí sé le rá aige sa léirmheas seo gur san fhilíocht "a nochtaítear na smaointe ia airde agus is uaisle sa teanga" agus is léir go raibh féith na filíochta ann féin ón riar beag dánta atá againn leis.

Sa bhliain 1922 d'fhág sé Gaillimh agus thug aghaidh ar chathair Bhaile Átha Cliath áit a raibh sé fostaithe ag an *Irish Independent*. Thaistil sé ar fud na tíre mar thuairisceoir Béarla don pháipéar (Breathnach 1993: 102) cé gur scríobh sé roinnt aistí faoi chúrsaí tuaithe i nGaeilge freisin a bhfuil a ainm leo don pháipéar idir 1924 agus 1933. Foilsíodh ceann díobh, "Ag Lorg Súgh na hEornan", mar an gearrscéal "Fíon a' tSléibhe" in *Cruithneacht agus Ceannabháin* i 1940. Foilsíodh ábhar leis chomh maith sna hirisí *Comhar, Feasta* agus *Éire* ó 1942 go dtí 1952. In *Éire* sa bhliain 1942 bhí an gearrscéal "Súgh an tSeagail", a foilsíodh in *Ór na h-Aitinne* níos deireanaí, agus an dara dán a cuireadh i gcló leis, "VII Romani". (P GP2/135). I dtagairt don dán seo bhí sé le rá ag léirmheastóir faoin mBairéadach: "The same author shows both feeling and mastery of Gaelic verse modes in the poem 'VII Romani'." (GP2/135)

In *Comhar* sa bhliain 1944 bhí an gearrscéal "Bean na Gruaige Finne" a foilsíodh in *Ór na h-Aitinne* chomh maith mar "Péacóg

Chill Bhríde". As na sé ghearrscéal a cuireadh i gcló in *Feasta* idir 1949 agus 1951 foilsíodh cúig cinn díobh in *Dán* níos deireanaí agus foilsíodh ceann acu i gcolún nuachta an Bhairéadaigh sa *Clare Champion*.

Phós Tomás Bairéad Éibhlín Ní Mheara as an gCluain Ard i gContae na hIarmhí sa bhliain 1930 i Maiden Lane, Londain, agus sheas cara ón *Times* i Londain leis. Chuaigh siad chun cónaithe ansin i nGlas Naíon. Cailleadh a bhean sa bhliain 1946 go gairid roimh dó filleadh ar Mhaigh Cuilinn (Nic Mhathúna 2006). D'fhreastail sé ar Chomhdháil na gCiníocha Ceilteacha sa Bhreatain Bheag, in Albain agus ar Oileán Mhanainn agus é ag obair leis an *Independent*. Is é a rinne tuairisciú freisin ar olltoghchán Fhianna Fáil sa bhliain 1943 (P GP2/31). Ceapadh ina eagarthóir Gaeilge é ar an *Irish Independent* sa bhliain 1945 agus d'fhan sé sa phost sin go dtí 1948 nuair a d'fhág sé an páipéar. Cé gur cinnte go bhfaigheadh an Bairéadach post san *Irish Press* nuair a bunaíodh é sa bhliain 1931, shocraigh sé fanacht leis an *Irish Independent*. Fear stuama a bhí ann a thuig saol na nuachtán agus a chonaic roinnt páipéar eile ag cliseadh roimhe sin (Bairéad 1972: 175). Tá sé spéisiúil an dearcadh a nochtann sé in *Gan Baisteadh* i dtaobh cúrsaí polaitíochta go ginearálta agus é ag déanamh cur síos ar na fáthanna a thug sé don eagarthóir, Proinsias Ó Gallchobhair, nach raibh sé chun cur isteach ar phost sa pháipéar nua:

> Dúirt mé leis go mbíonn saol crua ag páipéar laethúil i dtosach; go dtógfadh sé tamall maith air greim a fháil agus tosú ag íoc as féin; nach raibh fhios cén t-airgead a ídeodh sé; nár mhaith liom cúrsaí polaitíochta agus gurbh iad a gheobhadh tús áite sa pháipéar nua. Níor inis mé dó nár thaitin aon mháistir liom ná gur le Gaeilge a chaithfinn an chuid eile de mo shaol (Bairéad 1972: 175)

Tá sé suntasach freisin an dearcadh a nochtann sé i dtaobh Chogadh na gCarad sa sliocht céanna: "Ní raibh aon bhaint agam le Cogadh na gCarad buíochas le Dia, agus ní fhéadfainn suim a chur i gcúrsaí polaitíochta." (Bairéad 1972: 176) Is cosúil go mb'ábhar léin dó gur thit Cogadh na gCarad amach. In áit eile ina dhírbheathaisnéis, is mar "Chogadh brónach na gCarad" a dhéanann sé cur síos air (Bairéad 1972: 125).

Is léir gurbh é a mhian ó thart ar 1931 a shaol a chaitheamh ag saothrú na Gaeilge agus go raibh tús curtha aige lena shaothar liteartha. Cuireadh seanrannta agus seanfhocail a chuir sé chuig *An Stoc* i gcló i 1927 agus 1928, ach níos suntasaí fós ó thaobh a shaothair chruthaithigh de ná an t-amhrán nó an dán fada leis "Tuireadh Eachdhroma" a foilsíodh in *An Stoc* sa bhliain 1928. Ghnóthaigh an píosa seo an chéad duais dó ag Feis Chonnacht na bliana 1927 (Bairéad 1928). Mheas an tOllamh Tomás Ó Máille, eagarthóir *An Stoc* go raibh an t-amhrán "go rímhaith" cé nárbh ardmholadh ar fad a thug sé dá chéad iarracht mar ghearrscéalaí, ámh (Bairéad 1972: 215).

Thuig an Bairéadach níos deireanaí gur chun a leasa a chuir an Máilleach an chomhairle sin air agus go raibh sé faoi chomaoin aige (Bairéad 1972: 215). Léirigh an píosa a scríobh sé ar ócáid bhás an Mháilligh sa bhliain 1938 an t-ardmheas a bhí aige air (Bairéad 1972: 218).

Bhí tuiscint mhaith aige go mba Ghaeilgeoir agus scoláire den scoth a bhí sa Mháilleach agus go mba mhór é a chaillteanas. Chaoin sé an saibhreas Gaeilge a bhí imithe faoin bhfód leis mar a rinne sé go minic cheana agus seanfhondúirí a raibh aithne aige orthu le linn a óige ag fáil bháis. Ba dhuine díobh é an Seoigeach as Conamara ar a dtugtaí "An Spailpín". Bhí na "scórtha amhrán" aige agus leaganacha cainte inar chuir an Bairéadach óg suim

(Bairéad 1972: 23). Is léir go raibh sé faoi gheasa ag an teanga agus é ina ógánach. Déanann sé tagairt in *Gan Baisteadh* do cé chomh "tráthúil, dea-labhartha" is a bhí beirt as an áit, Tadhg agus Dónal, a bhíodh ag imirt chártaí agus é ina ógánach (Bairéad 1972 45,46). Chuir sé suntas freisin ar an gcaoi a raibh Seán a' Búrc in ann rann a chumadh ar an toirt agus teach trí lasadh sa cheantar (Bairéad 1972: 46). Bhí an fhilíocht i gcaint na ndaoine. Bhí sé le rá aige blianta ina dhiaidh nuair ba léir an t-athrú saoil agus an t-athrú a bhí tagtha ar an teanga go raibh "an fonn rannaíochta caillte" (Bairéad 1972: 46). Bhí tóir aige ar an nGaeilge ghlan shaibhir agus is í a labhair agus a scríobh sé (Breathnach 1993: 106). Tá *Gan Baisteadh* breac le nathanna cainte a chuala sé agus a chuir sé de ghlanmheabhair. Ach is ina chuid gearrscéalta agus ina chuid aistí is mó a fheictear an saibhreas Gaeilge a bhí ag an mBairéadach féin.

Is scríbhneoir Gaeltachta é Tomás Bairéad. Rugadh agus tógadh é i Maigh Cuilinn a bhí ina cheantar fíorláidir Gaeilge tráth. Ag deireadh an naoú haois déag ámh, mar a léiríonn Caitríona Ó Torna ina leabhar *Cruthú na Gaeltachta 1893–1922*, is é an meon a bhí ag go leor cainteoirí dúchais Gaeilge, agus go deimhin muintir na tíre fré chéile, ná go raibh nasc láidir idir an Béarla agus an dul chun cinn ar thaobh amháin agus idir an Ghaeilge agus an bochtanas ar an taobh eile (Ó Torna 2005: 56). Mar gheall gur samhlaíodh an Ghaeilge leis an mbochtanas ó aimsir an Ghorta Mhóir ar aghaidh, bhí an claonadh ann nár seachadadh í don chéad ghlúin eile faoi dheireadh an naoú haois déag (Ó Torna 2005: 45,46). Léiríonn daonáireamh na bliana 1926 nach raibh ach 24% de ghasúir idir a trí agus ceithre bliana d'aois i gceantar Mhaigh Cuilinn in ann Gaeilge a labhairt cé go raibh Gaeilge ag 49% san aoisghrúpa idir a cúig agus naoi mbliana,

19

85% idir a deich agus ceithre bliana déag agus 83% san aoisghrúpa idir fiche agus fiche naoi bliain d'aois (O'Neill 1996: 662). Ní go dtí tar éis thart ar 1930 a bunaíodh inniúlacht teanga ar thorthaí scrúduithe sna scoileanna (O'Neill 1996: 652). Mar sin is cosúil go raibh aisiompú teanga sa cheantar ó thús an fichiú haois agus go raibh an dearcadh coitianta i leith thábhacht an Bhéarla le fáil i Maigh Cuilinn. Ní mór a chur san áireamh nuair a bhí an Bairéadach ag freastal ar scoil Mhaigh Cuilinn ag deireadh an naoú haois déag agus ag tús an fichiú haois, nár ceadaíodh an Ghaeilge sna scoileanna agus gur beag an spreagadh a bhí ansin do thuismitheoirí an Ghaeilge a labhairt lena gclann. In ainneoin an bhaic seo, ámh, bhí an-Ghaeilge agus meas ar an nGaeilge ag múinteoir a bhí ag Tomás Bairéad, Micheál Ó Ciaragáin, agus labhair sé i nGaeilge leis na gasúir a raibh Gaeilge ag a muintir (Bairéad 1972: 29). Bhí Gaeilge ag máthair agus athair an Bhairéadaigh agus bhí idir Ghaeilge agus Bhéarla aige féin ón mbaile (Nic Mhathúna 2006) cé gur luaigh sé gur le Béarla a tógadh é go luath ina shaol (Breathnach, 1993: 106). Ar chuma ar bith thug sé an dá theanga leis go paiteanta mar is léir óna shaothar. Deir sé féin gur cailleadh an Gaeilgeoir deireanach gan Béarla i Maigh Cuilinn thart ar 1930 (Bairéad 1972: 70). Cé go raibh meath ag teacht ar an teanga luann an Bairéadach go raibh Gaeilge mhaith ag an Athair Mac Gabhráin a bhí i Maigh Cuilinn le linn a óige, rud nár mhór dó mar bhí go leor gan Béarla ann an uair sin (Bairéad 1972: 36). Is í an Ghaeilge a bhí ag na fir óga ar fad a bhí ag rith le club na Harriers freisin, a bunaíodh roimh an gCéad Chogadh Mór agus ní raibh mórán Béarla ag cuid acu, dar leis an mBairéadach (Bairéad 1972: 42). Is léir gur chuir sé suim sa saibhreas teanga a bhí thart timpeall air ina óige agus is ar an nGaeilge shaibhir a bhí tóir aige.

Bhí sé chomh pointeáilte céanna faoin mBéarla is a bhí sé faoin nGaeilge agus é ina iriseoir. Ba ghnáth leis píosaí a ghearradh amach as an *Times* chun cleachtadh a fháil ar Bhéarla a bhí cruinn, agus cheap sé gur teanga í a bhí sách casta lena foghlaim i gceart (Nic Mhathúna 2006). Bhí na mórscríbhneoirí Béarla ar fad léite aige, ina measc Shakespeare agus Dickens, agus thaitin Turgenev agus Dostoievski leis chomh maith. Ceann de na leabhair ab ansa leis i mBéarla ná *Walden* le Henry David Thoreau, áit a ndéantar cur síos ar shaol an údair agus é ag maireachtáil ina aonar sna coillte thar thréimhse dhá bhliain. Tá macallaí sa leabhar sin den saol a chaithfeadh an Bairéadach féin i gCill Ráighnigh ar fhilleadh dó ar a dhúchas.

Is é an dán "Cill Á' Ráighne", a chum Tomás Breathnach as Maigh Cuilinn, a spreag Tomás Bairéad le suíomh a cheannacht i gCill Ráighnigh agus a theach a thógáil ann ar fhilleadh dó ar Mhaigh Cuilinn sa bhliain 1948. Is cosúil gur thaitin an dán, a foilsíodh in *Ar Aghaidh* i mí Nollag na bliana 1940, go mór leis (Nic Mhathúna 2006). Cuimsíonn an sliocht seo as *Gan Baisteadh* dearcadh an Bhairéadaigh faoi Bhaile Átha Cliath agus bailte go ginearálta:

> Sular chodail mé oíche i mBaile Átha Cliath riamh chuir mé romham sa traein ag dul ann dom imeacht as chomh luath is a bheadh cuid den saol feicthe agam. Cad chuige? Níor thaitin údarás ná ceannas ar bith liom. Agus
>
> > *B'aite liomsa léim an phoic,*
> > *Nó léim an bhroic idir dhá ghleann.*
>
> Nó amhastraíl an tsionnaigh, nó fead an mhada uisce ar theacht na hoíche, ná bailte móra na cruinne. (Bairéad 1972: 245)

Ní raibh a chroí i mBaile Átha Cliath agus admhaíonn sé go mbuaileadh an t-uaigneas é corruair (Bairéad 1972: 245) agus gur "D'óbair nár ghabh drochmhisneach cúpla babhta" ann é (Bairéad 1972: 24). Ach bhí cairde maithe aige ann a thagadh ar cuairt chuige féin agus a bhean, agus ina measc bhí Máirtín Ó Cadhain, Máirtín Ó Direáin agus Tomás de Bháldraithe. Thagadh Máire Ní Rodaigh ar cuairt freisin agus an Cadhnach i bpríosún (Nic Mhathúna 2006). Is léir ó chomhfhreagras an Chadhnaigh leis an mBairéadach idir na blianta 1939 agus 1952 go raibh cairdeas pearsanta agus proifisiúnta idir an bheirt fhear (P GP2/45-61). D'aithnigh an Cadhnach an saibhreas Gaeilge a bhí ag an mBairéadach (Ó Cadhain 1973: 11) agus d'aithnigh seisean go ndéanfadh an Cadhnach "áibhéal lena pheann" lá éigin (Ó Cadhain 1973: 13), cé gur mhol sé dó a chuid cumadóireachta a shimplú! (Ó Cadhain 1973: 15).

Cé go mb' fhada leis an mBairéadach a bheith imithe as an gcathair, is suntasach gur i rith na tréimhse a bhí sé i mBaile Átha Cliath a foilsíodh an chéad trí chnuasach gearrscéalta leis: *Cumhacht na Cinniúna* i 1936, *An Geall a Briseadh* i 1938 agus *Cruithneacht agus Ceannabháin* i 1940. Foilsíodh *Ór na h-Aitinne* sa bhliain 1949. D'imigh scór bliain sular foilsíodh aon mhórshaothar eile uaidh. Ach níor lig sé na maidí le sruth, agus ó mhí na Samhna 1953 go dtí Meán Fómhair 1959, bhí alt seachtainiúil i nGaeilge leis sa *Clare Champion*, dar teideal "An Rud is Annamh is Iontach", agus foilsíodh dráma aon ghnímh leis in *Ar Aghaidh* i mí Iúil na bliana 1955. Chaith sé cúpla bliain ag scríobh *Gan Baisteadh*, a foilsíodh sa bhliain 1972. Is i mbliain a bháis a foilsíodh *Dán*, an cnuasach deireanach gearrscéalta uaidh, agus is tar éis a bháis i 1973 a foilsíodh *As an nGéibheann*, bailiúchán de na litreacha a chuir Máirtín Ó Cadhain chuige as an bpríosún, agus a raibh sé le rá ag Seán Ó Ríordáin faoi: "Is ar éigin a fhéadfaí comaoin ba mhó a chur ar litríocht na Gaeilge nó go deimhin ar Éirinn." (Ó Ríordáin 1973, P GP2/143)

Thuill Tomás Bairéad meas agus gradam dá shaothar, agus i measc na nduaiseanna a bronnadh air tá an Irish Academy of Letters, Gradam Uí Ghramhnaí ar *Chumhacht na Cinniúna* sa bhliain 1937, Duais an Chraoibhín ar *An Geall a Briseadh* sa bhliain 1938, duais ó Aonach Tailteann don ghearrscéal "An Stiléara" sa bhliain 1931, duais Fheis Chonnacht ar an dán fada "Tuireamh Eachdhroma" sa bhliain 1927 agus roinnt duaiseanna Oireachtais, Duais an Mhaolánaigh ina measc a bronnadh air sa bhliain 1951 don ghearrscéal "An Strainséara".

Ba dhuine é Tomás Bairéad i measc na mílte eile a d'fhág an tuath go luath ina shaol chun slí mhaireachtála a fháil sa chathair i rith an chéid seo caite, agus mar a dúirt sé in *Gan Baisteadh*: "ba fhurasta dul ann ná imeacht as" (Bairéad 1972: 246). D'éirigh leis féin imeacht as, ámh, agus ní raibh lá aiféala air go ndearna sé an cinneadh sin (Bairéad 1972: 246). Tugann sé seo léargas dúinn ar dhá thíolacadh a bhain lena phearsantacht: diongbháilteacht agus neamhspleáchas intinne. Bhí faobhar an tseansaighdiúra ann, dar lena iníon Treasa Mhic Mhathúna (Nic Mhathúna 2006), agus cé nár dhuine é a sheachain comhluadar, bhí cuid den aonaránacht ag baint lena phearsantacht. B'fhéidir go mba sheanghonta a bhí ag dul siar i bhfad ba chionsiocair leis an aistíl seo, dar léi.

Bhí aithne ag an scríbhneoir Pádraic Breathnach ar Thomás Bairéad. Dar leis bhí sé cneasta, tostach, cúthail ach in ainneoin na cúthaile go mba "duine an-mhuiníneach" as féin é, "duine sásta, duine neamhspleách" (Breathnach 1993: 106). Tá cur síos fileata ag an mBreathnach ar an údar tar éis dó filleadh, ina aonar, ar Chill Ráighnigh mar seo a leanas: "Shiúil sé réigiún a dhúiche,

i bpáirt lena créatúir, i bpáirt leis an ngrian, i bpáirt leis an anfa, i bpáirt le lúb is le cruth an chnoic, i bpáirt lena dhaoine. Oiread, móran, agus is féidir leis an anam daonna a bheith i bpáirt."
(Breathnach 1993: 104)
Is guth tábhachtach é guth Thomáis Bairéad i nualitríocht na Gaeilge. Ba é a chinniúint gur rugadh é ar an tairseach idir an seansaol traidisiúnta Gaelach agus an saol nua-aimseartha. Sílim gur éirigh leis mar scríbhneoir an dá shaol sin a thabhairt le chéile ina shaothar liteartha. Ní scríbhneoir é a bhí maoithneach faoi mheath an tseansaoil cé gur thuig sé an caillteanas a bheadh i gceist don chultúr Gaelach sa chlaochlú. Is cur síos atá ina shaothar ar an saol mar a chonaic sé féin é. Tá ionracas ag baint leis an gcur síos sin agus níl amhras ach go raibh sé dílís don tuiscint a bhí aige ar an saol ina thimpeall. B'fhéidir go raibh baint ag a thaithí mar iriseoir leis an gcaoi ar thochail sé don fhírinne agus go raibh sé in ann cur síos a dhéanamh ar an saol, idir mhaith agus olc, gan fuacht gan faitíos. Táimid faoi chomaoin aige go ndearna sé sin mar go bhfaigheann muid tuiscint níos fearr orainn féin mar dhaoine.

Mar réabhlóidí cultúrtha, d'úsáid sé a thalann mar iriseoir chun an náisiúntacht chultúrtha a chur chun cinn, leis an *Galway Express* agus é ina ógfhear, agus ina cholún seachtainiúil leis an *Clare Champion* sna caogaidí, áit a ndearna sé iarracht mórtas cine a athmhúscailt san Éireannach, go háirithe an óige, trí léas a thabhairt dóibh ar a sibhialtacht luachmhar. Is léir gur fhan sé dílis d'fhís Chonradh na Gaeilge go dtí deireadh a shaoil. Ar bhealach d'fhéadfaí breathnú ar Thomás Bairéad mar "urlabhraí" dá phobal féin, mar "ghuth ón imeall", rud ar a ndéanann Máirín Nic Eoin cur síos agus í ag tagairt don "díláithriú cultúir" a bhí "mar bhunstiúir faoin litríocht nua-aoiseach sa Ghaeilge" (Nic

Eoin, 2005: 45). Mar a dúirt an Bairéadach in *Gan Baisteadh* agus é ag déanamh cur síos ar ghaolta leis a fuair bás leis an bhfiabhras: "Ní mórán cainte a bhíonn i stair aon tíre ar a leithéidí." (Bairéad 1972: 226)

Thug sé guth dá phobal ina shaothar, agus léirítear a gcuid suáilcí agus duáilcí, a gcuid bróin agus a ngliondar – daoine daonna ag caitheamh an tsaoil. Ach is le scil agus ceardúlacht an ealaíontóra a rinne sé an t-ábhar a mhúnlú ina shaothar idir chruthaitheach agus dioscúrsúil, agus sa deireadh thiar sin é an fáth go bhfuil guth Thomáis Bairéad chomh tábhachtach mar scríbhneoir. Is ábhar iontais é nach bhfuil aitheantas ceart faighte ag an mBairéadach mar dhuine de na gearrscéalaithe is ábalta agus is ealaíonta atá againn i nualitríocht na Gaeilge. Is meascán é a shaothar den sean agus den nua agus mar sin cruthaíonn sé sin deacracht má dhéantar iarracht a shaothar a rangú go cúng. Mar a deir Alan Titley: ". . . is í an fhírinne nach bhfuil aon tslí cheart amháin ann chun rud ar bith a scríobh, nach bhfuil aon fhoirm fhoirfe idéalach ann . . ." (Titley 1996: 118)

Scríobh an Bairéadach óna chroí ag úsáid a shaibhreas teanga ar an mbealach a d'fheil dó féin, agus is guth sainiúil é an guth sin. Tá sé in am anois cnuasach dá chuid scothscéalta a chur ar fáil do ghlúin nua Gaeilgeoirí nár chuala trácht riamh air agus nach bhfuair deis fós blaiseadh de chuid de na gearrscéalta is áille i nualitríocht na Gaeilge.

Aingeal Ní Chualáin
Samhain 2010

Tagairtí

Foinsí Neamhfhoilsithe

Agallamh le Treasa Mhic Mhathúna, 27 Meitheamh 2006.

Ní Chualáin, Aingeal. 2006. *Cumhacht na Cinniúna: Tomás Bairéad 1893–1973*. Tráchtas MA, Scoil na Gaeilge, Ollscoil na hÉireann, Gaillimh.

Páipéir Thomáis Bairéad, Leabharlann Chontae na Gaillimhe. "Réamhrá, Nóta Dírbheathaisnéise." 2005.

Páipéir Thomáis Bairéad, Leabharlann Chontae na Gaillimhe. "Friends and Acquaintances: Máirtín Ó Cadhain: 1939–1971": GP2/45–61. 2005.

Páipéir Thomáis Bairéad, Leabharlann Chontae na Gaillimhe. "Friends and Acquaintances: Colm Ó Gaora: 1938–1945": GP2/64–70. 2005.

Páipéir Thomáis Bairéad, Leabharlann Chontae na Gaillimhe. "Journalistic Career: 1935–1944": GP2/31. 2005.

Páipéir Thomáis Bairéad, Leabharlann Chontae na Gaillimhe. "Reviews and Articles": 27/1/42: GP2/135. 2005.

Leabhair agus Ailt

Bairéad, Tomás. 1928. "Tuireadh Eachdhroma", *An Stoc 3*.

Bairéad, Tomás. 1936. *Cumhacht na Cinniúna*. An Gúm, Baile Átha Cliath.

Bairéad, Tomás. 1940. "Galway Jail Revisited", *The Irish Independent*, 8 Meitheamh.

Bairéad, Tomás. 1972. *Gan Baisteadh*. Sáirséal agus Dill, Baile Átha Cliath.

Breathnach, Pádraic. 1993. "Tomás Bairéad (1903–1973)", Treasa Mhic Mhathúna (eag.), *Craobh Mhaigh Cuilinn de Chonradh na Gaeilge: Na Blianta Tosaigh*. Clódóirí Lurgan. Indreabhán, 99–106.

Denvir, Gearóid. 1997. "Pádraic Ó Conaire agus Éire a Linne", Gearóid Denvir, *Litríocht agus Pobal: Cnuasach Aistí*. Cló Iar-Chonnacht, Indreabhán, 61–76.

Nic Eoin, Máirín. 2005. *Trén bhFearann Breac: An Díláithriú Cultúir agus Nualitríocht na Gaeilge*. Cois Life, Baile Átha Cliath.

Ó Cadhain. Máirtín. 1973. *As an nGéibheann: Litreacha chuig Tomas Bairéad*. Sáirséal agus Dill, Baile Átha Cliath.

Ó Conaire, Pádraic. 1920. "Bímis i ndá ríre", *The Galway Express*, 21 Lúnasa.

Ó Gaora, Colm. 1943. *Mise*. An Gúm, Baile Átha Cliath.

Ó Murchadha, Niall. 1991. "Gearrscéalaíocht Thomáis Bairéad", *Irisleabhar Mhaigh Nuad*, 162–189.

O'Neill, T. P. 1996. "Minor Famines and Relief in County Galway 1815–1925", Gerard Moran (ed.), *Galway History and Society: Interdisciplinary Essays on the History of an Irish County*. Geography Publications, Dublin, 445–85.

Ó Ríordáin, Seán. "Campa Géibhinn." *The Irish Times*, 20 Deireadh Fómhair.

Ó Tórna, Caitríona. 2005. *Cruthú na Gaeltachta 1893–1922*. Cois Life, Baile Átha Cliath.

Titley, Alan. 1996. "Máirtín Ó Cadhain agus Foirm an Ghearrscéil", Alan Titley, *Chun Doirne: Rogha Aistí*. Lagan Press, Belfast, 117–27.

Sú an tSeagail

An té a bhíos dá dhó b'fhearr leis a bheith dá bhá, agus an té a bhíos dá bhá b'fhearr leis a bheith dá dhó.

Is minic aiféala orm nár scríobh mé síos lena linn fhéin cuid de na seanscéalta a bhí ag Tom Aindriú as an mbaile s'againne, go ndéana Dia grásta air. Thall i Meiriceá, áit ar chaith sé na blianta fada, a fuair Tom formhór na scéal seo, agus b'iontas le cuid againn a fheabhas agus a d'éirigh leis ann agus a laghad Béarla a bhí aige, cé gur thuig sé maith go leor é. Bhí scéal amháin aige nár lig mé i ndearmad ariamh agus scríobhfaidh mé anois é mar a d'insíodh sé fhéin é, chomh maith agus is cuimhneach liom, gan cur leis ná baint de:

Mise an duine ab óige de dháréag agus is mé an duine is deireanaí a d'imigh freisin. Ní raibh de bhrí ionam nuair a d'imigh Antoine, an duine ba shine againn, go bhféadfainn a rá go bhfaca mé ariamh é, agus níorbh fhada thall i mBoston mé gur thug sé cuireadh dhom a ghabháil ar cuairt chuige go San Francisco, áit a raibh post maith aige agus é pósta agus eile. Bhí fonn an domhain air súil a leagaint orm agus mé amhlaidh leis, ach níor mhaith liom an t-aistear fada úd a ionsaí go mbeadh póca buille teann agam agus deis agam scíth bhreá fhada a ligint, óir dheamhan an ghrian a scairt orm ar feadh dhá bhliain ann.

Tuairim is ceithre bliana thall mé nuair a chuir mé romham a ghabháil go San Francisco. Cé gur mór an rud le rá é, níor chuimhneach leis an té ba shine aon tsamhradh ariamh mar é le grian agus tiormach. Bhí na daoine, agus na caiple fhéin, ag fáil bháis leis an teas ar na sráideanna chuile lá. Agus ag gabháil faoi don ghréin fhéin chuirfeadh sé teanga an fhia dhuibh amach. Ní raibh san uair ba teocha a bhí sa tír seo ariamh ach lár an gheimhridh lena hais. Ghabh coicís amháin thart agus níor chaith mé an oiread beatha agus a d'íosfadh an gealbhan, ach ag ól i gcónaí.

Níorbh fhada i mo shuí istigh sa traein mé nuair a tháinig faitíos orm nach bhfeicfinn ceann scríbe go deo. Thosaigh an t-allas ag titim anuas díom ina shruthláin agus shíl mé gur tháinig cineál lagair orm. Buille gréine, dúirt mé i m'intinn fhéin. Shílfeá nach raibh blas istigh sa traein nach raibh an teas ag éirí dhe. Bhí sé ag teacht isteach trí cheann an charráiste mar a bheadh sé ag scaladh trí bhréidín an dhamháin alla. Cé go raibh na *fans* ar siúl chuile áit ann ní raibh de mhaitheas iontu ach an oiread is a bheadh i sciatháin an phriompalláin. Fosclaíodh chuile fhuinneog a bhí ann ach ba é an cás céanna é. Agus níor mhóide an chompóirt agus níor lúide an teas an méid daoine a bhí istigh ann agus iad ag imeacht ó na bailte móra ar thóir fionnuarais amuigh faoin tír agus thart leis an bhfarraige.

Cé a shuífeadh anonn díreach ar m'aghaidh ach feairín dubh, buí agus deirimse libh nach ar chúl an dorais a bhí an buachaill sin aimsir roinnte na srón. Dath an daoil a bhí ar a chuid éadaigh ó smig go sáil agus an créatúr bocht ag breathnú chomh brónach is dá mbeadh sé ag déanamh comharsanacht le súil ribe an chrochadóra. Go deimhin b'fhada isteach ann grá mná óige. Níor chuir sé chugam ná uaim agus bhí mé amhlaidh leis, ach é mar a bheadh sé ag smaoineamh agus ag síorsmaoineamh.

Ar éigean an bricfeasta ite againn an darna lá nuair a stop an traein ag baile mór eicínt. Ghabh roinnt daoine amach ansin agus tháinig roinnt eile isteach. Orthu seo a tháinig isteach bhí seisear d'fheara móra oscartha. Ní dhéarfainn nach lucht capall de chineál eicínt a bhí iontu mar bhí srianta agus diallaiteacha agus lascanna is eile acu. Gotha na tuaithe a bhí orthu agus facthas dom go raibh cosúlacht an ragairne orthu freisin.

Is gearr gur léir dom nach tirim a bhí siad leis an gcaint a bhí acu, agus ní móide gur ina gcodladh a chaith siad an oíche roimhe sin. Is cosúil gur thug daoine eile faoi deara freisin é, óir i gceann cúpla meandar bhí an carráiste fágtha faoi mo dhuine is mé fhéin is an seisear acu.

Tharraing duine amháin acu buidéal aníos as a phóca – railliúnach a bhí ar airde is ar leithead Sheáin Mhóir na Coille – agus sheachad chugam fhéin é. A dhuine mo chroí thú, cé nach ndearna mé ach blaiseadh dhe shíl mé go raibh mo chuid stéigeacha thrí lasadh istigh ionam. Bhí na "féins" a bhíodh ag Nell na gCrompán fadó, tráth a mbíodh sí ag sceidínteacht, ina leamhnacht lena hais. Ach bheadh leisc ort aon duine acu a eiteachtáil dá mbeadh a fhios agat go gcuirfeadh sé ar an tsíoraíocht thú, mar gheall ar an gcuma a bhí orthu.

Sheachad sé chuig mo dhuine freisin é ach lig seisean air fhéin go raibh tinneas nó rud eicínt air is níor bhlais sé de beag ná mór.

Duine ní raibh orthu nár tharraing a bhuidéal fhéin amach ansin is lig slog beag siar. Ach bheadh a fhios agat nár mhó ná blasta leo é leis na graiceanna a bhí sé a chur orthu. Dá mhéid a ndúil ann bhí sé ag cinnt orthu é a ól is chuir siad fios ar uisce. Níor thosaigh an rírá dáiríre go dtáinig an t-uisce is b'fhaitíos liom go mbeadh sé ina raic.

"An gceapann tú gur faoi chearc a ligeadh amach muid? Ar

uisce le n-ól a chuir mise fios is ní ar uisce bog le mé fhéin a bhearradh," a deir an fear mór leis an bhfear freastail – staicín dubh, buí a bhí deamhanta cosúil le mo dhuine ach amháin gur théagarthaí é.

"A mhalairt níl agam," a deir an fear freastail is é ar creathadh beagnach.

"Éirigh as an magadh, óir má cheapann tú nach bhfuil ionainn ach paca pleidhcí, is mór an dul amú atá ort," arsa an fear mór.

"Sin é a bhfuil ann. An teas is ciontach leis ar fad. Níl aon neart agam air."

"Éirigh as, a deirim leat, is tabhair chugainn lán an tsoithigh d'uisce breá fuar is sé cinn de ghloineacha móra."

"Is í an fhírinne atá mé a dhéanamh."

"Más ea tabhair leac oighre go beo chugainn."

"Méid dubh t'iongan de leic oighre níl fágtha."

"Ní chreidim thú. An in é an chaoi a gcaitheann sibh leis an bpobal atá do do choinneálsa is do leithéid beo?"

"Dá choinneáil do na huaisle atá sé," a dúirt fear eile.

"Tá sé i bhfolach in áit eicínt agat, is mura dtuga tú dúinn é gheobhaimid do do bhuíochas é nó déanfaimid cipíní den traein agus a bhfuil ann," a deir an tríú fear.

"A dhath fhéin níl agam," a dúirt an fear freastail.

"Lig de do chuid leithscéal is beir chugainn cnap de leic oighre go beo," a deir fear eile.

"Ní fhéadfainn dá naomhtaí mé," a deir an fear freastail.

"Ná raibh sé agat in áit i bhfad níos teocha ná an áit seo is nuair is mó a theastós sé uait," arsa duine eile leis.

"Tá faitíos orm go gcaithfidh sibh fanacht go mbuailfidh sibh an chéad stáisiún eile," a dúirt an fear freastail.

"Is céard a dhéanfas muid idir an dá linn? Bás a fháil leis an tart, an ea? Ag an seabhac is a leasmháthair go raibh lucht traentacha na tíre seo."

"Deargadh na tiaraí ort is ar chuile mhac máthar a bhfuil aon bhaint aige leis an traein mhallaithe seo," a dúirt fear eile.

"Saol fata i mbéal muice dhóibh," a deir duine eile.

"Díth amhairc is giorrachan saoil dhóibh," arsa fear eile. Agus d'imigh an fear freastail leis chomh maith agus a bhí sé ina chosa.

Bhí a fhios agam go maith nach ag ligint orthu fhéin a bhí siad mar d'fháiscfeadh an nimh úd a bhí acu tart ar Loch Coirib. Mheas mé, freisin, nach móide go raibh siad ina chleachtadh, is nuair a bhuail an traein an chéad stáisiún eile bhí siad stiúctha dáiríre.

"Leac oighre! Leac oighre!" a dúirt an seisear acu as béal a chéile an nóiméad a stop an traein.

"Dollar ar chnap leice oighre."

"Dollar go leith ar chnap leice oighre."

"Dhá dollar ar chnap leice oighre."

"Dhá dollar go leith ar chnap leice oighre."

Ach aird níor tugadh orthu cé go raibh daoine ag díol chuile shórt ann.

Amach le beirt acu as an traein agus isteach leo i dteach an óil is an bhia ag tóraíocht leice oighre, ach ba shúil gan fáil acu é. A leithéid d'eascainí níor cloiseadh ariamh taobh amuigh d'ifreann te na mallacht is a chuir na buachaillí báire úd astu fhéin le teann míshástachta is diomú.

"Cén mhaith dhuit do chuid airgid anois, a chaptaein?" a deir duine acu leis an bhfear mór.

"Bhéarfainn cúig dollar anois ar fhuarú mo bhéil de leic oighre," arsa an fear mór.

"Bhéarfainnse sé cinn," a deir an darna fear.

"Bhéarfainnse seacht gcinn," arsa an tríú fear.

"Bhéarfainnse ocht gcinn," a deir an ceathrú fear.

"Bhéarfainnse mo dhá shúil," a dúirt an cúigiú fear.

"Éirígí as a bheith ag caint ar leac oighre nó caillfear leis an tart mé, mar tá mo theanga i ndáil le bheith amuigh cheana," a deir an séú fear.

Shílfeá gur bhíog an fear beag roinnt nuair a ghéaraigh an leac oighre is nuair a facthas dó go raibh cinnte orthu.

"B'fhéidir, a dhaoine uaisle, go bhféadfainnse roinnt bheag de leic oighre a fháil daoibh," ar seisean go faiteach – na chéad focail a chuala mé as a bhéal ó shuigh sé síos ar m'aghaidh an lá roimhe sin.

Focal níor fágadh ag an seisear acu mar níorbh iontaí leo mac miúile ná a leithéid de chaint a chloisteáil tar éis chuile chleas is chuile ealaín a bheith tabhartha suas acu.

"Dáiríre atá tú?" arsa an fear mór agus tháinig fríd an ríméid ina shúile.

"Sea, a dhuine uasail," a deir an fear beag.

"Maise, mo chuach thú," a dúirt an fear mór.

"Nach fada gur chuimhnigh tú air. Cá bhfuil sé i bhfolach agat a leithéid de lá?" arsa fear eile.

"Nach maith anois fhéin é," a deir an fear mór. "Rud ar bith a iarrfas tú anois gheobhaidh tú é ach an leac oighre a chur ar fáil."

"Cé bith céard is mian libh a thabhairt dhom, a dhaoine uaisle," arsa an fear beag.

Chruinnigh an fear mór crúb airgid agus thug sé do mo dhuine é.

"Cuirfidh mé geall libh go bhfuil an ciomachán tar éis imirt orainn," a deir duine acu nuair b'fhada leo amuigh é.

"Déanfaidh mé bia feannóige dhe más imithe i bhfolach leis an airgead atá sé," a dúirt fear eile.

Ag brath ar a ghabháil dá thóraíocht a bhíodar nuair seo ar ais é agus timpeall méid tornapa de leic oighre thíos i méis aige.

Is beag nach mbodhródh na gártha maoite agus lúcháire thú agus tarraingíodh amach na buidéil ar an bpointe.

"Ólaimis sláinte na bhfear a phósann na mná gan spré," a deir an fear mór.

"Dheamhan baol orainn ach ólfaimid sláinte Aidhcí, óir, murach é, bheadh muid fágtha d'uireasa sláinte ar bith," a dúirt fear eile.

"Seo agaibh sláinte Aidhcí," ar siadsan as béal a chéile.

Ach ba ghearr orthu é mar bhí siad stiúgtha.

Níorbh fhada go raibh deireadh leis an mbeagán suaimhnis a bhí ann. Thosaíodar ag gabháil fhoinn agus a amhrán fhéin ag chuile dhuine acu. Ach athrú dá laghad níor tháinig ar Aidhcí.

"Agatsa ba chóir na traentacha is a mbaineann leo a bheith, a Aidhcí," arsa an fear mór.

"Is é Dia fhéin a chuir chugainn thú, a Aidhcí, mar gheobhadh muid bás leis an tart murach gur tháinig tú i gcabhair orainn," a deir fear eile.

Rinne siad iarracht eile an poitín a ól ar a n-aghaidh ach chinn orthu críochnaithe.

"Leac oighre! Leac oighre go beo, a Aidhcí! Nó tá mo chaiscín meilte," a deir fear amháin ar chinn air deoir fhéin a ligint siar tar éis dhá iarracht a dhéanamh.

"Déan deifir, a Aidhcí, nó is ortsa a bheas mo bhás," arsa an darna fear.

"Is beag nach mbeadh duine ar ais ó Thobar Dheireadh an Domhain fhad is a chaith tú ina choinne cheana, a Aidhcí," a dúirt fear eile.

"Ach, a dhaoine uaisle, tá sé an-ghann ar fad," a deir Aidhcí.

"Cuir breith do bhéil fhéin air, a Aidhcí," a deir an fear mór.

"Tabhair meall breá mór leat an iarraidh seo, a Aidhcí," a dúirt fear eile.

"B'ait liom a lán a thabhairt daoibh, a dhaoine uaisle, ach is an-deacair go deo é a fháil anois," a deir Aidhcí.

Cé gur lig sé air fhéin nach mórán suime a bhí aige san íocaíocht, cos níor chorraigh sé gur tugadh lán a chrúibe d'airgead geal dó.

"Sin é a bhfuil agam ar an saol de," arsa Aidhcí tar éis teacht ar ais dó.

Leath an mhéid a thug sé leis cheana ní raibh aige cé gur tugadh a dhá oiread airgid dó.

"Ara, a Aidhcí, níl sa méidín sin d'fhir bhochta atá ag fáil bháis leis an tart ach smugairle i dtornóg," arsa duine acu agus iad ar fad ag éirí an-ardghlórach faoi seo.

"Fód glas os do chionn, a Aidhcí, a ghortacháinín, níl díol an dreoilín sa ruainnín sramach sin," a deir duine eile.

"Ar ndóigh níl aon neart ag an diabhal bocht air, mar níl sé aige," a deir an fear mór.

"Seoigí sláinte Aidhcí," ar siadsan d'aon bhéal aríst agus thosaíodar orthu ag gabháil fhoinn athuair.

Is beag nach raibh sé ina ghleo nuair a shroicheadar an chéad stáisiún eile. Ba léir go rabhadar ag tarraingt ar cheann scríbe anois mar d'ardaíodar leo diallaiteacha is eile. A luaithe is a ghabhadar amach as an stáisiún ní raibh le cloisteáil ach "Leac oighre! Leac oighre!" is gan le fáil de ar ór ná ar airgead.

Tháinig an fear freastail agus maol áthais ar a chroí iad a bheith glanta leo.

"Má tá aon leac oighre agat tuige nach gcaitheann tú chucu é is a mbéal a dhúnadh?" arsa seisean le Aidhcí. "Nach bhfuil a fhios agat go maith go bhfaighidh tú cé bith céard a iarrfas tú orthu mar tá a dteanga amuigh agus gan aon bhlas le fáil acu."

"Dheamhan locht ar bith agamsa ar an airgead," a deir Aidhcí, "ach níl fágtha sa gcónra anois ach aon chnap amháin, is dá mbainfinn leis sin bheadh faitíos orm nach seasfadh an corp go dtéadh muid go San Francisco."

Sin é a bhfuil ann, a bhuachaillí.

An Ministéir Óg

Is fada a bheas cuimhne ar an toghadh beag a bhí ann i lár an bliana 1960.

"Measann tú cé a chuirfear isteach?"

"Cé rachas isteach?"

"Cé aige a mbeidh an lá?"

Sin iad cuid de na ceisteanna a cuireadh ar dhaoine ar feadh míosa roimh lá an toghadh. Bhí fonn eolais ar gach uile dhream. Cosúlacht é go raibh farasbarr suime dá chur san obair – más ceart obair a thabhairt uirthi. Agus níor lú de an tsuim a chothroime is a bhí an dá aicme polaitíochta. Ach níorbh fhéidir aon fhreagra barainneach a thabhairt ar na ceisteanna seo mar toghadh beag ní raibh in Éirinn ariamh ba dheacra buille faoi thuairim a thabhairt faoi ná é. Ceapadh gur idir eatarthu a bheadh sé.

Ba léir daoine áirithe ag éirí imníoch. Dá mbuailfí an t-aicme a bhí i réim ceapadh nárbh fhada uathu. Sin é is mó a bhí ag cothú suime ann. Ach measadh gur ag an té ba mhó agus ba fhlaithiúla geall, go mórmhór an té a raibh caoi aige seasamh ar na geallta, a bhí an deis ab fhearr. B'fhollasach nach ag méadú a bhí lucht leanúna an dreama a bhí in uachtar sa gceantar sin agus nár chabhair dóibh a liacht geall a tugadh cheana agus nár cuireadh leo.

Bhí le rá, freisin, gur dá muintir fhéin a thugadar gach uile bhrabach a bhí ag imeacht agus gur fágadh ar an gcaolchuid bocht agus nocht nach raibh ag taobhú leo. Ach cárbh fhios nach ndéanfadh lucht glámhóide amhlaidh dá mba iad fhéin a bheadh in uachtar?

Cuireadh gach uile shaghas uisce ag obair: uisce faoi thalamh, uisce ar thalamh, uisce i dtalamh, uisce na móinteach agus na léantracha, uisce na gcriathrach agus an scraith ghlugair, uisce a sceith talamh i gcaitheamh an gheimhridh agus an earraigh ach nach sceithfeadh taltaí gleanntacha Dhúiche na mBúrcach ná Dúiche na mBreathnach aríst choíche dá n-éireodh le dream áirithe. Bheadh meas ar chrann agus iasc ar inbhear, agus saol na bhfuíoll ag an gcleathaire.

Chuaigh daoine thart ag brú carthanais, agus gaoil fhéin i gcorráit, ar dhaoine, cé nach mbreathnóidís ar an taobh den tsráid a mbeadh na daoine céanna mí roimhe sin. Ach bhí gnótha ag an mbó dá heireaball fhéin aríst.

Moladh an dath breá folláin a bhí ar na barranna agus an fás iontach a bhí fúthu. Ní bheadh cur síos ar an méid arbhair a bheadh ag na daoine an fómhar sin. Ní raibh na bóithre leath chomh maith ariamh is a bhíodar, cé go raibh caiple na bhfeilméaraí ag teacht anuas orthu as éadan. Súile a mháthar a bhí sa somachán a bhí ag ealaín dó fhéin amuigh ar an tsráid, cé gur mór de chomórtas a athar a bhí ann chomh maith. Níl amhras nach ag gabháil ar aghaidh a bheadh na daoine agus an tír ar fad ach chaithfí dream faoi leith a chur isteach aríst.

Thosaigh an stealladh cainte lá margaidh agus lá aonaigh agus taobh amuigh de gheata an tséipéil gach uile mhaidin Domhnaigh. Ach céard ba chiontach le neamhshuim na ndaoine?

"Abhailigí libh agus ná bacaigí leo! Sin é a mbealach maireachtála – caint," a deir Páid Ó Cluanáin as Baile na gCeapóg.

Agus thug daoine cluas dó – daoine a d'fhan go líofa ag éisteacht leis an gcaint babhtaí eile. Ach nach ndearnadh an chaint agus an plámás céanna cheana agus níorbh fhearrde na daoine iad? Ní chuirfí cluain mhaoithneach ar mhuintir Dhúiche na mBúrcach ná Dúiche na mBreathnach arís choíche chomh réidh sin.

Chuaigh scéalta thart go raibh daoine ag éirí mífhoighdeach agus míshásta. Ghabh faitíos an dream a bhí istigh nárbh fhada uathu. Ach mheas lucht feasa nach raibh an éifeacht agus an draíocht imithe ar fad ar na geallta dá n-oibreofaí go healaíonta iad. Bhí rud amháin nach bhféadfaí a dhéanamh: ní fhéadfadh lucht na seangheall a ghabháil os comhair na ndaoine arís sa gceantar sin.

Bhí an t-aire óg ar an muintir a piocadh amach le caint a dhéanamh. "An Ministéir Óg" a thugadh muintir na háite air. Ní raibh sé ina aire ach timpeall agus trí seachtainí. Ní fhaca na daoine sin ariamh roimhe sin é, ach amháin go raibh a phictiúr sna páipéir. A mheangaí, shuáilcí is a bhreathnaigh sé sa bpictiúr is mó a thaitnigh leo. Agus nárbh é an seanainm Gaelach céanna a bhí air agus a bhí ar a lán de mhuintir an cheantair sin? Agus nár dúradh go mba as an áit sin máthair a sheanmháthar? Bhéarfadh sé cuairt orthu Dé Domhnaigh. Ach ní caint a dhéanfadh sé leo fearacht daoine eile; cómhrá a bheadh aige leo. Agus cad chuige nárbh ea? Óir nár dhuine dhíobh fhéin é? Bhí grá agus nádúr le muintir na háite aige agus bhí faoi a bhféadfadh sé a dhéanamh dóibh.

Tráthnóna Dé Domhnaigh facthas don scata a bhí taobh amuigh de theach na scoile fear óg ina mhaoil ag déanamh orthu ón teach aíochta, agus chuaigh an scéal thart go raibh an Ministéir Óg ar fáil. Tar éis a theacht a bhí sé, ceapadh.

Is beag duine orthu nár bhain de a hata don Mhinistéir Óg. Máirtín Ó Conshnámha, duine den Chomhairle Contae, a chuir fáilte roimhe. Bhí sé ar intinn ag cuid acu an teanga a thabhairt dó faoi na geallta nár cuireadh leo agus faoin éagóir a rinneadh ar na daoine ó aimsir an toghadh mhóir. Ach bhí An Ministéir Óg chomh lách, muintearach agus chomh fáilí sin gur tháinig iompú intinne ar an muintir ba mhíshásta orthu.

Rinneadh cathaoirleach de Mhac Uí Chonshnámha. Cúl báire an dreama a bhí istigh é sa gceantar sin, ach bhí sé ag teacht rite leis na daoine a choinneáil leis. Na geallta bradacha is mó a bhí dá bhascadh.

"Tá mé lánchinnte," ar seisean, "go dtiocfaidh tairbhe as an lá inniu. Tá duine dár muintir fhéin againn faoi dheireadh. Fear é a bhfuil a chroí san áit seo, fear a bhfuil fonn air rud ar bith is féidir leis a dhéanamh do dhaoine bochta a bhfuil cúngacht talúna agus anó an tsaoil ag gabháil dóibh, agus fear é a bhfuil an-fhabhar ar fad aige leis an dream atá istigh faoi láthair. Níl amhras nach bhfuil sé i ngaol le daoine anseo inniu cé gur gaol i bhfad amach é, b'fhéidir. Tuigeann sé na daoine is an bealach maireachtála atá acu. Tuigeann sé an saol crua atá acu agus níl amhras nach ndéanfaidh sé leas fónta éicinteacht dóibh tar éis a ghabháil ar ais go Baile Átha Cliath dhó.

"Má bhíonn brabach ar bith ag imeacht feicfidh sibh fhéin nach iad muintir na háite seo a bheas ar deireadh. Agus mura ndearnadh na rudaí a gealladh dúinn cheana ar fad ní ar an duine uasal seo ba chóir an milleán a leagan, óir is le fíorghairid a rinneadh ministéir dhe. Seo é a chéad uair anseo agus tá súil agam go gcuirfidh sibh an céad míle fáilte is dual don áit seo roimhe."

Agus b'iontach ar fad an fháilte a cuireadh roimhe nuair a d'éirigh sé ina sheasamh.

"Tá a fhios agaibh," a deir sé, "gur cumasach deacair do rialtas ar bith aon chúis a dhéanamh mura mbí siad láidir – i bhfad níos láidre ná an dream atá ina n-aghaidh – agus mura spáinfidh na daoine don tsaol go bhfuil siad go teann, diongbháilte taobh thiar den rialtas agus taobh thiar de chuile bheart agus chuile shórt a chuirfeas lucht an rialtais rompu. Agus mura ngnóthfaidh an rialtas an babhta seo níor chóir a bheith ag súil le rud ar bith tairbheach uathu. Ach, má éiríonn leo, tá sé de rún acu feabhas a chur ar an tír ó bhun go barr. Go dtí anois ní raibh aon deis frasaíola acu, a ghainne is a bhí an t-airgead. Is cosúil go bhfaca sibh sna páipéir le gairid go bhfuil sé leagtha amach acu iasacht mhór airgid a fháil – sé sin, ar ndóigh, má chuirtear an fear s'againne isteach coicís ón lá amárach."

"Ach ní hionann sibhse, a mhuintir na Gaeltachta, agus an chuid eile den tír. Caithfear cúnamh ar leith a thabhairt daoibhse. Ó tháinig mé anseo chuala mé go mbíonn cuid mhaith talúna sceite sa taobh tíre seo i gcaitheamh an gheimhridh agus an earraigh. Caithfear an scéal sin a leasú, má éiríonn linn. Caithfear, chomh maith, tithe breátha fairsinge – rud atá tuillte ag muintir na Gaeltachta – a chur suas gan mhoill.

"Rud eile, caithfear breathnú isteach i scéal seo na mianach timpeall na háite seo. De réir lucht eolais is iomaí rud faoi ghrinneall anseo, ach b'fhearr leis na Sasanaigh ansin iad. Sin é an fáth nár oibríodh ariamh na mianacha.

"Ach tá aon rud amháin nach dtuigeann cuid mhaith: níl aon airgead ag an rialtas – cianóg rua níl acu gan trácht ar cheardchain óir – ach an méid a fhaigheann siad ó na daoine iad féin. Mar sin fhéin tá a fhios agam má chaitear airgead in áit ar bith caithfear é sna ceantair is boichte. Agus geallaim daoibh go ndéanfaidh mé fhéin daoibh a bhféadaim."

"Bhfuil duine ar bith anseo ar mhaith leis aon cheist a chur ar an duine uasal seo?" a deir an cathaoirleach.

D'éirigh Seoigeach an Chriogáin ina sheasamh de phrap.

"Ná ceaptar," ar seisean, "go bhfuil chuile dhuine sásta leis an gcaint a rinneadh anseo le uair an chloig. Tá daoine anseo agus, dá mb'fhíor dhóibh féin é le seachtain, bhí siad le raic a dhéanamh inniu, ach tá siad chomh balbh anois le muisiriún púca.

"Tá a fhios ag an saol gur fearr beagán cúnta ná mórán trua. An t-am deireanach gealladh an ghealach agus an ghrian dúinn, ach ní fearrde muid na geallta céanna. Gealladh go dtriomófaí an Criathrach Mór i gcaoi go mbeadh deis ag na daoine glaicín mhóna a bhaint, gealladh go ndéanfaí bóthar isteach go dtí na portaigh, gealladh go dtriomófaí na taltaí íochtaracha agus go gcuirfí deireadh leis na tuiltí atá ag scriosadh na ndaoine. Ach chomh luath in Éirinn is a bhí na slíomadóirí agus na caimiléirí glanta leo, rinneadh dearmad ar na geallta. Ach inseoidh mé an méid seo dhaoibh, idir mhuintearach is choimhthíoch, ní dhearna cuid againn dearmad ar na geallta.

"Agus cén cruthú atá againn nach ndéanfar an cleas céanna le geallta an lae inniu? Má cheapann cuid agaibh gur leibidí leathbhruite muid ar fad, is mór an dul amú atá oraibh. Ó d'éirigh libh an tráth deireanach níor tháinig duine agaibh i bhfoisceacht céad míle den áit seo, agus níor mhiste libh cén bhail a bhí ar na daoine bochta gur theastaigh rud éicinteacht uaibh aríst. Ach, ar ndóigh, ní airíonn súch sách bolg folamh. Mura gcuirfidh sibh leis na seanscéalta gan mhoill ní bhfaighidh sibh mo vótasa, ná vóta duine ar bith istigh i mo theach, ná vóta duine ar bith istigh ar mo bhaile."

"Maith an buachaill, a Thaidhg!"

"Togha fir, a Thaidhg!"

"Teann leo, a Thaidhg!"

Sea, bhí caint tar éis a theacht do na daoine a bhí "chomh balbh le muisiriún púca".

D'éirigh an Ministéir Óg ina sheasamh aríst.

"Murar cuireadh leis na geallta, ní mé ar tugadh geallta nó nár tugadh . . ."

"Tugadh! Tugadh, agus na céadta geall! Ní hea, ach na mílte geall."

"Ní ormsa atá an locht mar is le fíorghairid a tugadh an post seo dhomsa," a deir sé. "Rud eile dhe, seo é mo chéad uair anseo. Tá a fhios agaibh nach féidir chuile rud a dhéanamh in éindí, agus tá rudaí áirid ann a thógfas a lán airgid."

"Nár dúradh go mion minic nach dtógfadh Bóthar an Phortaigh ach timpeall is dhá chéad punt, agus ní raibh leagtha ar an gCriathrach Mór ach sé chéad caoga punt," a deir an Seoigeach.

"Agus dúradh go gcuirfeadh cúig chéad punt an-bhail ar na gleannta agus na léantracha íochtaracha, agus go gcuirfeadh sé deireadh leis na tuiltí bradacha sin atá ag bánú na ndaoine," a deir Raghallach an Turlaigh Bhig.

"Tá a fhios agaibh," a dúirt an Ministéir Óg, "nach bhfuil aon bhaint agamsa leis an Roinn Mhóna agus Draenála, ach ó tharla gan i gceist ach an méid sin déanfaidh mé mo dhícheall daoibh. Ach, mar a dúirt mé cheana, ní fhéadfaidh aon rialtas flaisc a dhéanamh le airgead na ndaoine."

Ghlac aiféala cuid acu nár iarradar tuilleadh, a réidhe agus a d'éirigh leo an oiread sin a fháil, agus tháinig fonn ar Fhlaitheartach Bhaile an Oileáin balachtáil éigin a fháil ó tharla an fhlaithiúlacht dá roinnt.

"Ó tharla an oiread sin socraithe agaibh," ar seisean, "b'ait liomsa scéal mo bhaile fhéin a chur os comhair an duine uasail seo. Tá a fhios ag feara Fáil gur beag dream sa tír seo a shaothraíonn an saol chomh maith le muintir Bhaile an Oileáin. Is mór an easonóir orainn an bealach fada atá orainn ag gabháil chuig an aifreann agus ar an aonach agus ar an margadh, agus ba mhór an grá Dia é dá ndéanfaí droichead trasna na haibhne. Dhéanfadh sé dhá leith den bhealach fada tonnáisteach sin agus bheadh deis eicínt ag na daoine bochta. B'fhéidir go dtógfadh sé beagáinín airgid ach is é an soilíos is mó a d'fhéadfadh aon ghobhairmint a dhéanamh é."

"Obair ar leith í sin agus níor mhór do dhaoine a bhfuil eolas ar leith acu uirthi a theacht ag breathnú ar an áit. Ar chaoi ar bith meabhróidh mé dhóibh é tar éis a ghabháil ar ais dom," a dúirt an Ministéir Óg.

"Nár laga Dia thú!" a deir an Flaitheartach.

"Cé mar a d'éirigh leat i dteach na scoile?" arsa an t-aire óg leis an timire polaitíochta tar éis a theacht ar ais don teach aíochta dó.

"Gheall mé ar iarradar beagnach ach amháin an droichead trasna na haibhne, agus duine ní raibh ann nár cheap gur tusa a bhí ann."

"Mo ghairm thú. Céard a ólfas sibh?" a deir an t-aire óg.

Ba leis an rialtas an lá sin.

An Brathadóir

An gaisce is mó a bhíodh ag cuid den mhuintir s'againne i gcaitheamh na troda nach raibh a laghad spiadóirí ariamh cheana in Arm na hÉireann agus a bhí an turas seo. B'fhéidir gur acu a bhí an ceart, ach murach go raibh corrspiadóir anonn agus anall ann, cén chaoi a ndéanfadh muintir Shasana an Loideánach agus an Raghallach amach an oíche úd ar dúnmharaíodh iad istigh in Oileán na Manach, áit nach bhfaighfí choíche iad, ceapadh? Leagadh an spiadóireacht ar bheirt nó triúr ach chinn ar Arm na hÉireann fianaise a fháil le duine ar bith a chur chun báis.

Is mór a ghoill an dúnmharú sin ar an mBlácach, an captaen. Agus is mór a chuir sé i dteannta freisin é, mar níorbh eol dó an chéad duine eile a chuirfí dá chois.

Is doiligh a rá cén fáth a ndearnadh captaen den Bhlácach an chéad lá ariamh, mar shílfeá go raibh daoine ann ba fheiliúnaí ná é. Mar gheall ar a chuid oideachais, is cosúil. Ní raibh splanc aige i ndiaidh cailín a bhí ag gabháil chun na hollscoile. Agus bhí daoine ann a dúirt nár dhonaide a chuid oibre san arm ligint don chúirtéireacht.

Tar éis cúpla seachtain a bheith caite as baile aige céard a bheadh ag fuireacht leis ach an dá litir seo:

Shannon View Lodge,
Knockderry,
Drumvay,
Co. —
6th March, 1921.

Private and Confidential

To the Sergeant,

Derrymeen Police Station.

Dear Sir,

I beg to inform you that I am in a position to give valuable information in regard to the recent ambush at Lugaunmore and also in regard to the hiding places of some of the ringleaders who have been on the run since.

I want you to communicate with me at once and suggest when and where we could meet as I do not want to be seen in the vicinity of the barracks, nor do I want the police to come to my house, either.

In order to avoid suspicion please address all letters to my little daughter, Madge, with a very small cross on the top left-hand corner of the envelope so that I can know they are intended for me.

Yours sincerely,
Gerald O'Daly-Clarke

Private and Confidential

To the Inspector R.I.C.
—— Police Station.

Dear Sergeant,

On the 6th March I addressed a letter to the sergeant of Derrymeen Police Station offering him certain valuable information in connection with the ambush on members of the Force at Lugaunmore, but for some extraordinary reason he has not thought it worth his while to reply to me. Please communicate with me at once.

Would you please address all communications to my daughter, Madge, so as to avoid suspicion, and put a little cross on the top left-hand corner of the envelope so that I can know it is intended for me.

Yours sincerely,
Gerald O'Daly-Clarke.

Saighdiúir d'Arm na hÉireann a bhí ag obair i dteach an phosta a fuair greim ar na litreacha seo. Níorbh iontaí leis an mBlácach iad ná críoch an iarainn ag scoilteadh maidhm na toinne báite. Dá mhéid dár smaoinigh sé ar an scéal b'amhlaidh is mó a chuir sé i dteannta é.

An Cléireach – athair Mháibhle, a chailín fhéin, agus athair an Dochtúir Somhairle – ina spiadóir do Shasana! Ar an gcéad dul amach tuige a ndéanfadh sé a leithéid d'fheall? Bhí a fhios ag cách go raibh dalladh airgid aige agus pinsean maith téagarthach chomh maith ó d'éirigh sé as seirbhís Shasana. Agus ní raibh focal dá laghad faoi airgead ná íocaíocht sna litreacha!

Scéal eile, céard a bheadh aige in aghaidh Arm na hÉireann? De réir cosúlachta is ag taobhú leo a bhí sé tráth. Nár chaith sé gine sa bpláta ag doras Theach an Phobail nuair a bhí Sasana ag bagairt phreasála ar an tír seo? Níorbh fhéidir go raibh sé ina leibide chomh mór sin is go gcuirfeadh sé litir den tsaghas sin i dteach an phosta dá mba bhrathadóir é?

Agus nárbh é an Dochtúir Somhairle an saighdiúir ab fhearr a bhí acu ariamh? Nárbh é an chéad fhear é a lasc isteach thríd an bpoll a rinne an pléascán sa mbinn an oíche ar bhaineadar Beairic Bhaile na nAibhne de na *Peelers*? Agus nach raibh sé ag cabhrú leo go tréan i gCúige Uladh an t-am sin fhéin? Agus nach raibh Máibhle mar dhuine de Chumann na mBan san Ollscoil?

Ach séard is mó a bhí ag cur imní air an rud a dhéanfadh lucht ceannais an Airm nuair a d'fheicfidís na litreacha sin. Céard a dhéanfaí dá dtugtaí an Cléireach faoi dhlí na Poblachta agus é a theilgeadh? Agus b'fhéidir é a mharú san éagóir? Agus céard a déarfadh an Dochtúir Somhairle agus Máibhle dá maraítí a n-athair tar éis a raibh déanta acu d'Éirinn?

Dá bhféadfadh sé é b'fhearr leis go mór gan a bheith ag cuimhneamh air chor ar bith. Ar bhealach, b'fhearr leis gan na litreacha céanna a fheiceáil ariamh ar fhaitíos go mbeadh air obair chomh gránna a dhéanamh agus a rinne mac máthar ariamh.

Ach cá bhfios nach duine éigin eile a bhí ag obair faoi scáth an Chléirigh? Duine a raibh olc aige dhó faoin talamh a cheannaigh sé, duine a bhí ag iarraidh díchúis a dhéanamh air agus é a chur i mbealach a bhasctha agus duine a raibh a fhios aige go mbéarfaí ar na litreacha?

Níor chreid sé an scéal. Mar sin fhéin fuair sé fhéin agus na hoifigeacha eile malairt chónaithe. Ach dá mhéid an t-iontas a bhí air níor lú é ar fheiceáil dó an tríú litir:

Shannon View Lodge,
Knockderry,
Drumvay,
Co. ——
12th April, 1921.

Private and Confidential.

To the Under-Secretary,
Dublin Castle.

Dear Sir,

I cannot for the life of me understand why my letter of the 6th March to the sergeant of Derrymeen Police Station and my letter of the 20th March to the County Inspector of the R.I.C., in regard to information I am prepared to volunteer about Lugaunmore ambush, when two members of the Force were killed and three others injured, have been completely ignored.

Almost five weeks have now elapsed since I wrote the first letter and during that time the R.I.C. have raided houses in this locality on various occasions in search of the rebel leaders but they have gone to the wrong place every time, although if they had only consulted me, they could have placed their hands on at least a half dozen of the right men at any hour of the day or night. The apprehension of the ringleaders would have ended all the trouble but the whole thing has been badly mismanaged and the rebels have now changed to new hiding places which I hope to be able to discover soon. As a last resort I have decided to write to you. Please see that action is taken immediately.

As you may wish to know who the writer of this letter is I beg to inform you that I am a retired official of His Majesty's Government and had a long service in the Ordnance Survey.

Please make sure that all communications sent to me are addressed to my daughter, Madge, with a little cross on the top left-hand corner of every envelope.

Your obedient servant,

Gerald O'Daly-Clarke.

"*Please see that action is taken immediately!*" Dá mba é an Cléireach a scríobh na litreacha sin cén furú a bhí air? Scéal chomh haisteach leis níor chuala neach ariamh! Níorbh fhéidir gúr chuala an Cléireach go raibh duine éigin san Arm ag iarraidh Máibhle a mhealladh uaidh agus go raibh sé le buile dá bharr? Bhí sé aige faoi dheireadh, agus má bhí, murach é fhéin cárbh fhios dó an scríobhfadh an Cléireach na litreacha sin choíche, más é a scríobh chor ar bith iad? Agus cén cruthú a bhí acu gurbh é? Agus murach eisean b'fhéidir nach n-iompódh sé in aghaidh an Airm ach an oiread?

I scioból i gceartlár na bportach a bhí an chéad chruinniú eile ag oifigeacha an Airm. Bhí triúr ar buile chomh mór sin gur iarradar cead an Cléireach a mharú glan oscartha. Ach ní bheadh baint ná páirt ag an mBlácach le márú an Chléirigh go mbeadh fianaise ghlan aige agus go gcuirtí faoi ndeara dó é a dhéanamh.

"Murach mise bheadh fód dúnta ar chuid agaibh anois," a deir fear an phosta. "Rinne an diabhal a mhíle dícheall sibh a mharú agus níor chóir nóiméad cairde a thabhairt dhó," ar seisean.

"Diabhal críochnaithe a scríobh na litreacha sin – fear gan croí, gan coinsias, gan trua, gan trócaire – agus déanfaidh sé tuilleadh dochair má fhágtar beo é," a deir fear eile.

Tháinigeadar ar fad, beagnach, leis an gcaint sin ach amháin an Blácach. Agus tháinig sé rite leis foighid a chur iontu. Cén chaoi a bhféadfadh sé athair an tsaighdiúra ab fhearr a bhí acu ariamh, agus athair Mháibhle, a mharú go mbeadh sé lánchinnte go raibh sé ciontach? Agus nuair a bheadh "an fhianaise ghlan" fhéin aige . . . Is beag an tsíleachtáil a bhí aige tráth go mbeadh ar Arm na Poblachta obair den tsaghas sin a dhéanamh. Bhí cuid de na rudaí a d'fhoghlaim sé nuair a bhí sé sa gcoláiste le bheith ina shagart ag gabháil thrína chloigeann agus ag cur imní air.

Socraíodh ansin cleas a imirt ar an gCléireach. Cuireadh suas le seanfhear cúnamh a iarraidh ar an gCléireach leis an bpinsean a fháil dó, mar ba mhinic leis an gCléireach soilíos den tsaghas sin a dhéanamh do sheandaoine an pharóiste. Togha fir pinn é agus níor eitigh sé aon duine ariamh.

I gceann cúpla lá rugadh ar litir an Chléirigh istigh i dteach an phosta. Ba chosúil an scríbhneoireacht, go mórmhór ainm an scríbhneora, le scríbhneoireacht na litreacha eile, ach ní raibh baol ar an mBlácach a bheith sásta leis an méid sin. Agus cé gur mheas sé gurbh é an dúch céanna a bhí ag an mbeirt facthas dó nárbh é an páipéar céanna é ná an folach céanna.

Cuireadh na litreacha go Baile Átha Cliath agus gach fairnéis a bhí le fáil faoin gCléireach.

I gceann seachtaine tháinig scéal go gcaithfí an Cléireach a mharú gan mhoill, mar dúradh nár mhiste leis cén t-eolas a gheobhadh sé faoi Arm na Poblachta bhéarfadh sé do mhuintir Shasana é dá maraítí na céadta Éireannach dá bharr.

Ní fáilte a bhí ag an mBlácach roimh an scéal sin, mar mheas sé nach raibh an fhianaise sách láidir le duine ar bith a chur chun báis. Ach céard a d'fhéadfadh sé a dhéanamh? Nár oifigeach d'Arm na Poblachta é agus nach gcaithfeadh sé an rud míthaitneamhach a dhéanamh chomh maith leis an rud taitneamhach? Dá dtarraingeodh sé siar an tráth sin de ló bheadh sé náirithe go deo.

Ní raibh a fhios aige cé acu beirt – an dochtúir nó Máibhle – is mó a bhí ag cur imní air. Bhí a fhios aige go luaitear na céadta le chéile nach bpósann choíche agus, mura dtiocfadh an scéal seo féin trasna air, b'fhéidir nach bpósfadh sé Máibhle choíche. Rud eile, cé nár smaoinigh sé air ariamh go dtí sin, cárbh fhios dó nach n-iompódh a hintinn agus go bpósfadh sí fear saibhris? Agus mura n-iompódh féin cén chaoi a bhféadfadh sé iníon an fhir a mharaigh sé a phósadh? Ar ndóigh ní dhéanfadh an fealladóir ba mhó sa domhan a leithéid de chleas. Ní fhéadfadh an t-ádh ná an t-amhantar a bheith ar an té a dhéanfadh.

Ach cén chaoi a labhródh sé léi dá gcastaí le chéile iad tar éis a hathair a mharú? Nó an abródh sé go raibh aiféala an domhain air faoi imeacht a hathar? Nach gcaithfeadh sé rud éigin mar é a rá? Ní raibh baol ar bith nach bhfiafródh sí fhéin agus an Dochtúir Somhairle de an raibh a fhios aige nó ag lucht an Airm céard a d'éirigh dá n-athair.

An cruthú ceart, "an fhianaise ghlan", an céasadh croí is mó a bhí ag gabháil dó. Ach nach raibh gach uile dhuine lánchinnte go raibh an Cléireach ciontach – oifigeach an Airm agus lucht eolais i mBaile Átha Cliath – agus nár chóir dósan a bheith sásta ansin? Sea, sin mar a bhí an scéal, ceart go leor. Ach dá dtitfeadh rud éigin amach agus é marbh a chruthódh go raibh sé neamhchiontach sa gcás, nach minic a tharla a leithéid?

Chaithfí aon rud amháin a dhéanamh: chaithfí an Cléireach a fhuadach i ngan fhios den tsaol i gcaoi nach gcloisfí choíche céard a d'éirigh dó. Chaithfí é a mharú agus a chur i ngan fhios den tsaol, chomh maith, i gceartlár na hoíche nuair a bheadh feara Fáil ag srannadh.

Gleann an Uaignis, áit a mbídís ag déanamh cleachtadh leis an raidhfil beag bliain roimhe sin, an t-ionad ab fheiliúnaí. Bhí an teach ba ghaire dó os cionn míle uaidh, agus dá mbeadh gaoth ann, go mórmhór gaoth anoir aneas, scuabfadh sí fuaimeanna na bpiléar léi isteach ar fud na sléibhte, áit nach gcloisfeadh neach faoi neamh iad.

Oíche Shathairn an oíche ab fhearr, ceapadh. Bheadh bean agus iníon bheag an Chléirigh imithe go dtí an baile mór agus bheadh an Cléireach glanta leis ar fhilleadh dóibh, gan fios ag cách cár imigh sé.

Ach chaithfeadh sé sagart a fháil. Bhí sagairt an pharóiste chomh mór sin leis an gCléireach agus chomh mór céanna in aghaidh an Airm nach raibh gair ag lucht an Airm a dhul ina ngaobhar. Chaithfí sagart a thabhairt ann i ngan fhios don tsaol – sagart óg a bhí ar thaobh an Airm.

Sagart ón taobh eile den tSionainn a fríotheadh.

Sa teach céanna a chodail an sagart, an Blácach agus beirt oifigeach eile oíche Dé hAoine. Ach ní go maith a chodail an Blácach óir ní raibh sé sásta leis an bhfianaise. Ba mhór an suaimhneas intinne dó é dá bhfaighfí an "fhianaise ghlan" sin. B'fhéidir go bhfaighfí fianaise istigh i dteach an Chléirigh.

B'fhearr leis fianaise nach raibh an Cléireach ciontach. Ach cá bhfaighfí í? Má bhí sé ciontach níor bhaol nach n-admhódh sé é ar bhruach na huaighe, nó roimhe sin, b'fhéidir.

Le contráth na hoíche, tús na Bealtaine, chuaigh dháréag acu timpeall ar theach an Chléirigh. Thug an Blácach ordú dóibh greim a fháil ar a raibh scríofa ag an gCléireach dá bhféadtaí é. An té a dhearc isteach fuinneog an tseomra chonaic sé an Cléireach ina aonraic, agus é ag scríobh litir eile chuig lucht an Chaisleáin, b'fhéidir? Amhantrach go leor, ní raibh glas ar an doras agus isteach leo ina mbrúisc ar fud an tí.

"*Hands up!*" a deir an Blácach ina shainbhéic. Ach chomh luath agus a d'airigh an Cléireach iad d'éirigh sé de léim, dhún doras an tseomra ina n-aghaidh, rinne na céadta píosa de gach a raibh scríofa aige agus isteach leo sa tine.

Is gearr go raibh an doras thiar i lár an tseomra agus beirt i mbéal a gcinn rompu ina dhiaidh. Rinne an bheirt seo ar an tine. Bhí bunáite na bpíosaí ag crithnú agus ag titim óna chéile, dóite. Tarraingíodh cuid acu amach ach níorbh fhéidir ciall ná réasún a bhaint astu. Ba bhriseadh croí leis an mBlácach é "an fhianaise ghlan" ina luaithreach.

Is beag nach raibh an tóir tabhartha suas nuair a tugadh faoi deara giota de litir agus a chluas os cionn na luatha.

Gheit croí an Bhlácaigh. Ach ní raibh de scríbhneoireacht fágtha ach "$C - es - le$".

Fear mór iomlán, a raibh an-bhrú-neart ann, a bhí sa gCléireach. Is é a bhí go ceanndána an oíche sin. Cheil sé go feargach gach ar cuireadh ina leith. Ní hé amháin sin ach d'fhógair sé ar na saighdiúirí glanadh amach as an teach go beo.

B'éigean é a iompar amach go dtí an carr a tháinig ina choinne. Nuair a thosaigh sé ag béiceach cuireadh gobán ann agus púicín air agus shuigh an Blácach lena thaobh sa gcarr. I gceann dhá uair an chloig, cheap an Blácach, bheadh sé ag tabhairt ordú do shaighdiúirí leathscór piléar a chur thrí chorp athair Mháibhle agus an Dochtúir Somhairle.

Ó tharla nár fhéad an carr a theacht i bhfoisceacht achair fhada de Ghleann an Uaignis cuireadh abhaile é, agus cuireadh abhaile, chomh maith, beirt fhear leis na gunnaí beaga a bhí acu a chur i bhfolach.

Timpeall leath bealaigh idir teach an Chléirigh agus Gleann an Uaignis a bhíodar nuair a chualadar an sioscadh cainte − an chaint ab aistí dar chualadar ariamh, dar leo − i bhfoisceacht cúpla céad slat díobh. Stopadar go hobann agus chuir gach uile dhuine cluas air fhéin, ach focal níor thuigeadar. Ar aghaidh leo céad slat eile gur thugadar solas faoi deara taobh thiar de thom fuinseoige. Teach feilméara a bhí ann agus doras an tí oscailte. Chuireadar cluas orthu fhéin aríst.

"Sé do bheatha a Mhuire, tá lán de ghrásta ... Naomh Muire, a Mháthair Dé, guí orainne na peacaigh anois, agus ar uair ár mbáis, Áiméan."

Fear an tí a bhí ag rá an phaidrín agus a bhean agus a chlann dá fhreagairt. Daoine ag déanamh a n-anama agus daoine eile ag marú. B'fhearr leo gan an paidrín sin a chloisteáil an oíche úd.

An bealach a bhí ag gabháil amú orthu agus chasadar taobh na láimhe clé.

Bhí an sagart agus beirt fhear le láí agus sluasaid ag fuireacht leo ag ceann scríbe. B'iontach leis an sagart dánacht an Chléirigh. An bheirt bhrathadóir a dtug sé faoistin dóibh tréimhse roimhe sin bhíodar chomh ciúin le peataí caorach.

Chomh luath agus a thosaigh an sagart ag tabhairt faoistin don Chléireach thomhais an Blácach seacht dtroithe de mhóinfhéar an ghleanna lena bhróga: seacht dtroithe d'athair Mháibhle agus an Dochtúir Somhairle. Is gearr go raibh an láí ag sioscadh. Bhí an oíche chomh ciúin sin is gur bhain torann na sluasaide agus na láí macalla as an ngleann nuair a tháinig siad in aghaidh a chéile.

An bheirt a bhí ag faire os cionn an ghleanna chonaiceadar na lampaí dá múchadh sna tithe tuaithe fad a n-amharc uathu; dá múchadh i leaba a chéile mar a bheadh na hanamnacha ag imeacht as na daoine ag fágáil an tsaoil seo dóibh. Socraíodh gan aon urchar a chaitheamh go mbeadh gach uile sholas a bhí le tabhairt faoi deara múchta.

Timpeall is troigh a bhíodar síos sa talamh nuair a rinne an láí torann bodhar, neamhchoitianta.

"Aire dhuit. Cónra!" arsa fear an laindéir.

Baineadh geit as cuid acu. Ach níor chónra í ach carcair. B'éigean an uaigh seo a dhúnadh.

Níl amhras nach raibh a liacht carcair i nGleann an Uaignis ach b'aisteach leis an mBlácach go dtáinigeadar trasna ar an gceann sin. Níor dhea-chosúlacht é, shíl sé.

"An dá raidhfil anois," a deir sé, nuair a bhí an uaigh déanta.

"Cén raidhfil?" a dúirt an t-oifigeach ba ghaire céim dó.

"Nár cuireadh scéala chugat arú aréir dhá raidhfil agus scór piléar a bheith agat anseo ag a haon déag a chlog?"

"Má cuireadh ní bhfuair mise é agus smid níor chuala mé faoi go dtí seo."

"Tá sé tar éis a dó dhéag anois agus gan iad ar fáil. Nach deas an chaoi orainn é!"

Bhí an uaigh déanta, faoistin faighte ag an gCléireach agus na gunnaí dhá mhíle go leith uathu trasna na tíre!

"Bhfuil *revolver* ag duine ar bith agaibh?" a deir an Blácach.

Ní raibh.

Mheas an Blácach go raibh sé ina bhambairne. Ní raibh d'airm acu ach an raidhfil beag a mbídís ag déanamh cleachtadh leis i nGleann an Uaignis agus glac bheag piléar, agus níor caitheadh urchar as le trí ráithe. Ach nár mheasa é fhéin ná duine ar bith? Teacht ansin gan gunna póca gan tada! Ach céard a d'fhéadfaí a dhéanamh anois? Nach gcaithfí an Cléireach a mharú? Sea, ach chaithfí faill admhachtála a thabhairt dó.

Chuaigh cúpla nóiméad thart agus níor labhraíodh smid. Ba gheall an ciúnas le ciúnas na marbh. Níor thaitnigh sé leis an mBlácach. Cheap sé gurbh é an namhaid is mó a bhí acu an oíche sin é. An ghaoth a raibh sé ag súil léi – an ghaoth shoilíosach a d'ardódh fuaim na bpiléar léi isteach i gceartlár na gcnoc, a chabhródh leo le athair an chailín ab ansa leis a mharú agus an gníomh a choinneáil faoi rún – níor tháinig sí. Gíog dá laghad ní raibh ann gur imigh olgadán tharstu go sciotánach trasna an ghleanna, é ag scréachaíl agus ag réabadh an aeir agus an chiúnais roimhe. B'fhearr leis an mBlácach gan a chuid scréachaíle a chloisteáil. Nárbh í an oíche agus an dorchadas a bhí sé i dtuilleamaí leis an marú a dhéanamh, díreach mar é fhéin?

Faoi dheireadh d'ordaigh an Blácach dhá philéar a chur sa gCléireach: ceann ina chroí agus ceann ina chloigeann. Ar éigean a thug sé faoi deara ariamh roimhe sin torann an ghunna bhig, ach an oíche sin ba phléascadh gunna mhóir leis fuaim gach piléir. Rinne macalla an ghleanna aithris orthu; scuab sé leo iad sna preaba tinte agus chaith uaidh siar iad ó ghleann go gleann agus ó chnoc go cnoc. Bhí scáth ar an mBlácach go gcloisfí an torann agus go ndéanfaí an uaigh amach nuair a thosófaí an tóir cúpla lá ina dhiaidh sin.

Ar éigean an macalla ag ceann scríbe nuair a d'éirigh an

Cléireach ar a ghlúine. Feancadh, de réir cosúlachta, níor bhain na piléir as, ach amháin gur thit sé.

Níor fhan focal ag duine ar bith. Bhí an Blácach bun os toll. Bhí a theanga chomh tirim le tóin tornóige, beagnach, agus thosaigh sé ag cogaint giota de bhrobh. Mheas sé nach raibh an tabhairt sin ag éirí leis. Phléasc na piléir ach cad chuige nár mharaíodar? B'in í an cheist.

D'ordaigh sé dhá philéar eile a chaitheamh leis an gCléireach, ach níor ordú oifigeach airm é; ina leathchogar a dúirt sé é.

Is gearr go raibh an Cléireach ar a ghlúine aríst.

"Níl mé ciontach! Níl mé ciontach! Paca dúnmharfóirí! Paca dúnmharfóirí!" deir sé in ard a ghlóir go hobann nuair ba chóir dó a bheith marbh. B'iontach leo an chaint sin mar shíleadar nach mbeadh smeaig ina chluais nuair a rachadh dhá philéar ann.

"In aghaidh a thola atá chuile dhuine anseo agus maithfidh tú an obair seo ar fad dúinn, in ainm Dé," a deir an Blácach.

"Ní mhaithfead! Ní mhaithfead! Níl mé ciontach! Níl mé ciontach!"

Caitheadh dhá philéar eile lena chroí, ach ba é an cás céanna é.

"Is gearr do shaol anseo anois agus in ainm Dé agus na Maighdine Muire maithfidh tú chuile rud do na buachaillí seo," arsa an sagart.

"Ní mhaithfead! Níl mé ciontach! Ní mhaithfead! Ní mhaithfead!"

Cheap an Blácach nach raibh fear i sáinn ariamh mar a bhí sé fhéin an oíche sin. Nár dúradh leis an Cléireach a mharú? Ach nach raibh sé ag cinnt air é a dhéanamh? Agus cén chaoi a bhfágfadh sé ansin é idir a bheo agus a mharbh?

Cé go ndeachaigh an Cléireach chun laige beagán facthas

dóibh nach raibh aon bhaol báis air. Bhí sé cinn de philéir ann agus gan ach piléar amháin fágtha. Bhí na gunnaí agus na piléir mhóra dhá mhíle go leith uathu agus ba é cloch neart an té ab fhearr eolas tíre a bhí acu an dá aistear a dhéanamh taobh istigh de dhá uair an chloig.

"Imígí beirt agaibh go beo, beirt a bhfuil eolas maith agaibh ar an mbealach – tusa, a Bhreathnaigh, agus tusa, a Riocaird – i gcoinne raidhfil agus scór piléar," arsa an Blácach. "Tugaigí do na bonnachaí é. Tá a fhios agaibh cá bhfuil siad i bhfolach. Beidh beirt eile leath bealaigh romhaibh ag Sceach Phádraic Uí Eidhin leis an ngunna agus na piléir a thabhairt anseo."

Scaitheamh beag tar éis imeacht dóibh tugadh faoi deara go raibh an Cléireach ag gabháil chun donachta, beagán.

"In ainm Dé agus Muire maith dhúinn ar fad an obair seo," a deir an sagart.

Rug an Blácach é fhéin ar an ngunna agus chuir an piléar deireanach sa gCléireach, isteach thrí chlár a éadain. Thit sé siar ach ní dhearna aon iarracht éirí mar a rinne sé na babhtaí eile.

"Maithfead! Maithfead, maith– !"

Ní go suaimhneach a chodail an Blácach an oíche sin ach an oiread. Séard is mó a bhí dá shíorchuartú: an raibh an Cléireach ciontach? Agus nár scread sé amach ag béal na huaighe nach raibh?

Arbh éard a thit amach, nach raibh fonn maraithe ar an ngunna ná ar na piléir ná fonn folaigh ar Ghleann an Uaignis?

Nó an raibh an gunna ó rath agus na piléir rólag nó támáilte?

An smaoineamh deireanach is fearr a thaitnigh leis ach bhí na smaointe eile ag gabháil trasna air.

I gceann coicíse bhí na giorriacha óga ag feannadh féir os cionn na huaighe idir na tuláin bhrobh.

Péacóg Chill Bhríde

Ba mhinic deireanach an traein chéanna, go mórmhór gach uile Shatharn ó tháinig an samhradh. Deireadh na buachaillí báire nach ndeachaigh Saighdiúir Napla Antoine isteach chuig an mbaile mór ariamh ag tarraingt a phinsin nár choinnigh sé moill uirthi! Ach is cosúil gur iomaí leithscéal eile a bheadh ag lucht na traenach.

Cé go raibh sé ina scartadh gréine ó mhaidin roimhe sin agus boladh cumhra an fhéir ag teacht ar eití na leoithne anall ó ghort Bhiolach Eoghain, duine ní raibh timpeall an stáisúin nach raibh ag gabháil chun callóide. Bhí na seanfhir ag éirí mífhoighdeach ag fuireacht le gráinne tobac, bhí na malraigh scoile tuirseach ag fuireacht le milseáin agus b'fhéidir píosa de bhuilín, agus bhí furú an domhain abhaile ar dhaoine eile, dá mbeadh an deis acu, le caoi a chur ar ghlaicín féir. Ach níor mhór é suim lucht an bhóthair iarainn sna cúrsaí sin.

Bhí chomh maith le scór carranna cruinnithe ann, idir charranna capaill, charranna asail agus mhúille Shéimín Bhriain. Le cléibhíní agus ciseáin na mban a iompar abhaile a tháinigeadar ar fad ann. Gluaisteán ní raibh ann ach ceann amháin as teach mór na Gráinsí. Ach fear, bean ná páiste ní raibh ann nach raibh ag súil le duine éigin.

Bhí a lán méanfach agus searradh déanta nuair a thosaigh a

raibh ann ag breathnú ar chomhartha-chuaille na traenach mar bhí préachán ina sheasamh thuas air agus é mar a bheadh sé ag breathnú thairis ar na goirt is túisce a ngabhfadh sé ag tochailt iontu ag tóraíocht fataí céadfhómhair. Scairt a raibh ann amach ag gáire nuair a d'imigh an clár go hobann óna chosa, agus is beag nach raibh sé buailte ar an talamh sul má bhí na sciatháin scartha amach aríst aige. Chuir sé sin fonn siosctha ar a raibh ann mar ba chosúlacht é nárbh fhada uathu an traein.

"Siaraí libh! Siaraí libh! Fainicí an traein!" a deir fear an stáisúin ina shainbhéic a thúisce agus a chuir an traein sian aisti ag teacht amach faoin droichead di.

Is gearr go raibh ciseáin agus cléibhíní agus burlaí caite amach. Lao a raibh mála barraí ina thimpeall agus gan le feiceáil de ach a chloigeann, an burla deireanach a d'iompar an fear freastail amach. A luaithe agus a leagadh ar an talamh é chuir sé géim chráite as fhéin, díreach mar a bheadh sé ag impí ar dhuine éigin an chulaith aisteach sin a bhaint de. Nó b'fhéidir gur diúl beag a bhí ón gcréatúr.

D'fhág an t-aos óg agus na cailíní an bealach do Shaighdiúir Napla Antoine ag gearradh amach as an stáisiún dó. Bhí sé ar dheirge an luí gréine lena raibh ólta aige mar ba ghnáth leis tar éis a phinsean a tharraingt.

Cailín gleoite, galánta an duine deireanach a d'fhág an traein. Is beag nár lig sí ar an méar is faide é, óir murach chomh haclaí agus a bhí sí, is cosúil go mbeadh uirthi a ghabháil go dtí an chéad stad eile. Ba léir nach raibh sí ag súil le duine ar bith agus nach raibh duine ar bith ag súil léi, óir ceist níor chuir sí ar aon duine ach siúl amach as an stáisiún ar nós cailín a mbeadh eolas an bhealaigh aici. Agus cé gur iomaí duine a chuir suntas inti níor aithnigh duine ar bith í, agus níor aithníodh as duine ar bith í ach an oiread. Measadh ansin gur strainséir í, go mórmhór mar gheall ar an dath bánghnéitheach agus an ghruaig fhionn ar mhíne an tsíoda a bhí uirthi, mar nach bhfeictear a leithéid san áit sin ach go fíorannamh.

Is í a bhí gléasta. Bróga buí a raibh cosúlacht an rachmais orthu a bhí uirthi. Ní fhéadfadh duine gan suntas a thabhairt don chulaith ghlas, dhea-dhéanta a bhí uirthi murach go raibh an sciorta chomh cúng sin go raibh sé ag teacht rite léi aon choisíocht cheart a dhéanamh. Bhí lán de ghlaice beagnach de sciatháin ildathacha ar a hata thuas agus gach uile chosúlacht uirthi gur bean uasal í, murach nach dtáinig duine ar bith faoina déin. Sin é an fath ar cheap corrdhuine gur bean saighdiúra í, mar bhí na mílte saighdiúir thiar san bhFeilm Mhór an tráth céanna. Ach saighdiúir fhéin ní raibh ag faire uirthi.

Níorbh fhada imithe í nuair a sheas sí agus measadh go raibh meáchan mór sa mála a bhí ar iompair aici. Ón gcaoi ar shiúil sí agus an t-imeacht a bhí fúithi ba mhó a cleachtadh ar chosáin mhíne an bhaile mhóir ná ar bhóithre garbha na tuaithe, mar bhí gach uile áit timpeall an cheantair sin réabtha, tollta ag Arm Shasana agus bhí sé ag teacht rite léi na sclaigeanna a sheachaint.

Dá mba Bóthar na Coille a bhéarfadh sí uirthi fhéin is cosúil go gceapfadh corrdhuine gurb í an mháistreás scoile a bhí tar éis a theacht go Scoil an Chartúir a bhí inti. Ach ba shine í ná an mháistreás, mar de réir cosúlachta, bhí an deich fhichead bailithe aici. Agus bhí clárfhiacail óir inti freisin den tsaghas nach bhfeictear sa tír seo go minic.

Timpeall agus trí chéad slat imithe í nuair a leag sí an mála ar an mbóthar aríst agus ghlan an t-allas di fhéin óir bhí an trathnóna an-mheirbh go deo. Ach thairis sin, cónaí ní dhearna sí gur shroich sí Sráidbhaile Chill Bhríde, áit a bhí taobh le aon tsráid amháin an t-am céanna.

Siar léi díreach chuig an gcoirnéal, áit a mbíodh an teach lóistín ag muinitr Mhóráin. Shílfeá nárbh é an chéad uair ann í, sin nó bhí fairnéis bharainneach aici faoi. Is beag nach raibh cnag buailte ar an doras aici nuair a thug sí faoi deara go raibh fógra ceantála ar an bhfuinneog agus nach raibh duine ar bith ina chónaí san áit. Dhearc sí fúithi agus thairsti ar nós bean a cuireadh as a buille agus nárbh fhios di cá dtabharfadh sí a haghaidh. Bhí "Spáig" ina sheasamh ag doras na beairice agus súil níor bhain sé di gur sheas sí díreach ar aghaidh theach Mháire Chiota thuas i lár na sráide nuair a chonaic sí an fógra "Beatha agus Lóistín". Teach mór go maith a bhí ann agus b'annamh é gan lóistéirí.

"Ag teacht ag tóraíocht lóistín atá mé," arsa an strainséara le Máire.

B'fhollasach óna cuid cainte nach Éireannach í. Dhearc Máire ó bhun go barr uirthi. Mura Meiriceánach í ba Sasanach í, mheas sí. Ach ní bheadh sásta di go mbeadh a fhios aici. Deireadh muintir na háite nach gcodlódh sí go sámh go mbeadh gach uile eolas a bhí le fáil faoi lóistéara faighte aici. Bhí sí ag éirí beagán cúramach faoi lóistéirí thar mar a bhíodh sí, óir cúpla lá roimhe sin chuir an sagart paróiste an ruaig ar bheirt bhan ghléasta, ardnósach a bhí ar lóistín aici. Agus achar gearr roimhe sin d'imigh beirt eile go hobann. Bhí le rá gurbh iad lucht an airm iad féin a chuir chun bealaigh iad sin. Mar sin féin níor mhaith le Máire aon bhrabach a bhí ag imeacht a chailleadh.

"Tá an áit lán suas agus tá mé ag súil le beirt eile ar ball," a deir sí faoi dheireadh.

"Bhfuil aon áit eile a bhféadfadh duine lóistín a fháil?" ar sise.

"Mura dtéiteá suas Tigh na bhFlaitheartach díreach ar aghaidh na beairice, an áit a bhfuil an crann mór sin ag fás."

Ach tháinig sórt aiféala uirthi nuair a chuir an cailín cuma ghluaiseachta uirthi fhéin.

"Ó!" ar sise, "rinne mé dearmad. Tá bean an tí buailte suas. Tá sí ar a leaba le seachtain."

"Bhfuil aon teach lóistín eile ar an mbaile? Áit ar bith?"

"Ní shílim go bhfuil."

"Ná raibh an scéal níos measa. An bhféadfá blogam tae fhéin a thabhairt dom mar tá mé sioncaithe tar éis an aistir agus bhí orm an mála sin a iompar anuas ón stáisiún."

"Tar isteach agus réiteoidh mé braon tae dhuit mar sin. Is cosúil gur fada é an bealach atá tú tar éis a chur díot?"

"Is fada. Cén t-am a mbíonn an t-aifreann anseo chuile Dhomhnach?"

Tháinig an chaint do Mháire ar an bpointe agus d'éirigh sí an-tsuáilceach ar fad. An chaint faoin aifreann ba chiontach leis, agus chuir sí roimpi gnótha na mná óige a dhéanamh amach, óir bhí sí beagnach cinnte anois nach bean saighdiúra í.

"Ní aifreann a bhíonn againn ach dhá aifreann. Bíonn ceann ann ag leathuair tar éis a hocht is ceann eile ag a haon déag. Is tagann an ministéir anseo gach re Domhnach, tagann sin, mar níl de Chaitlicigh ar an seacht míle saighdiúr atá thuas sa gcampa ach mórsheisear. Is de réir cosúlachta is beag acu a chuireann aon tsuim i gcúrsaí an mhinistéara fhéin. Ach is é an lá amárach an lá sílim.

"Chaith bean duine den mhórsheisear – oifigeach é – coicís anseo. Bean dheas ghnaíúil a bhí inti go deimhin. Is beag nár chosúil leat fhéin ar bhealach í, bail ó Dhia ort. B'as Cúige Uladh muintir na beirte ach thall a rugadh iad fhéin. Is chaith máthair oifigigh eile seachtain anseo freisin, agus bhí aiféala ar an mbeirt acu ag imeacht dhóibh. Tá mé cinnte nach dtiocfaidh an bheirt eile seo nuair nach bhfuil siad ar fáil anois, is bhéarfaidh mé seomra duit fhéin duit. Ach cén t-ainm atá ort, más é do thoil é?"

"Bríd a' Bláca."

"Bríd a' Bláca! Daoine uaisle, ar ndóigh a bhí sna Blácaigh chuile lá ariamh. Is cuimhneach liom fhéin nuair a bhí sé nó seacht de thithe móra istigh sa bparóiste seo, is iad ag tabhairt saothrú do a lán. Ach roinneadh cúpla dúiche amach ar na tionóntaí. Sílim go bhfuil *motor-car* ag chuile theach acu mar feicim ag gabháil thart iad. Téann ceann acu síos chuig an stáisiún i gcónaí tráth a mbíonn searbhóntaí nó duine ar bith ag teacht."

D'éirigh an cailín beagán lasánta, ach choinnigh sí a dá chab ar a chéile.

"Cén gnótha atá agat anseo más é do thoil é? Mar tá muintir na beairice anseo thiar an-chaidéiseach ar fad mar gheall ar an gcogadh seo, is níor mhór dhom chuile fhaisnéis a bheith agam dhóibh. Deireann siad fhéin go bhfuil orthu é a fháil."

"Níl gnótha ar bith agam."

"Níl gnótha ar bith agat? Caithfidh mé é sin a inseacht dóibh, má thagann siad. Ach ná ceap gur uaim fhéin atá an t-eolas ag teastáil."

"Bhfuil fút fanacht i bhfad?"

"Sin rud nach bhfuil a fhios agam."

"Níl a fhios agat? Caithfidh mé é sin a inseacht dóibh freisin, má thagann siad."

"Raibh tú anseo ariamh cheana?"

"Ní cuimhneach liom é."

"Ar ndóigh, dá mbeifeá ann shílfeá go gcuimhneofá air?"

D'éirigh sí an-lasánta an babhta seo.

"Bhuel tá cuid de na háiteacha is deise sa tír timpeall an cheantair seo agus is féidir leat píosa breá spaisteoireachta a bheith agat dhuit fhéin. Tá Bóthar an Locha agus Bóthar na hAbhann ann, ach dá mbeinnse i do bhróga, is é Bóthar an tSléibhe a bhéarfainn orm fhéin mar is é is deise feiceáil. Agus is é is folláine agus is fearr aer freisin chuala mé an dochtúir a rá."

Siar Bóthar na Cille a ghabh an cailín. Ar éigean imithe as amharc í nuair isteach le Spáig tigh Mháire Chiota.

"Beidh bean strainséartha ag cur fúithi anseo anocht?" ar seisean.

"Beidh. Tá sí tar éis imeacht amach ag coisíocht," arsa Máire.

"Bhfuil a fhios agat céard a thug anseo í?"

"Chinn orm críochnaithe é sin a dhéanamh amach. Ní shílim gur bean saighdiúra í ar chaoi ar bith, óir ar éigean taobh istigh den tairseach í nuair a thosaigh sí ag cur ceisteanna orm faoi na haifrinn."

"Ar ndóigh, dhéanfadh sí é sin le dallamullóg a chur ar na daoine. Tá sí an-ghléasta ag breathnú."

"Sin é a cheap mé fhéin freisin. B'fhéidir gur ag gabháil ag obair i gceann eicínt de na tithe móra atá sí – síos tigh Jackson nó áit eicínt."

"Dá mba ea shílfeá go ngabhfadh sí síos díreach ann mar a théann siad i gcónaí ann."

"Is dúirt sí nach bhfuil aon ghnótha aici anseo agus nach bhfuil a fhios aici cá fhad a fhanfas sí."

"Is aisteach an scéal é sin. Tuige a dtiocfadh sí go dtí a leithéid seo d'áit mura bhfuil gnótha eicínt aici ann? Níor mhór súil a choinneáil uirthi."

"Bhuel rinne mise mo dhícheall ach chinn orm."

Bhí sé ina oíche nuair a d'fhill an cailín agus suas léi a chodladh.

Ba í an bhean ba ghléasta a ghabh isteach chuig an gcéad aifreann an mhaidin ina dhiaidh sin í. B'iontas lena lán strainséir mar í a bheith ag guairdeall thart sa reilig tar éis an aifrinn ag breathnú ar na seanliagáin agus ag iarraidh a bheith ag déanamh amach na n-ainmneacha a bhí greanta iontu. Tar éis an dinnéir siar léi ina haonraic Bóthar na Cille aríst.

Ag tarraingt ar an oíche chuir an sáirsint fios uirthi, ach níor choinnigh sé istigh í ach timpeall is leathuair an chloig. An mhaidin ina dhiaidh sin ghlan sí léi ar an gcéad traein.

Bhí olc ag cuid do mhuintir an bhaile don tsáirsint a leithéid a dhéanamh le cailín nach raibh ag déanamh ceo as an mbealach. Ach murach é is ar éigean a bheadh a fhios go deo céard a thug ansin í.

Ag breathnú ar an áras breá a bhí ag a hathair, an Blácach Mór, tráth a raibh a máthair ina cailín aimsire ann, a tháinig sí, óir is minic a chuala sí a máthair ag rá gur fear dúiche a bhí in a hathair.

Ach cloch ní raibh ar a fhuaid in áras mór na mBlácach. Achar roimhe sin leagadh é le tithe a dhéanamh don mhuintir ar tugadh na gabháltais dóibh nuair a rinneadh an dúiche a roinnt. Agus ní raibh le feiceáil aici i seomra an bhia agus an óil agus an tsiamsa ach sé no seacht de bheithígh ina luí go sásta ag cogaint a gcíre.

Roghain an Dá Fhuascailt

Mheas mé i gcónaí gur le beithéagamh agus fonóid a tugadh an Phéacóigín uirthi go lá a raibh mé thíos i dteach na cúirte agus í os comhair an ghiúistís faoi bheith ag cur aighnis ar dhaoine.

"An gcreidfeá go raibh sí sin ar na cailíní ba ghleoite agus ba dheise a d'fheicfeá i do shiúl lae tráth a dtáinig sí anseo i dtosach timpeall sé nó seacht de bhlianta ó shin?" a deir sean*pheeler* a bhí le m'ais liom. "Le breathnú uirthi anois ní cheapfá gur mheall sí na scórtha. Is mar gheall uirthi a hathraíodh oifigeach a bhí anseo in Arm Shasana."

"Bhfuil a fhios agaibh a hainm ceart?" arsa mise.

"Tá a fhios agus níl a fhios. Úna a' Bláca a thugann sí fhéin uirthi fhéin agus sin é an t-ainm a bhíonn uirthi i gcónaí nuair a tugtar faoin dlí í. Ach tá a fhios againn gur Máire Ní Cheannabháin a bhí uirthi sa taobh eile den bhaile mór di. Lil Ní Dhubhluí atá ag roinnt dá cuid comrádaithe fhéin uirthi. Dá mbeadh a fhios acu a hainm ceart fhéin ar éigean a d'inseoidís dúinn é. Ainmneacha bréige atá ar a lán acu. A thúisce is a thagann siad anseo déanann siad malairt sloinne. Níor mhaith leo fios a bheith ag a muintir thíos faoin tuath cá bhfuil siad nó céard atá siad a dhéanamh.

"Amanta déantar amach a n-ainm ceart nuair a cailltear iad nó nuair a báitear iad. Ní chreidfeá ach a dhílse is atá siad dá chéile. An dream a mbíonn airgead acu seasann siad don té atá thíos.

Gnás leo é sin chuile lá ariamh, an dtuigeann tú? Ceapann chuile dhuine acu gur íobairt don fhear í fhéin, agus údar aontachta agus dílseachta eatarthu é sin."

Is beag oíche anois ag siúl na sráideanna di nach gcaithfeadh an Phéacóigín scaití ag cuimhneamh ar sheachtain an taispeántais mhóir sin chuici. B'ait léi a bheith ag cuimhneamh air. Ach ní mar gheall ar an tseachtain a bhí ag druidim léi ar fad ach na cinn a bhí gaibhte thart. Amanta chuiridís sin brón uirthi faoin gcaoi ar tháinig sí anuas sa saol. Ach cineál sásamh intinne di a bheith ag smaoineamh ar an oíche ar mheall sí oifigeach d'Arm Shasana – fear an chroiméil dhuibh dhiogáilte nach raibh a chroí san airgead aige. Ba bhua léi é sin – bua dá háilleacht, dá stuaim agus dá cuid cleasaíochta. Is minic a ghníodh sí gaisce as lena cuid comrádaithe, nár éirigh le ceachtar acusan a leithéid a dhéanamh ariamh!

Bhíodh lé rá gurbh é an meangadh iontach sin a bhíodh uirthi i gcónaí a sheasadh di. Bhí sé aici ó nádúr, ach chuir sí barr feabhais air tráth a mbíodh sí ag gabháil thart le bean uasal sul má tháinig sí go dtí an baile mór. Bhí a fhios aici le stuaim a chur ar an meangadh sin dá mbeadh a croí dá chrá, le lóistín agus rudaí beaga eile a fháil nuair a chinnfeadh ar dhuine eile. Agus d'fhoghlaim sí na béasa agus na bealaí beaga a bhaineas leis an uaisleacht, freisin.

An meangadh céanna a mheall an Meiriceánach mór an tseachtain ar mheall sí an t-oifigeach, an Meiriceánach a raibh na fáinní buí óir ar a mhéaracha aige, agus an hata tuí, agus an veiste bán air agus an staic de thoitín ramhar donn, a raibh boladh an rachmais as, dá chaitheamh aige. Bhí brabach aici de bharr na seachtaine sin mar bhí sí i riocht cíos an tseomra bhig a bhí aici a íoc agus fiacha beaga eile a leagan, freisin.

Ag bogadh abhaile ina haonraic le bruach na habhann ar

maidin di an t-am is mó a gcuimhneodh sí ar an tseachtain sin, cé go mbíodh sí báite fliuch, cruit fuachta uirthi agus an t-ocras ag cur go trean uirthi amanta. Ach ní raibh sí d'uireasa dóchais fós, cé go raibh sé dá tréigean i leaba a chéile.

Ní abróinn nach mbíodh sí ag brionglóidí air corruair ar feadh an lae fhéin, mar sa lá ghníodh sí a cuid brionglóidí agus a cuid codlata. Níor mhíthaitneamhach iad cuid de na brionglóidí céanna murach an tromluí a bhíodh dá síorchuartú de ló agus d'oíche: an tromluí faoin gcíos a bhí ag gabháil i méid gach uile sheachtain agus gan aon airgead aici lena aghaidh. Bhíodh rudaí beaga eile ag cur uirthi, freisin: an t-ól, an t-éadach d'fhaigheadh sí ar iasacht, agus go mórmhór cosúlacht na haoise agus an mhídhathúlacht a bhí ag teacht uirthi ina gcos in airde i bhfad roimh a n-am. Fíor-chorruair a chuireadh an saol eile aon imní uirthi, ach nuair a chuireadh ruaigeadh sí leis an ól i gcónaí é, dá mbeadh na pingineacha aici. Murach an t-ól agus an dearmad ní móide go seasfadh sí chor ar bith é.

Níor bhaol don tseoimrín cúil a bhí aici thuas i mbarr an tí i gceann de na cúlsráideanna a bheith ina sheomra breá, galánta. Áit tine ní raibh ann ariamh ach, ar bhealach, níor mhiste léi é sin mar bhí sí chomh gafach sin leis an bhfuacht agus leis an bhfliuchán agus a bhí an chailleach dhubh, beagnach. Maidir le troscán, is beag a bhí ann le cois na leapan ach seanchathaoir a bhí ar thrí chosa. Chuir an chathaoir seo ar shlat a droma cúpla cuarta í nuair a bhí braoinín istigh aici, agus bhíodh sí ar an airdeall uirthi uaidh sin suas. Ní raibh crochta ar na ballaí ach aon phictiúr amháin: pictiúr de sheanoifigeach éigin in Arm Shasana a raibh croiméal mór liath air. Solas ní raibh aici ann ariamh ach an choinneal agus, amanta, ní bhíodh an méid sin fhéin aici mar goidtí uaithi í nuair a théadh sí amach san oíche, óir b'olc an daingniú a bhí ar dhoras an tseomra aici. Dá mbeadh an fhuinneog breá mór fhéin is beag a bheadh le feiceáil aici ach cúlsráideanna, stáblaí agus simléir agus tithe fad a hamhairc uaithi. Thíos díreach fúithi bhí an áit ag duine de na carraeirí dá chapall – fear a rinne saothrú san oíche agus a chuid codlata sa ló ar nós í fhéin. B'ionann na tithe a bhí timpeall uirthi agus a teach lóistín fhéin. Is beag fuinneog iontu nach raibh gloineacha briste inti. Agus beagnach gach uile theach acu fágtha ina bhéal in airde gach uile oíche sa ngeimhreadh chomh maith le lár an tsamhraidh.

Mar sin fhéin ba é a háras an seomra seo – an t-aon dídean amháin a bhí aici ar an saol seo – agus margadh déanta aici an oiread seo cíosa a thabhairt gach uile sheachtain air. B'in é an séú háit anois aici in imeacht cúpla bliain. Caitheadh amach as na cinn eile ar fad í de bharr fiacha. Bhí aithne ag a lán de na mná tí a choinníodh a leithéid uirthi, agus b'fhaitíos léi dá gcaití amach as an áit seo í go dtiocfadh sé rite léi aon áit eile a fháil. Rud eile de, bhí sí tinn tuirseach ag athrú ó áit go háit. Bhéarfadh sí a lán é a bheith ar a cumas a rá leis na mná tí céanna a ghabháil i dtigh an diabhail. Ach nuair nach raibh, b'éigean di a ghabháil ar a láíocht i gcónaí leo. Fainic nárbh iad na mná tí céanna a chuir roghain an dá fhuascailt isteach ina cloigeann i dtosach?

Bliain níor ghabh thart ó tháinig sí go dtí an baile mór i dtosach nár thosaigh sí dá hullmhú fhéin faoi choinne an taispeántais mhóir seo ach amháin an bhliain roimhe sin nuair is istigh sa bpríosún a bhí sí. Fearacht a lán dá cuid compánach ar fud an bhaile mhóir bhíodh tnúthán aici le dhá sheachtain ar leith gach uile bhliain, ach b'fhéidir go mb'fhearr gan bacadh leis an gceann eile an iarraidh seo. Dar léi, agus dar leo ar fad, ar ndóigh, ba í seachtain seo an taispeántais mhóir seachtain an rince agus an ragairne, seachtain na póite agus an drabhláis, seachtain an chaite agus an tsiamsa. Ach mura mbeadh sí amhlaidh nár bheag é a suim inti, óir cén mhaith di í?

Nach mbíodh sí i dtuilleamaí na seachtaine seo leis an gcíos a íoc – nó b'fhéidir go mba cirte na riaráistí a rá – agus airgead a fháil le haghaidh na mbrádóg fionnaidh agus le haghaidh an éadaigh gháifigh, fheiceálaigh a thugtaí ar iasacht di? Agus nár theastaigh ól uaithi a bhéarfadh misneach di lena haghaidh a thabhairt ar na sráideanna fuara, doicheallacha san oíche agus dearmad a dhéanamh ar an náire agus ar an saol eile agus ar na paidreacha beaga deasa agus an teagasc críostaí a múineadh le linn a hóige di? Agus céard eile a chothódh an neamhshuim agus an dearmad chomh maith leis an ól?

Ach ní hiad muintir an bhaile mhóir is mó a mbíodh sí ina dtuilleamaí ach lucht na veistí bán agus na mbrístí glúnach, lucht airgid agus spóirt ón tuath, an mhuintir ar mhór a suim san uaisleacht agus san ardnósacht agus sa ngalántacht, ach ar bheag a suim sa ngeanmnaíocht. Agus mura mbeadh a fhios acu gur geal an buí san oíche nach amhlaidh ab fhearr don Phéacóigín é, óir dá mba i dtuilleamaí an lae a bheadh sí bhí sí buailte?

Ba mhór an cúnamh í an oíche di gan amhras. Ar bhealach is ar an oíche a bhí sí ag teacht suas, díreach mar a bhíonn an sionnach agus an broc agus na hainmhithe agus na héanacha fiáine uilig, mar san oíche ghníodh sí a cuid soláthair agus a cuid síorthóraíochta ar fad, ionann is.

Cé gurbh fhada léi an tseachtain úd uaithi ní raibh sí d'uireasa imní fúithi. Cathú i ndiaidh na hóige agus na dathúlachta a bhíodh ina údar meallta aici agus ina údar éada ag riar dá cuid comrádaithe – an óige agus an dathúlacht sin nár fhéad an púdar agus an dath a thabhairt ar ais dá ghlice dá n-oibrítí iad – is mó a bhí ag gabháil di.

Ar bhealach, shílfeá nárbh fhada a d'fhan an dathúlacht chéanna aici. Chuimhnigh sí ar an tráth nuair nár náire lena lán fear a bheith ina cosamar ná í a thabhairt isteach i dteach an óil. Bhí neart agus luas agus sláinte na hóige agus na tuaithe ina cuid géag an t-am sin agus teacht aniar inti freisin. Agus níor mhinic ocras ná ganntanas airgid ag gabháil di an chéad bhliain. Ach céard faoin tart, agus an t-ocras, agus an t-ól, agus an fliuchán, agus an fuacht, agus an céasadh intinne a bhí fulaingte aici ó shin agus a liacht oíche aimléiseach a chaith sí ag siúl na sráideanna nó ina seasamh ag na coirnéil ó cuirtí amach as an teach ósta í go dtí an trí a chlog ar maidin?

Nach mór a tháinig sí anuas sa saol ón uair a ghníodh sí na tithe ósta ba ardnósaí sa mbaile mór a thaithiú! Is iontu a bhuaileadh sí leis na fir ba mhó airgead, agus ba fhlaithiúla faoi, ina aice sin. Níor shuim le cuid acu nuair a dúntaí tithe ósta an bhaile mhóir í a thabhairt amach i ngluaisteán chomh fada leis "An Leaba Dhearg" – an teach ósta sin a bhfaighidís dalladh óil ann fhad is bhíodh an t-airgead acu. Ach ar ndóigh, ba dathúil an tráth úd í!

Chuig na tithe is íochtaraí gradam a bhí a tarraingt anois. Agus sna cúlsráideanna a bhí a mbunáite sin. B'in é an céasadh croí ar fad aici nuair a smaoinigh sí ar na hoícheanta a chaith sí i lár an aonaigh. Ach nár éirigh an rud céanna da cuid compánach? Ar éigean dearmad déanta aici ar dhuine ar bith acu. Bhí a fhios aici go bhfuair cuid acu anbhás, gur istigh sa bpríosún a bhí cuid eile acu, riar eile acu faoi na mná rialta agus roinnt bheag acu ar nós í fhéin go fóill.

Mheas sí gur deacair di a ghabháil ní b'fhaide chun drabhláis. Agus ba deacra ná sin aríst éirí as. Ar an gcéad dul amach, bhí an dathúlacht caillte go deo aici agus cuma an ocrais uirthi. Agus ní raibh sí gléasta mar a bhíodh sí fadó, ina aice sin. Ach dá gcinneadh gach uile rud uirthi nach mbeadh roghain an dá fhuascailt aici i gcónaí?

Is fada a chaith sí dá gléasadh fhéin an chéad oíche den taispeántas mór. Ach thit sí siar chomh mór sin le achar roimhe sin gur facthas di go raibh sí ag gabháil amú ina cuid éadaigh – an t-éadach a tugadh ar iasacht di le haghaidh na seachtaine sin. Nuair a dhearc sí uirthi fhéin sa scáthán scanraíodh í. Bhí na héadaigh chomh mífheiliúnach sin di gurbh éard a rinneadar léi méadú ar an mídhathúlacht aici. Ba gheall le bean bhréige í, beagnach! Dá mb'ionann scéimh agus sláinte di anois agus an t-am ar fhág sí an bhean uasal, fear ní bheadh ag an taispeántas mór nach meallfadh sí, cheap sí, mar ní bheadh an chulaith éadaigh blas rómhór di. A dheabhais! Nach mór a chloígh sí le dhá bhliain! Agus gan baol uirthi an deich fichead a bheith scoite fós aici.

Dhearc sí sa scáthán aríst. Má bhí an scéimh caillte aici ní raibh an meangadh caillte aici. Ach nach bhfaca sí meangadh ar chorp uair amháin? Agus ar bhealach ba chosúil le corp í fhéin anois.

Nach í a d'athraigh ó tógadh a pictiúr an chéad lá ar ghabh sí ag an altóir – an pictiúr a bhí thíos sa mbaile san áit ar tógadh í, ach nach bhfeicfeadh sí go deo aríst, mar ní fhéadfadh sí a ghabháil in aice a gcairde gaoil. Ba chosúil le aingeal ag breathnú an lá sin í. Ach inniu … Chaith sí í fhéin isteach ar a leaba bheag chrua agus thosaigh uirthi fhéin ag snugaíl. Ach dhéanfadh sí dearmad air ach go gcasfadh a cuid comrádaithe di. Ruaigeadh sí leis an ól agus leis an spraoi é agus leis an aoibhneas bréige atá ina chéile don aimléis agus don mhí-ádh uaireanta.

"Tá súil agam nach ligfidh tú an cíos go bog uait anocht!"

73

arsa bean an tí leis an bPéacóigín ag gabháil síos an staighre briste, corrach di.

Focal níor dhúirt an Phéacóigín ach bogadh amach.

Níor chuimhneach léi an oiread daoine ar an sráideanna ariamh cheana idir lucht na veistí bán agus lucht na mbrístí glúnach agus eile. Ón tuath a lán acu, cheap sí, agus an méid acu a bhí daite agus beaite le gréin an tsamhraidh – cuid acu a shíolraigh ó ghíománaigh Chromail agus cuid acu nár shíolraigh – an mhuintir a thaitnigh léi agus lena leithéid i gcónaí mar is minic pócaí teanna acu agus sciorta den díth chéille orthu amanta. Ach d'airigh sí dream amháin uaithi: feiceáil ní raibh thoir ná thiar ar shaighdiúirí Shasana. Bhíodar glanta leo ar fad.

Údar éada léi cuid de na mná a chonaic sí ag gabháil thart. Tráth bhí sí fhéin chomh breá leo, cheap sí. Ach anois ní raibh inti ach scáile lena n-ais.

Isteach léi i gceann de na tithe óil is ísle gradam. Bhí a cuid comrádaithe ar fad istigh roimpi sa seomra beag a bhíodh acu dóibh fhéin i gcónaí. D'óladar sláinte lucht na veistí bán – an mhuintir a ghníos flaisc leis an airgead corruair. Cheannaigh cuid acu buidéilín faoi chomhair na hoíche ach níor cheannaigh an Phéacóigín aon cheann, mar ní raibh an t-airgead aici. Mar sin fhéin bhí súil aici le slog am éigin i gcaitheamh na hoíche. Tráth níorbh annamh léi airgead agus ól a thabhairt don té a bhíodh ina gcall, ach is minic le gairid a cheap sí nach é an croí mór an éadáil is fearr le haghaidh an tsaoil seo.

Caithfeadh sé go mba tuartha an gotha a bhí uirthi – gach uile bhlas chomh dona agus a bhreathnaigh sí sa scáthán. Nó an uirthi fhéin nó ar an saol a tháinig an t-athrú mór? Cá raibh an mhuintir ar mhaith leo a cosamar cothrom an lae sin dhá bhliain agus trí bliana agus cheithre bliana roimhe sin? Nó ar athraigh sí chomh mór sin i gcaitheamh dhá bhliain agus gur fuath leo anois í? Chuir sí uirthi fhéin an meangadh a mheall a liacht fear. Agus chuir duine nó beirt aighneas uirthi gur facthas dóibh a shuaraí, straoillí is a bhreathnaigh sí. Agus a fheabhas agus a bhí ag éirí le cuid acu seo a bhí in éindí léi! Ach b'óige ar fad iad na í – an óige a chothaíonn an t-éad agus an mhíshástacht i gcroí an té a bhfuil sí caillte aici.

Ach deirtear gur mór an óige ar dhuine a bheith gan chéill scaitheamh. Dhearg sí toitín – an ceann deireanach bhí ag gabháil léi – agus siúd chun siúl í ag stolladh tobac leis an óige a mhealladh ar ais.

Na sráideanna móra a d'ionsaigh sí i dtosach mar ba ghnách léi. B'iontas léi nach raibh duine ar bith dá héileamh. Bhuail pocaire de Iúdach gléasta, galánta bleid uirthi, ach a thúisce is facthas dó a ceannaghaidh ghread sé leis. Na cailíní a bhí léi nuair a cuireadh amach as an teach ósta iad bhíodar beagnach craptha leo ar fad. Chonaic sí cuid acu ag gabháil isteach i ngluaisteáin mhóra, ardnósacha agus cuid eile acu ag imeacht sna gnáthcharanna a bhíonn ag fuireacht ar na sráideanna go dtógann an Phéacóigín agus a leithéid iad. Sa deireadh is beag nach raibh sí fágtha ina cadhan bocht, aonraic.

"Céard a rinne tú ar na fir, a Phéacóigín, mar tá fear faighte ag chuile dhuine de na mná uaisle ach tú fhéin amháin?" a deir béinneach de *pheeler* a bhí ina sheasamh istigh idir dhá ghiall dorais léi.

Bhain sé léim aisti nó go bhfaca sí cé a bhí ann. Is iomaí píosa comhrá a bhíodh eatarthu agus is iomaí scéal a phioc sé aisti, ach bhí sé ar na *peelers* nár thóg ariamh í.

"Ach," ar sise, "ní taobh le masla an chois siúlach i gcónaí."

Na cúlsráideanna a thug sí uirthi fhéin ansin. Bhí seaneolas aici ar na hionaid is fearr le fir a fháil agus na giodáin is mó a mbíodh siadsan ag súil lena leithéidse. Ní in aisce a fuair sí an t-eolas sin mar is iomaí oíche ghéar, ghaimheach a chaith sí ag gabháil soir agus siar ón oíche ar chaith na mná eile fataí agus iasc léi faoi a bheith i mbradaíl ina gceantar fhéin.

Tharraing sí ar fhear faire a bhí istigh faoi chábán sráide agus a chuid lampaí dearga ina thimpeall, áit a raibh an tsráid réabtha. An chaor thine a bhí aige a shantaigh sí, mar is minic a théadh sí í fhéin ann. Níor bhac sé léi ariamh mar ba chineál comhluadar leis í i lár na hoíche.

"Bhfuil aon toitín agat dom?" ar sise.

"Go dtuga Dia ciall dhuit. Cén gnótha a bheadh agamsa dá leithéid? Ar ndóigh, níor chaith mise ariamh ach an píopa," a deir sé.

"Shíl mé go mb'fhéidir go mbeadh ceann agat. Ní fhaca tú mo chumannsa ag gabháil thart in áit ar bith le gairid?"

"Fainic nach é a d'imigh síos ansin le bean eicínt ar ball. Nach fada a d'éist tú?"

"Ach an bhfuil a fhios agat nach taobh le duine amháin atá mise? Agus níl an oíche tabhartha suas ar fad fós agam."

Ach thug sí éitheach, mar níorbh fhada gur chrap sí léi.

Bhí sé beagnach ag tosaí ag fáinniú nuair a thug sí a haghaidh ar an mbaile. Síos le bruach na habhann a ghabh sí mar ba ghnáth léi. Bhí an abhainn lán suas agus é go díreach ag tosaí ag trá. Stop sí go hobann agus thosaigh ag breathnú ar na báid bheaga a bhí ceangailte don chéibh anonn uaithi ar an taobh eile agus gan é de staidéar ná de mheáchan iontu fuireacht go socair. Facthas di go raibh solas i gceann de na báid mhóra. B'fhéidir gur dream éigin a bhí ag ól taobh istigh inti agus easpa comhluadair ag gabháil dóibh? Nach breá gur ar an taobh thall a chaithfidís a bheith! Murach an timpeall ghabhfadh sí chomh fada leo.

Lig sí a hucht isteach le balla na habhann agus chuir cluas uirthi fhéin. Ach gíog ní raibh le cloisteáil as an mbád a raibh an solas inti. Baineadh geit aisti nuair a facthas di gur díreach ar aghaidh na háite sin a frítheadh corp an Bhantiarna – duine dá cuid comrádaithe – achar gearr roimhe sin.

Chuir an rud sin roghain an dá fhuascailt isteach ina cloigeann aríst. B'annamh a chlis ceachtar den dá roghain sin ariamh. Bhí a fhios aici go raibh ceann acu le fáil in aisce, ach b'fhéidir go mbeadh uirthi beagán airgid a thabhairt ar an gceann eile. Is minic a tháinigeadar de chabhair ar a cuid compánach nuair a bhíodar tréigthe ag an saol, ag an óige agus ag an dathúlacht díreach mar a bhí sí fhéin: tréigthe ag a muintir, ag a cairde gaoil agus ag athair a linbh.

Ach mo chuimhne! Cá raibh an páiste nach bhfaca sí ariamh? Nó an raibh sí beo chor ar bith? Cailín a bhí inti, nach ea? Bhí rud éigin dá rá léi gurb ea. Ar altrama le leasmháthair nach raibh de shuim inti ach an méid brabaigh a bheadh le fáil aisti, a bhí sí? Ach nárbh bheag a suim fhéin inti go dtí anois? Nó céard a d'athraigh í? Ba chóir go mbeadh sí ag gabháil chun na scoile anois? Lena máthair nó lena hathair a bhí sí ag gabháil? Nó céard a déarfaí léi nuair a chuirfeadh sí caidéis faoina hathair agus faoina máthair? Nó ar tháinig sé isteach ina cloigeann ariamh go raibh athair nó máthair aici?

Agus an raibh a pictiúr fhéin sa mbaile fós? An pictiúr a tógadh an lá ar ghabh sí chuig a céad chomaoinigh? Agus an chaille ar a cloigeann agus an gúna bán agus na bróga bána uirthi. Nó ar dhóigh a muintir uilig iad nuair ab eol dóibh an bhail a chuir sí uirthi fhéin? Ach b'fhéidir nár chualadar fúithi ariamh?

Cárbh fhios dóibh cé hí fhéin nuair nach bhfeicfidís sna páipéir ach an t-ainm bréige? Ach cén sórt seafóide sin uirthi agus a bheith ag cuimhneamh ar a leithéid?

Nuair a dhearc sí thairsti cé bheadh ag tarraingt uirthi ach railliúnach de *pheeler*. Ní dhearna sí ach bealadh a chur fána hioscaidí agus gan aon chónaí a dhéanamh gur bhuail sí an teach lóistín.

Thosaigh an seanstaighre lofa ag gíoscán faoina cosa. Las sí cipín ar fhaitíos go ngabhfadh a cos síos sa bpoll a bhí i gceann de na cláir timpeall leath bealaigh suas agus go mbainfí tuairt aisti.

Ina luí ar a leaba di thosaigh sí ag smaoineamh ar fhuascailt eile ar fad: a ghabháil isteach i gclochar faoi na mná rialta. Sea, bheadh deireadh ansin lena cuid imní faoin gcíos agus faoi na fiacha eile a bhí dá síorchrá. Agus bheadh greim agus blogam le fáil aici i gcaitheamh a saoil cé bith cén taobh a shéidfeadh an ghaoth.

Ach nach raibh sí istigh ann cheana agus níorbh fhada a d'fhan sí ann? Nach maróidís le obair ann í? Ina suí le giolc na fuiseoige gach uile mhaidin? Agus cén bhrí an obair le hais an uaignis? Agus céard faoin ól agus an tobac agus an easpa comhluadair? Ach má bhí cuid dá seanchomrádaithe i riocht é a sheasamh cad chuige nach mbeadh sise, freisin? Nach raibh sí tréigthe ag an saol anois? Ach …

An cíos an chéad rud a tháinig isteach ina cloigeann tar éis dúiseacht di an tráthnóna ina dhiaidh sin. Dhearc sí ar bhallaí an tseomra agus ar an bhfuinneog bhig agus b'ait léi fios a bheith aici cá mbeadh an chéad seomra eile aici, dá mbeadh a leithéid aici choíche? Agus nach gearr go mbeadh sí gach uile bhlas chomh dona sa gcéad áit eile?

Dá gléasadh fhéin faoi choinne na hoíche a bhí sí nuair a buaileadh cnap beag ar dhoras an tseomra. Bean an tí a bhí ann.

"Bhfuil aon airgead agat dom?" ar sise. B'eagal léi go gcaithfeadh an Phéacóigín go díchéillí an méid a bhí aici de bharr na hoíche roimhe sin.

"Níl aon phingin agam fós duit."

"Mura bhfuil cén chaoi a mbeidh sí agat an oíche amárach? Nach bhfuil a fhios agat go bhfuil suas le ráithe cíosa agam ort? Nó an gceapann tú gur féidir leat fanacht anseo i gcónaí in aisce?"

A luaithe agus a bhí bean an tí crochta léi chaith an Phéacóigín í fhéin isteach ar a leaba agus thosaigh an snugaíl. Cén chaoi a n-íocfadh sí an méid sin cíosa anois? Agus na fiacha eile? Agus í fhéin a bheathú agus a ghléasadh? Agus luach an óil a chuirfeadh an ruaig ar an uaigneas?

Dhearc sí uirthi fhéin sa scáthán. Ba mheasa ag breathnú anois ná an oíche roimhe sin í, mheas sí. Tar éis a ghléasta agus a bhí sí leis an mbrádóg fhionnaidh agus eile!

Chas a seanchomrádaithe ban di aríst i dteach an óil. D'inis sí a scéal cráite, brónach dóibh. Rinneadar trua léi, thugadar ól di leis an mbrón agus an drochmhisneach a dhíbirt agus chruinnigh suim bheag airgid di, an oiread is a choinneodh bia agus deoch léi go ceann cúpla lá. Ach maidir le airgead leis an gcíos a íoc, ní raibh aon ghair acu é sin a thabhairt di mar bhíodar fhéin beagnach chomh bocht léise agus an cúram céanna orthu ar fad.

Nuair a cuireadh amach as teach an óil iad bhíodar breá croíúil uilig. Níorbh fhada gur thosaíodar ag imeacht ón bPéacóigín i leaba a chéile, díreach mar a rinneadar an oíche roimhe sin go raibh sí fágtha ina haonraic aríst.

Bhuail spadhar í agus chas sí ar a sáil. Síos léi le ciumhais na habhann, áit a raibh cosán dearg déanta aici, beagnach. Bhí lán mara ann agus an t-uisce chomh bealaithe le ola ag breathnú ionann is, dar léi.

Stop sí agus dhearc fad a hamhairc uaithi síos an abhainn taobh na láimhe clé. A leithéid d'amharc ní fhaca sí ariamh cheana! Nó an ar a súile a bhí sé? Piléar mór soilseachta istigh san abhainn ar aghaidh gach aon lampa – piléir déanta de sholas agus d'aoibhneas ó bhun go barr, dar léi – sa gcaoi go gceapfá gur saol eile ar fad a bhí thíos san uisce, nach raibh sa saol seo lena ais ach brón, agus buaireamh, agus fuacht, agus ocras agus imní.

Bhreathnaigh sí taobh na láimhe deise agus b'iontaí aríst an taobh sin seacht n-uaire, cheap sí, mar b'fhaide go mór an limistéar abhann a bhí os a comhair amach ná an taobh eile, agus ba mhó agus b'fhairsinge agus b'aoibhne na piléir shoilseachta a bhí ann. Ach nach breá nár thug sí suntas dóibh ariamh cheana, má bhíodar ann? Níorbh eol di. Agus díreach ar aghaidh na háite ar frítheadh corp an Bhantiarna a bhí an piléar soilseachta ba haoibhne ar fad, shíl sí. Bhí sé in am aici anois roghain an dá fhuascailt a thoghadh.

Ní dhearna sí ach a ghabháil scaradh-gabhlóg ar an mballa agus í fhéin a chaitheamh amach san abhainn, idir ghúna, bhrádóg fhionnaidh agus eile. Suas le scard mór uisce san aer a thúisce is a bhuail sí brollach na habhann. I gceann meandair bhí sí imithe ó léargas.

Dá mbeadh na pingineacha beagán fairsing aici cá bhfios nach í an fhuascailt eile a thoghfadh sí: an buidéilín nimhe?

Cáit an Mheán Oíche

Amach as póirse in aice chúlsráide a tháinig Cáit an Mheán Oíche agus mé ag brath ar slán a fhágáil ag Riocard ag a dhoras fhéin. Bhí clog mór an teampaill tar éis dhá bhuille dhéag a chur de. Buillí righne, fadálacha a raibh neart agus meáchan iontu, buillí a bhain macalla as an oíche agus a chuaigh amach chomh fada le colbha an bhaile mhóir, buillí a d'fhógair ar chuile mhac máthar gur chóir dó an leaba a thabhairt air fhéin. Bhí sé tar éis steall bhreá bháistí a chaitheamh agus bhí cuid mhaith lochán ar na sráideanna.

Níor thúisce Cáit taobh amuigh den phóirse ná stop sí de thoirt agus dhearc soir agus siar. An ag fuireacht leis an meán oíche nó leis an gclaochló a bhí sí? An dá rud b'fhéidir. Ach níorbh fhios dúinn.

Tháinig grabaire chun an phóirse agus é ag siúl ar a shála ar fhaitíos go rachadh uisce na lochán isteach ina bhróga. Isteach leis thairsti faoin bpóirse. Níorbh eol dom go barainneach an óchón ó a chuir sí aisti fhéin nó an t-aighneas a chuir sí air ach mheas mé gur dhúirt sí rud eicínt.

"Aithníonn ciaróg ciaróg eile. Ní hé an dea-rud atá ag cur imní uirthi," a deir Riocard os íseal. "Ar chuala tú an bhleid a bhuail sí ar an ógánach? Buachaill faire é sin a bhí amuigh aici, b'fhéidir. An peaca, an peaca, go deile. Feicfidh tú fhéin nach fada ina haonraic í."

"Bhfuil aithne agat uirthi?" arsa mise.

"Níl ná smearaithne fhéin. Cé go bhfuil mé i mo chónaí san áit seo tarraingt ar ocht mbliana ní cuimhneach liom súil a leagaint uirthi ariamh. Caithfidh sé nach fada san áit seo í. Ar éigean a chonaic sí fós muid. Druid isteach, druid isteach chuig an doras go bhfeicfidh muid céard atá fúithi a dhéanamh. Nach aisteach an rud é, cé nach bhfaca sí muid feictear dhom go bhfuil rud éicinteacht dá rá léi go bhfuil duine éicinteacht ag faire uirthi. Is minic an chiall sin ag a leithide. Féach a chollóidí is atá sí. Má fheiceann sí muid dheamhan cos a chuirfeas sí thar an bpóirse. Druid isteach, druid isteach."

Bhí mé chomh fiosrach, fiafraitheach sin nár fhéad mé fuireacht go socair agus dhearc mé uirthi le leathshúil amach thar ghiall an dorais.

Timpeall dhá scór slat uainn a bhí sí. Tar éis cúpla nóiméad theann sí chugainn beagán agus sheas ar bhruach an chosáin. B'fhonn léi teacht inár ngaobhar shílfeá ach bhíomar lánchinnte nach bhfaca sí muid. Nuair a tháinig sí faoin lampa bhí deis agam dearcadh go grinn uirthi. Bhí sí ag éirí teanntásach nuair nár léir di duine ar bith timpeall na háite. Timpeall deich slat uainn a bhí sí anois.

Bean shlisneach, shínte a bhí inti ach níor bhaol di bheith gan téagar. Déarfainn go raibh sí dhá scór nó b'fhéidir beagán le cois. Thug mé faoi deara dath a héadain – dath a chuireann an t-ocras, an t-anró agus angar an tsaoil, agus an peaca amanta, ar bhean. Rinne solas gléigeal an lampa fáinne soilseachta ina timpeall agus mhéadaigh ar an mbáine aici.

Ba dath é nár fheil an solas dó, dath ar ceapadh an dorchadas dó. Tráth ar bhreathnaigh sí ina timpeall thug mé faoi deara na súile móra a bhí inti, súile a raibh trua agus brón iontu. Ach cárbh fhios nach raibh ríméad agus aoibhneas iontu tráth? Thug mé faoi deara, freisin, a leicne fada, tarraingthe agus an t-éadach caite, tanaí a bhí uirthi. D'fhéadfadh sí bheith ina bean a chonaic an dá shaol.

Ach bean gan só gan sonas anois í, de réir cosúlachta. Bhreathnaigh sí chomh scéiniúil le hainmhí nó éan fiáin a mbeadh fiach ina dhiaidh. Ní raibh le feiceáil anois aici ach sráideanna fuara, folmha agus ballaí duairce, doicheallacha.

Níorbh ón mbaile mór í agus ní ann a tógadh í ach an oiread, déarfainn, mar is annamh a d'fheicfeá bean bhaile mhóir chomh ruatach, géagach léi. Thréig sí na srutháin, na gleannta agus na páirceanna glasa le séan agus sócúlacht a fháil sa mbaile mór, ach a mhalairt a fuair sí. Níor dhúchas di saol an bhaile mhóir. Ní thiocfadh sí isteach air choíche. Chinnfeadh uirthi an éadánacht, an chúthaileacht agus an scáthmhaireacht a chraitheadh di. Bean í a baineadh as a cleachtadh, dar liom.

An raibh sí pósta? Ar cailleadh a fear agus ar fhág sé lán an tí de mhuirín aici? Ar imigh sé uaithi agus arbh é a d'fhág i mullach na haimléise í?

Ach céard atá fúithi a dhéanamh? Shílfeá gurbh fhonn léi a theacht níos gaire dúinn, nuair a chuala sí carr. Timpeall an choirnéil a tháinig sé agus chuir búireach bodhar bonnánach as. Bhain sé preab aisti.

Tháinig carr eile ina dhiaidh. Thosaigh Cáit an Mheán Oíche ag spaisteoireacht, ag ligint uirthi fhéin go raibh deifir an domhain uirthi abhaile.

Bhí solas i ngach carr. D'fhéadfaí cailíní gléasta, gléigeala a fheiceáil taobh istigh iontu, agus fallaingeacha de lomra uain a bhí chomh geal leis an sneachta séidte, timpeall a muiníl. Bhí deatach an tobac a bhíodar a chaitheamh le tabhairt faoi deara freisin. Ag teacht ó rince nó ó chóisir a bhíodar. Is gearr gur ghlac na carranna go réidh é. Stopadar ar fad. Choinnigh Cáit súil orthu. Chuala sí scairtíl na gcailín ag gabháil isteach sa teach mór dóibh. Chuir sí fhéin scairt aisti tráth agus b'fhéidir go gcuirfeadh aríst, ach ar éigean a chuirfeadh sí aisti an oíche sin í mar ní thagann an ghéarleanúint agus an t-aoibhneas in éindí. B'fhéidir gur ag fuireacht leis na carranna sin a bhí sí agus gur dhrogall léi tosaí ar a cuid oibre go mbeadh muintir an tí glanta leo isteach agus chuile sholas a bhí ann múchta.

Tar éis imeacht do na carranna chuir sí cosúlacht ghluaiseachta uirthi fhéin. Soir léi trasna na sráide agus thugamar faoi deara ansin an t-imeacht uasal a bhí fúithi. Sheas sí aríst, go díreach ar ár n-aghaidh, agus dhearc síos agus suas an tsráid ach is ar éigean a chonaic sí muid.

Ach céard a bhí curtha roimpi chor ar bith an oíche sin aici?

Siúd ar aghaidh í, ag déanamh ar an teach a ndeachaigh na daoine isteach ann.

"Tá muid ag déanamh éagóir uirthi sílim. Is mó cosúlacht atá uirthi gur ag iarraidh daoine a sheachaint i leaba a dhul chun cainte leo atá sí ó tháinig sí amach," a deir mé fhéin.

"B'fhéidir é," arsa Riocard, "ach nach bhfuil a fhios ag an saol nach é an dea-rud atá dá coinneáil ar na sráideanna an tráth seo d'oíche nuair ba chóir do chuile bhean ghnaíúil a bheith sa mbaile. Níl ort ach breathnú ar na goití agus na cóirí catha atá aici agus is léir dhuit go bhfuil rud éicinteacht aisteach ag baint léi. Murach go bhfuil fúithi drochrud éicinteacht a dhéanamh tuige nach siúlann sí an tsráid ar nós chuile bhean eile agus gan a bheith ag breathnú soir agus siar, síos agus suas? Féach anois í. Bheadh a fhios ag leibide ar bith gur ar tí rud éicinteacht a dhéanamh in aghaidh dlí Dé nó dlí na tíre atá sí."

"Ó tháinig sí amach as an bpóirse nach ag faire agus ag

síorfhaire atá sí ar nós gandail fhiáin?   Faire ar na Gardaí nó ar dhuine éicinteacht eile.   Faitíos atá uirthi go bhfeicfí í agus go dtógfaí í.   B'fhéidir go bhfuil sé beagán luath fós aici tosaí ar a drochobair."

Is gearr gur sheas sí aríst agus thosaigh ag breathnú ar gach taobh di. Ar aghaidh léi i gceann nóiméad nó dhó.

"Cá bhfios nach ag fuireacht le meisceoir d'fhear atá tar éis pá na seachtaine a fhágáil sa teach ósta atá sí?" a deirimse.

"Tá baol uirthi.   Ní hin é an chaoi a rachadh bean ag tóraíocht a fir. Féach! Tá sí ina seasamh aríst. Cuirfidh mé geall leat go bhfuil an tomhais scaoilte agam, faoi dheireadh. Ní bean atá ann chor ar bith ach fear! Fear atá ann. Cá bhfaca tú bean a raibh an airde agus an leithead sin inti?

"Sin é an buachaill atá ag déanamh na gadaíochta timpeall an cheantair seo san oíche le ráithe. Sin chugat ansin an buachaill a bhfuil an chaint agus an cur síos faoi sna páipéir chuile lá agus é ag cinnt ar na brathadóirí agus ar na Gardaí breith air. Is é atá ag gabháil isteach sna seomraí codlata i gceartlár na hoíche agus ag ardú airgid agus óir leis gan aireachtáil. Duine ní raibh ar an mbaile mór, Garda nó eile, a cheap go mbeadh cneámhaire ag gabháil thart san oíche agus culaith mná air. Éist! Níl torann dá laghad as a bhróga. Leanfaimid anois é agus feicfidh tú gur agamsa atá an ceart. Fainic! Tá sé tar éis casadh. Ag déanamh orainn atá sé. Is maith a bhí a fhios agam gur gearr go seasfadh sé aríst."

"Ach nach bhfaca tú an chaoi a ndearna sí í fhéin a choisreacan ag gabháil thar an tséipéal di?" arsa mise.

"Coisreacan! Go gcuire Dia rath ort. Dhéanfadh siad é sin agus leathlámh acu i do phóca thíos. Cuirfidh mé geall leat nach fada go bhfeicfidh tú é ag gabháil isteach ar fhuinneog éicinteacht ar nós cait. Tá sé tar éis casadh ar an gcosán aríst. Leanfaimid é."

"Níorbh fhurasta léi tosaí ar a cuid oibre. B'fhéidir nár thaitnigh an oiread sin solais ar na sráideanna léi. Bhí solas le feiceáil i gcorrtheach, freisin. Faitíos nó náire a bhí uirthi roimh rud éicint? Ach ag tarraingt ar a haon a chlog chuir sí cuma gnótha uirthi fhéin.

"Tá rud déanta againn anocht a chinn ar Ghardaí an bhaile mhóir ar fad," a deir Riocard.

"Téirigh thusa ar chosán na láimhe ciotóige agus rachaidh mise ar an gcosán eile, agus leanfaimid é."

"Choinníomar súil uirthi go ceann deich nóiméad ach faic ní dhearna sí ach ag coinneáil amach ó gach uile theach a raibh solas ann. Chrom sí uair amháin le cleasaíocht eicínt a dhéanamh go díreach ar aghaidh an dorais a ndeachaigh na daoine isteach ann, ach a luaithe is a d'airigh sí muid d'imigh sí léi agus d'éalaigh go hobann isteach i gcúlsráid eile. B'fhearr an t-eolas a bhí aici ar an áit ná a bhí ag Riocard. Bhí sí glanta ó léargas orainn. Bhí an tomhais gan a bheith scaoilte.

Ar ais linn go doras Riocaird. Bhain an clog aríst, buille amháin an babhta seo. Is gearr ann muid nuair cé a shiúlfadh amach faoin bpóirse aríst ach Cáit. D'fhanamar chomh ciúin le coinín. Ní raibh míog ná gíog dá laghad ar an tsráid. Bhí an ciúnas agus an chaoithiúlacht a bhí uaithi i gcaitheamh na hoíche aici anois agus ní raibh duine a bhainfeadh léi.

Bhreathnaigh sí síos agus suas aríst agus nuair nár léir di mac an pheata ná solas i dteach ar bith chrom sí go díreach ar aghaidh tí mhóir agus thosaigh uirthi fhéin ag cuartú cnámha, píosaí aráin agus bunanna gabáiste i mbosca an tsalachair. Bhainfeadh sé timpeall dhá uair an chloig aisti déarfainn boscaí na sráide sin ar fad a chartadh agus a chuartú!

An obair chéanna a bhí ar na madraí agus ar na cait sheanga ar chaon taobh di.

An Stiléara

Nárbh é an t-athrú mór é – an Taobh Mín agus an Taobh Garbh gan poitín!

An braoinín a bhí fágtha tar éis tóraíocht mhór na Nollag bhí sé scuabtha ag lucht na mbainis. I dteannta sin, bhí scáth anama ar lucht a dhéanta, óir dá mbeirfí orthu is tréan a luífeadh an dlí orthu. Bhí Seán Riocaird agus a mhac i bpríosún na Gaillimhe de bharr poitín, agus bhí dream eile dá dtabhairt faoin dlí lá na cúirte.

Foras ná cónaí ní raibh Bláthach, an sáirsint, ag tabhairt dóibh. Tugadh Bláthach air mar ba ghnás leis bualadh isteach i dtithe leataobh an bhóthair ag tóraíocht bhláthaí, agus is minic a dúradh go raibh cosúlacht na bláthaí ar leicne an bhleithigh. Diabhlaíocht ná cleasaíocht ar bith ní raibh ag dul uaidh agus bhí sléacht déanta aige ar lucht poitín ar fud an pharóiste. Rinne sé an tubaiste ar fad an lá a ndeachaigh sé fhéin agus Smig Mhaide – an *peeler* is measa a bhí sa bparóiste ariamh – gléasta mar sheancheannaí ceirt agus a bhean, siar ar na sléibhte, agus clann Bhláthaigh, gan orthu ach seanbhalcaisí, caite istigh i gcairrín asail.

Bhí clann Thaidhg Bhreathnaigh i dteannta. Theastaigh scard poitín uathu le haghaidh bhainis Cheata. Leitir, logán ná lúbainn choille ó Thamhnach an Arbhair go dtí Tóin le Gaoth, a ndearnadh deoir phoitín leis na blianta roimhe sin, níor fhágadar gan cuartú ar feadh dhá lá, ach cé gur theastaigh seacht ngalún uathu, striog ní bhfuaireadar ach buidéal chúig naigín. Níorbh fhiú an tairbhe an trioblóid agus siar leo an tríú lá go dtí Leitir Rua mar fuaireadar tuairisc go raibh muintir Loideáin tar éis steall a dhéanamh.

"Tá faitíos orm gur turas in aisce daoibh é," arsa Seán Ó Loideáin.

"Cé nach bhfuil aon deoir agaibh?" a deir Tomás Breathnach.

"Fliuchadh ná fuarú do bhéil níl ar an mbaile."

"Ná raibh an scéal níos measa."

"Bás nó bainis?"

"Bainis. Ceata s'againne atá ag dul soir go hEanach Dhúin agus beidh an bhainis ann coicís ó inniu, más féidir é."

"Cé mhéad galún a theastódh uaibh?"

"Theastódh seacht ngalún, ach dá gcinnfeadh orainn an méid sin a fháil thiocfadh muid le cúig nó sé de cheanna."

"Beidh braon réidh agamsa trí lá ó inniu, le cúnamh Dé, agus leagfaidh mé leath bealaigh agaibh é tigh na gCeallach i nGleann Dhomhnaill, más breá libh é."

"Margadh é," a deir an Breathnach.

Ag contráth an lae ina dhiaidh sin tháinig scéala ó Sheán Ó Loideáin nach bhféadfadh sé an poitín a dhéanamh. Thit an trioll ar an treall aige nuair a chuala sé gur rug Bláthach agus a chuid fear ar Mhuintir Chonchubhair an mhaidin sin.

Ní raibh le déanamh ag na Breathnaigh ansin ach an Taobh Mín soir a thabhairt dóibh féin chomh fada le Ruairí Rua. Bhí le rá gur lig seisean faoi ó aimsir an mhisiúin ach ceapadh nach raibh ann ach scéal, nach bhféadfadh sé éirigh as. Ó tharla go mba corraice dubh na bliana a bhí ann ba dhoiligh mórán dul ar aghaidh a dhéanamh sa ló agus bhíodar sioncaithe, sáraithe amach ina gcosa.

Chuir Ruairí fáilte rompu agus gheall dóibh go mbeadh

iarraidh réidh aige i gceann seachtaine. Agus fear dá fhocal ba ea Ruairí Rua. Dá loicfeadh sé orthu bheidís náirithe go deo: bainis gan poitín a bheith acu, rud nach raibh san áit leis na cianta.

Ba é Ruairí an stiléara ba mhó cáil sa taobh sin tíre. Ní raibh an phéist umha ag duine ar bith sa gceantar ach aige fhéin. Agus is aige a bhíodh an t-uisce beatha ba dheise blas agus ba mhó súilíní. Bhí cantáil ar a chuid earraí agus bhí a fhios ag madraí an bhaile go mbíodh sé ag leagan poitín ag boicíní móra i mbaile mór na Gaillimhe.

"Cóta Mór na mBuidéal" an leasainm a bhí air, mar bhíodh an cóta mór a chuir a dheartháir Peadar as Meiriceá chuige air Domhnach agus dálach, beagnach. Nuair a thit na cnaipí as bhíodh greim daingean leathláimhe aige ar an mbinn dá choinneáil fáiscthe air fhéin, agus bhí na pócaí tarraingthe as caoi agus cumaíocht leis an méid buidéal a d'iompair sé. Duine ní raibh ina chónaí leis ó d'imigh Peadar dhá bhliain déag roimhe sin. Pósadh ní dhearna sé ariamh. Ach ná ceaptar go raibh na mná imithe as a chloigeann ar fad. Is iad na Droighneáin, muintir an tí ba ghaire dó, a ghníodh na cácaí caiscín agus na maistrí dó.

Cé go mbíodh an t-ól faoina chloigeann leath na gcuarta ní fhaca duine ar bith ar meisce ariamh é agus níor cloiseadh a ainm tarraingthe síos ariamh le achrann ná eile. Níor mhór a dhúil san ól ariamh agus ó tharla an-cháil amuigh air bhí sé ar intinn aige gan deoir a dhéanamh ach toghadh an phoitín an fhad is bheadh sé ag stiléaracht. Bhí Bláthach anuas sa mullach air go diabhalta ar fad de bhrí gurb é Ruairí an t-aon stiléara amháin sa bparóiste nár rug sé ariamh air. Mhionnaigh sé nach bhfágfadh sé an paróiste choíche go gcuirfeadh sé Ruairí isteach sa bpríosún.

D'imigh Ruairí go Gaillimh le céadghairm an choiligh an Satharn sin i gcaoi nach bhfeicfí ag dul ann é ná ag teacht as, ach chonaic bean an tsáirsint é thíos ag Margadh an Éisc agus níor fhan sí le torann a cos le deifir abhaile leis an scéal. Ní go maith a thaitnigh le Ruairí an tsúil a thug Smig ar an gcarr an oíche sin. Bhí sé chomh préachta sin is go raibh fonn air seasamh ag an nGarraí Gabhann le leathcheann a ól, ach bhí faitíos air go ndearcfadh Smig isteach sa gcarr an fhad is a bheadh sé fhéin istigh, agus go dtabharfadh sé faoi deara na málaí bracha a bhí aige mar údar poitín don bhainis. Ach mura bhfaca sé fhéin iad bhí amhras aige nach raibh an carr folamh.

Rinne Ruairí leagan amach leis na Droighneáin go ndéanfadh siadsan an leann agus eisean an poitín. Áit a dhéanta a chuaigh idir é fhéin agus codladh na hoíche sin. Oileáinín na nÉan, amuigh i Loch Coirib, an áit ab fhearr, mheas sé. Rugadh ar na Máilligh ag teacht as dóibh faoin Nollaig agus shíl sé nach dtabharfadh fir an rí cuairt air go ceann scaithimh mar cheapfaidís nach mbeadh sé de mhisneach ag duine ar bith dul ann aríst. Níor mhiste leis fhéin céard a dhéanfaí air nó cén éiric a cuirfí air dá n-éireodh leis an gléas déanta a thabhairt slán, óir a fhad is bheadh sé sin aige is gearr a bheadh sé ag tarraingt an chaillteanais suas.

Thagadh na héanacha fiáine go Oileáinín na nÉan, go mórmhór na géanna fiáine, de bharr na balachtála a bhí le fáil acu sa ngaineamh mín bog. Cé nach raibh san oileán ach timpeall ceathrú acra talúna, is fada a chuaigh a cháil, cé nach é an dea-cháil go minic é, agus is fada a bheas trácht air san áit sin. Má chroch an t-uisce beatha a rinneadh ann a liacht croí ag bainis, sochraid agus cruinniú rinne sé baintreacha agus dilleachtaí freisin. Nár chuir sé cúigear, ar an laghad, go tóin an locha? "Ba í an loch a n-uaigh ó thús na míosa."

Cé go bhfuil oileán in aghaidh gach lae sa mbliain ar an loch seo níl oileán eile ina oiread fhéin a ndearnadh an oiread sin poitín ann. Is iomaí cárt a rinneadh ann don mháistir scoile, don dlíodóir, don dochtúir, don siopadóir, don sáirsint a bhí sa gceantar roimh Bhláthach agus na scórtha eile. A chontúirtí is a bhí sé don aineolaí ar an taobh ó dheas, de bharr na gcarraig, an chiall is mó ar piocadh amach é le haghaidh stiléarachta. Ó báthadh beirt phíléar ann d'fhan lucht an dlí amach uaidh. Ní raibh d'fhoscadh ann ach Carraig an Bhracha, tom coill, tom cuilinn, sceach gheal agus cúpla púirín a bhí ag lucht marfa géabha. Timpeall is leathmhíle ó Chaladh an tSiúite a bhí sé.

Ní go baileach an leann déanta ag na Droighneáin nuair a thosaigh na calóga móra ag teacht anuas le fána agus b'fhada é dá tholgadh. Chrapadar suas a raibh ann agus dheifríodar abhaile mar a bheadh Dia dá rá leo i gcaoi nach mbeadh lorg na mbróg le feiceáil sa sneachta ar maidin agus go mbeidís ag ceann scríbe sula dtosaíodh sé ag maidneachan.

Bhí scráib mhaith sneachta déanta aige nuair a d'éirigh sé as timpeall an mheán lae. Is gearr ina dhiaidh sin go raibh Bláthach, Smig agus beirt eile ar fáil. Isteach leo go dtí doras Ruairí, ach nuair nach bhfuaireadar lorg a bhróg ach chomh fada le cró na mbó agus síos go dtí an tobar, siar leo tigh na nDroighneán. Nuair a chinn ar Bhláthach a chur faoi ndeara dóibh inseacht dó cá raibh an leann déanta ag Ruairí, chuaigh sé ar an láíocht leo ach b'ionann an cás dó é. Chuartaíodar an baile ó bhun go barr ach nuair a chlis orthu chrochadar leo abhaile. Shioc sé go tréan an oíche sin agus an oíche ina dhiaidh sin, agus b'éigean do Ruairí fanacht sa mbaile.

Trathnóna coscartha an tsneachta thosaigh Ruairí agus na Droighneáin ag stócáil faoi choinne na hoíche. Chaith siad glac mhaith mhóna agus timpeall scór smután isteach sa gcarr agus sháigh Ruairí síos i mála buidéal d'ola lampa, laindéar, buidéal poitín, gráinne tae agus siúcra, staic de chaiscín agus buidéilín bainne. Bhí buidéilín d'uisce coisreacain ina phóca thíos aige.

Ba ropánta, préachta an trathnóna é nuair a shroicheadar Caladh an tSiúite – an fhuaraíocht a thagann tar éis an tseaca agus an tsneachta agus roimh an mbáisteach. Is beag nach gcuirfeadh anáil na síona a bhí ag teacht anoir as ceantar Chnoc Meadha spideog ar an gcailleach dhubh. Bhí an ghaoth ghéar, ghaimhteach ag bearradh an chúir den trá – an cúr lomrach, bán a bhí cruinnithe timpeall ar an ngiolcach bhriste – agus calóga cátha ag éirí in airde ina gceathanna ar na carraigreacha. Ní gan tiaráil a bhuaileadar an t-oileán. Nuair a shíleadar gur shuaimhnigh sé beagan d'imigh na Droighneáin leo abhaile agus shocraíodar a theacht i gcoinne Ruairí roimh bhreacadh an lae agus an poitín a thabhairt i dtír.

Bhain Ruairí slog as an mbuidéal, dhearg a phíopa, chuir cuma oibre air fhéin agus níorbh fhada go raibh an tine ag sioscadh faoin stil. Fear ní ba chúramaí in éadan stile ná é ba dhoiligh a fháil. Is minic a dúradh go mba é sin siocar a cháile – go mbíodh an teas ceart san uisce aige an fhad is a bhíodh an poitín ag teacht tríd an bpéist agus gur aige a bhíodh an braoinín is blasta i gcónaí dá bhárr.

Ní oíche ach a liacht oíche a chaith Ruairí leis fhéin in Oileáinín na nÉan, ach oíche ní raibh sé ann ariamh a raibh fir an rí ag faire ar lucht poitín mar a bhíodar an tráth sin. Mar sin fhéin bhí sé lánchinnte nach gcuirfeadh neach ar bith isteach air, go raibh Bláthach agus a chuid fear faoin bpluid go te teolaí, agus nach gcorróidís amach a leithéid d'oíche.

Timpeall míle go leith bealaigh a bhí sé ó bhaile, gan deoraí ó Dhia anuas aige mar chomhluadar ach na héanlaithe fiáine. Tháinig ging de ghéabha os cionn an oileáinín, ach nuair a thugadar an tine faoi deara d'imíodar leo ag grágaíl. Bhailigh pilibíní agus feadóga thart ina sealacha. Bhí na lachain ag tosaí ag cúpláil agus chuala sé gráig shlóchtaithe an bhardail. B'uaigneach í fead an chrotaigh agus í mar a bheadh sí leath-thachtaithe ag an ngaoth ag teacht thríd an aer. Ach ba bheag aird Ruairí ar na rudaí sin, bhí sé ina gcleachtadh chomh mór sin.

Chomh luath agus a bhí tús an phota réidh chuir sé i leataobh é i soitheach beag. Bhlais sé dhe agus níor den díogha é, dar leis. Bhí ag éirí leis thar barr agus cheap sé go mbeadh an-tairbhe ar an mbraich – seacht ngalún nó b'fhéidir seacht ngalún go leith. Líon sé an ceaintín cáirt le huisce, chuir sé faoin stil é agus is gearr go raibh an tae réidh aige. Shuigh sé síos ar mhála móna ar aghaidh na tine agus thosaigh ag smaoineadh ag ól an tae dhó.

Bhí rud eicínt á rá leis nár chóir dó an scard sin poitín a dhéanamh. Dá bhfaightí uaidh é a rá bhí cineál aiféala air, ach ní thabharfadh sé le athléamh é go dtitfeadh an lug ar an lag aige. Rud eile, bhí an aois ag teacht air agus dá dtiocfadh sé gearr san airgead fhéin sheasfadh muintir Mheiriceá dhó. Thug sé a chloigeann slán leis tréimhse mhaith agus bhí a fhios aige dá fhada dá dtéann an sionnach go mbeirtear sa deireadh air.

Nuair a bhí a phíopa caite aige tharraing sé amach a phaidrín agus síos leis ar a ghlúine i bhfianaise na tine. Shílfeá go mba suntasaí slíocacht a phlait anois ná ariamh nuair a chrom sé ar aghaidh na lasracha agus gan ribe idir é fhéin agus na flaithis. Timpeall leath bealaigh thríd an tríú deichniúr a bhí sé nuair a dhearc sé ar an stil. Facthas dó go raibh an tine róláidir faoi agus d'éirigh sé ina sheasamh. Bhí an paidrín ina leathláimh aige nuair a sháigh sé a mhéar síos in uisce an bhairille a raibh an phéist ann. Bhain sé lán buicéid as agus chuir buicéad d'uisce an locha isteach ina áit.

Síos leis ar a ghlúine aríst ach chinn air guí a dhéanamh mar ba ghnáth leis. Ní raibh a fhios aige sa domhan céard a bhí ag teacht air ach bhí rud eicínt mínádúrtha, rud nár thaitnigh leis, rud a bhí i ngreim ann. Ach céard a bhí sé a dhéanamh ina dhiaidh sin, ach braon poitín? Soilíos do chomharsain agus cuimse airgid dó fhéin, rud a rinne sé a liacht uair agus cuid mhaith eile leis.

Na smaointe a bhí ag gabháil thrína chloigeann an t-údar imní is mó a bhí air. Níor chosúil iad le cathú an áibhirseora ach ba mheasa iad ar bhealach. Siocair chuile rud a tháinig ar fhear aonraic i bhfad ó bhaile ariamh, na smaointe sin – uaigneas, faitíos, brón, cumha, aiféala – mheas sé go rabhadar ar fad air in éindí.

B'ionann é agus fear a bheadh tar éis coir mhór uafásach a dhéanamh agus an choir sin ag goilleadh chomh mór sin air go raibh fonn a inste air do lucht an dlí sula mbeadh amhras dá laghad acusan air. Is mór a bhí seanmóirí an mhisinéara ag cur air – na seanmóirí a chuir faitíos ar a lán stiléara agus ar ghéill sé fhéin dóibh nuair a d'éirigh sé as an bpoitín cúpla mí roimhe sin:

"Chomh cinnte leis an lá, tiocfaidh mallacht Dé anuas ar chuile dhuine a leanfas den obair sin – obair an diabhail. An té is faide a lean dó agus is mó a rinne airgead as céard a bhí dá bharr sa deireadh aige? Anbhás. Má ghlacann sibh mo chomhairle-sa agus más libh leorghníomh a dhéanamh éireoidh sibh as. Éireoidh sibh as anois, agus bhéarfaidh sibh gléas déanta dheoch an diabhail seo siar go teach an tsagairt."

Scaití shíl sé go raibh sé ag breathnú ar an misinéara agus na coinnle lasta thart timpeall air ar an altóir nuair a tháinig na focla seo as a bhéal tráth nach raibh gíog i dteach an phobail ach an oiread is a bhí amuigh sa reilig. Thug stiléirí eile an gléas siar chuig teach an tsagairt ach ní dhearna seisean sin. Ach dhéanfadh an nóiméad a rachadh sé chun tíre.

Is mó ná sin a bhí an t-amhrán a chloiseadh sé ag Bríd Ní Eite ag goilliúint air. Amhrán é nár thaitnigh leis ariamh san uaigneas dó.

I gCaladh an tSiúit' bhí an cúigear sínte
Ba í an loch a n-uaigh ó thús na míosa;
Léan agus liúigh bhí i gCluain an tSiamsa,
Agus ól Pháid Rua an t-údar caointe.

"Ól Pháid Rua": ól a sheanathar fhéin. Agus nárbh í an loch céanna uaigh Pháid Rua scaitheamh chomh maith? Agus nárbh é an poitín a rinne sé ar Oileáinín na nÉan a chuir san uaigh sin é?

Ach cén tubaiste a bhí air nach ndearna na Breathnaigh a eiteachtáil? Tuige nár dhúirt sé leo go raibh sé tar éis éirí as an bpoitín? Cén beann a bhí aige orthu? Níor tháinig siad chuige ariamh cheana ach uair amháin nuair a chinn orthu poitín a fháil ó dhuine ar bith eile. Agus níl amhras nárbh amhlaidh an scéal anois. Mairg a chonaic na Breathnaigh chéanna ariamh. Murach iad sa mbaile a bheadh sé go teolaí ina leaba. Agus murach an margadh a bhí déanta aige leo ní chríochnódh sé an steall sin choíche.

Ar éigean a phaidrín críochnaithe aige nuair a thosaigh na braonacha móra ag teacht anuas agus níorbh fhada go raibh sé ina chlagairt dáiríre. Bhí an sneachta beagnach leáite agus ní raibh giodán dá leagadh sé a chos air nach raibh lochán ann. Bhí sé chomh gafach sin leis an tonnáiste nár thug sé aon aird ar an bhfearthainn i dtosach. Ach nuair a d'airigh sé an braon ag dul isteach chaith sé ar a ghualainní cóta mór na mbuidéal a raibh an t-éadach crua, dílis ann. Cheap sé nach n-éireodh sé as an lascadh sin go ndéanfadh sé báisteach an tseaca agus an tsneachta agus

95

chrap sé suas an mhóin agus na maidí agus chuir faoi Charraig an Bhracha iad, áit a mbeidís tirim.

Murach go raibh an stil suite ar chúl gaoithe thiocfadh sé rite leis an tine a choinneáil ag imeacht mar bhí an bháisteach ag titim mar a bheadh sí ag teacht as criathar. Bhí cóta mór na mbuidéal ar caitheadh chomh fada sin gur gearr gur thosaigh sé ag ligean isteach agus ní raibh snáithe ar Ruairí nuair a bhí lán an chéad bhairillín den phoitín réidh.

Bhí leath na hoibre déanta aige anois, ach deoir ní dhéanfadh sé aríst dá mairfeadh sé beo go dtí lá Philib an Chleite, mar bhí sé tinn tuirseach de. Lig sé failm breá eile as an mbuidéal le fána. Nuair a sheas sé ar Leac an Bháid le buicéad uisce a thógáil thug sé faoi deara go raibh an loch ag éirí go millteach. Ba chuimhneach leis ansin gur sceitheadh an t-oileáinín uair nó dhó cheana ach cheap sé mura bpléascfadh éadromán an aeir ar fad nár bhaol dó fhéin ná don phoitín mar bhí áit na tine beagán crochta.

D'airigh sé an chuid eile den oíche chomh fada le seachtain, beagnach, agus é chomh fliuch is dá dtarraingítí amach as an loch é, ag plobáil agus ag plabáil chuile uair a chorródh sé a chos. Má bhí giodán gan a bheith sceite nuair a bhí an poitín críochnaithe is ar éigean é.

Níorbh fhurasta leis tosaí ag maidneachan bhí an oiread sin ceo ann de bharr na báistí. Nuair a thug sé faoi deara go raibh sé ina lá tháinig beagán imní air nach raibh na Droighneáin ar fáil mar bhí an poitín feistithe aige agus ní raibh le déanamh ach na crúscaí a chaitheamh isteach sa mbád. An mhaidin mhór a choinnigh moill orthu, b'fhéidir?

Tháinig an loch faoin stil agus mhúch an tine. Ní raibh áit dá leagadh sé a chos nach raibh an t-uisce suas go dtí a ghlúine, agus gan tuairisc ar na Droighneáin. Súil níor bhain sé de Chaladh an tSiúite, ach sin a raibh aige dá bharr.

Chaith sé cúpla uair an chloig eile go céasta, cráite. Ba chóir go mbeadh sé ag tarraingt ar an dó dhéag, dar leis, ach ní raibh a chloigín ag obair agus ní raibh a fhios aige cén t-am é. Bhí lagar ag teacht air le hocras, fliuchán, fuacht agus easpa codlata. Tharraing sé an buidéal as a phóca agus chaith gailleog bhreá siar. Bhí an tuile chomh hard sin – suas go dtí a chorróga – gur ghlac scanradh é.

Bhí faitíos a bháite ag teacht air i leaba a chéile. Daighean a ndearna sé ach a dhul suas ar Charraig an Bhracha in aice an toim choill, áit nach bhféadfadh an loch a dhul chomh fada leis. Ach cé nach raibh le dhul aige ach timpeall seacht slat, baineadh leagan as faoi dhó agus is beag nár thit sé san uisce. Is gearr ar an gcarraig é nuair a tháinig claochmú, ach bhí sé chomh fuar agus chomh gaofar sin go raibh a fhios aige gur gearr a sheasfadh sé ann, mar b'fhurasta a chur chuige tar éis na hoíche.

Chroch a chroí le gliondar nuair a thug sé faoi deara bád fad a amhairc uaidh ag déanamh air, dar leis. Ach b'aisteach leis an taobh a dtáinig sí as. Nuair a tháinig sí i bhfoisceacht ceathrú míle de thug sé faoi deara go raibh ceathrar nó cúigear ann agus hataí bádóra orthu. Bhí a fhios aige ansin gur fir an rí as Gaillimh nó Uachtar Ard a bhí ann, go ndearnadh scéala air agus gur ar a thóir fhéin a bhíodar. Barr ar an gclampar nár imigh ceann de na crúscaí le sruth agus shílfí gur in aon turas amháin a thosaigh sé ag déanamh ar an mbád. Ba scalladh croí leis é a fheiceáil ag imeacht gan gair aige fhéin corraí, ach bhí an loch chomh garbh sin go raibh súil aige nach gcasfaí leo é. Luigh sé ar an gcarraig agus scuabadar thart gan a fheiceáil.

Níorbh fhada imithe thart iad nuair a chonaic sé bád eile ag scoilteadh na dtonn idir é fhéin agus Caladh an tSiúite. Bád na nDroighneán ag teacht ina choinne? Ba chosúil léi í. Blas tuisceana ná caoithiúlachta ní raibh ag baint leo agus a theacht go díreach ar shála an dreama eile. Cén diabhal a bhí orthu chor ar bith? Bhagair sé ar an bhfoireann gan a theacht ní ba ghaire dó go mbeadh na píléaraí glanta as amharc. Ach daighean aird a thugadar air, bhí an oiread sin furú orthu. Bhíodar ag fuireacht go mífhoighdeach ó fháinniú an lae agus faitíos orthu a theacht ina choinne go mbeadh an dream eile bailithe leo, b'fhéidir? Chuir sé dhá bhéic as agus dúirt leo fanacht siar.

Nóiméad ina dhiaidh sin is beag nár thit sé as a sheasamh; Bláthach agus a chuid fear a bhí ann? Bád na nDroighneán a bhí acu? Murab ea ba chosúil léi í. Réabadar rompu gan a thabhairt faoi deara. Isteach leo go dtí Oileán na bhFaoileán, áit ar cheapadar a raibh an poitín á dhéanamh agus áit a raibh muintir an bháid eile ag cuartú. Bhíodar istigh ina theach, b'fhéidir, agus nuair nach raibh sé le fáil bhí a fhios acu go raibh sé ag stiléaracht in áit eicínt? Bhí Oileáinín na nÉan faoi loch agus ní fhéadfaidís dhul ina ghaobhar. Dhearc sé ina ndiaidh agus bhí sé i ndáil le bheith cinnte gurbh í bád na nDroighneán a bhí acu. Más ea bhí sé buailte. Agus cén bád eile a bhí le fáil acu san áit sin?

Níor thúisce gaibhte thart iad ná d'imigh crúsca eile den phoitín sa bhfeacht gan gair aige é a shábháil. Chonaic sé na tonntracha dá gcaitheamh anonn is anall mar a bheadh ríméad agus díocas orthu dá scuabadh uaidh tar éis a chuid anró. Dhearc sé síos ar an áit a raibh tús an phota aige agus tuairisc ní raibh air sin ach an oiread. D'imigh sé i ngan fhios dó.

Bhí an roth tar éis casadh air dáiríre: saothar an anró scuabtha ag na tonntracha agus é fhéin idir dhá bhata Liam. Ach bhí na crúscaí ag déanamh ar an gcaladh agus gheobhadh sé iad a thúisce is a bhuailfeadh sé tír. Níorbh é an chéad soilíos a rinne an ghaoth aduaidh san áit sin.

An ghaoth aduaidh d'fhuadaigh chun tír' iad
'Gus d'fhágaibh smúit i gCluain an tSiamsa.

Coirp a chuir an ghaoth aduaidh i dtír leathchéad bliain roimhe sin; poitín a chuirfeadh sí i dtír anois.

Amharc níor thóg sé de Chaladh an tSiúite ar feadh deich nóiméad. Bhí an tsúil chráite aige leis na Droighneáin agus gan neach le feiceáil. Ach má bhí a mbád imithe ag Bláthach cén chaoi a dtiocfaidís chuige?

Maidin mar í níor airigh sé ariamh. Bhí an ghaoth aduaidh dá fheannadh, beagnach. Scuab sí léi a sheancháibín agus d'fhág ina mhaoil é. Ní raibh a leath ann de bharr na hoíche. Cé gur bearradh é an Satharn roimhe sin sa mbaile mór shílfeá go raibh claimhreach coicíse air.

Bhí sé dúghorm leis an bhfuacht agus an mothú ag imeacht as in áit a chéile. Nuair a chinn air crúibín cait a dhéanamh bhí a fhios aige go raibh an fuarnimh i ngreim ann. Ar éigean a lig sé siar an deoir dheireanach den bhuidéal, le bualadh fiacal. Shuigh sé ar an gcarraig agus lig a chosa le fána, greim an fhir bháite aige ar chraobh choill le leathláimh. Bhí sé idir ord agus inneoin agus gan a fhios aige faoi neamh céard a dhéanfadh sé nó cén nóiméad a dtitfeadh sé amach sa loch.

Go seachnaí Dia sinn ar anbhás ná bás obann.

"Ó nach mé an faraor géar a chuir a chloigeann in adhastar an mhí-ádha," a deir sé, agus é ag fáil tuirsiú a láimhe le déanamh a ghreim a choinneáil.

Is gearr go raibh a dhá shúil sáite i gCaladh an tSiúite aríst, ach neach ní fhaca sé. Cheap sé go mba gearr uaidh ansin. Tharraing sé amach a phaidrín aríst, rinne sé é fhéin a choisreacan, chuir an t-uisce coisreacain air fhéin agus thosaigh ag guí.

Níorbh fhada go bhfaca sé an bád mór ag filleadh ar thaobh na gaoithe den oileáinín. Bhí súil aige go dtiocfaidís chomh fada leis agus go sábhálfaí é.

Ghlaofadh sé orthu agus níor mhiste leis céard a bhainfeadh dó dá dtarrfaidís é. Tugaidís bliain sa bpríosún dó dá dtograídís é. Nárbh fhearr é ná bás a fháil ansin gan sagart gan ola? Rinne sé sméideadh le lámh an phaidrín ach ní fhacadar é agus siar leo go dtí Oileáinín an Teampaillín ag cuartú.

Níor mhoill go dtáinig Bláthach agus a chuid fear, ach ní raibh a mbád ag déanamh an oiread éascaíochta leis an mbád mór. Chuir Ruairí roimhe a chlochneart a dhéanamh lena dtarraingt air – na daoine céanna a ndeachaigh sé i bhfolach orthu a liacht uair, na daoine a bhéarfadh a bhfaca siad ariamh breith air, agus nár lú leisean an t-áibhirseoir fhéin ná iad.

Nuair a bhí an bád ar a aghaidh amach i bhfoisceacht "mbeannaí Dia" dó, beagnach agus gan eatarthu ach toimín coill, chuir sé a shainbhéic as fhéin:

"A Sháirsint! A Sháirsint! Hóra, a Sháirsint! Sábháil mé nó tá mé báite."

Rinne sé amhlaidh trí huaire, ach ba shnámh in aghaidh easa dó é. Shílfeá gurbh éard a rinne an ghaoth le gach béic, breith uirthi agus í a bhualadh siar ar a aghaidh go díoltasach chomh luath is a tháinig sí as a bhéal. Lig sé fead lena mhéaracha ach rinne an ghaoth an cleas céanna léi sin. D'éirigh sé ina sheasamh le teann uafáis ar stuaic na carraige agus chuir scread chráite as nuair a facthas dó deis a shábhála ag imeacht uaidh. Ach nuair a d'éirigh, tháinig siota gaoithe agus thit sé amach i mullach a chinn sa loch.

Díreach sular thit sé thug Bláthach faoi deara an duine ar an gcarraig agus d'aithin an phlait. Gheit a chroí le háthas, bhí Ruairí aige faoi dheireadh. Chasadar an bád ach chinn orthu aon tuairisc a fháil ar an stiléara. Murach an bás is cosúil go gcuirfeadh Bláthach lena mhionna.

Nuair a d'imigh an tuile beagán frítheadh corp an stiléara agus a chloigeann sáite istigh faoin stil, áit a raibh a chroí leath na gcuarta. Cúpla seachtain ina dhiaidh sin thosaigh na héanacha fiáine ag neadú ann. Ba leo an áit aríst.

An Reilig

"An reilig" is ainm don seomra seo in Éirinn, ach "teach na gcorp" a thugtar air i dtíortha eile. Ní raibh idir é agus seomra an eagarthóra ach an balla, ach seomra ní raibh san áras ar fad inar chuir an t-eagarthóir an oiread suime is a chuir sé sa seomra seo, fearacht eagarthóra ag obair do pháipéar mór laethúil i ngach tír. Ní raibh reilig sa tír ar tugadh aire ní b'fhearr di ná a tugadh don reilig seo. Dá n-éireodh rud ar bith di, dá mbeadh rud ar bith ar iarraidh inti, nó dá mbeadh bunchleite isteach ná barrchleite amach bheadh raic ann, agus ní móide nach mbeadh ar dhuine eicínt bóthar a bhualadh.

B'fhéidir go bhfuil daoine ann a déarfadh gur fuis fais formhór d'earraí na reilige, ach ní fhéadfadh páipéar laethúil ar bith déanamh d'uireasa. Is ann atá scéalta báis agus beatha na gcéadta i dtaisce – daoine nach bhfaigheadh bás go dtí scór nó b'fhéidir dhá scór bliain ó inniu. Is minic básaithe sa reilig seo daoine atá ag imeacht ar rothaí an tsaoil le hollmhaitheas, daoine atá ag gnóthachtáil chuile rud rompu ar na rásaí, agus daoine, b'fhéidir, atá ag rialú na tíre.

Measann lucht na bpáipéar nár mhill dea-aireachas aon rud ariamh, agus sin é an fáth a scríobhtar na scéalta roimh ré. Ná ceaptar gur le bás duine ar bith a dheifriú a scríobhtar iad. Ní hea, ach ar fhaitíos go bhfaigheadh daoine áiride anbhás obann in antráth. Ní i gcónaí atá an bás céanna an-tsoilíosach agus b'fhéidir gurbh é an t-am is mó cruóg a sciobfadh sé duine mór eicínt leis.

Ach ní scríobhtar ach an dea-rud faoi gach duine. Más maith leat thú a mholadh faigh bás. Má chailltear fear pósta a d'imigh le bean eile, nó bean phósta a d'éalaigh le fear mná eile, ná bí ag súil le rud ar bith faoi sin anseo. Ní cháintear na mairbh sa reilig seo.

Tá cúinne faoi leith – nó b'fhéidir go mba chóra cónra faoi leith a rá – ag gach dream agus gach sloinne. Tá cónra dóibh fhéin ag na Búrcaigh, na Brúnaigh agus na Brádaigh; cónra bheag ag muintir Cheallaigh, mhuintir Chathasaigh, muintir Chaoimh agus muintir Chonaire; cónra eile ag na Máilligh, na Murchadhacha agus na Móránaigh agus gach dream arbh fhiú trácht orthu; agus nuair a cailltear duine ní bhíonn le déanamh ach an scéal a chaitheamh chuig na clódóirí agus beidh sé le léamh ag feara Fáil uair an chloig ina dhiaidh sin nó b'fhéidir níos túisce. Na nuachtóirí a ghníos bunáite na hoibre seo tráth is lú cruóg.

Is maith is cuimhneach liom an oíche ar tháinig scéal chugainn ag tarraingt ar an trí a chlog ar maidin nuair a bhí an páipéar i ndáil le bheith críochnaithe, go raibh Iarla an tSléibhe tar éis anbhás a fháil. Fear óg, luath, láidir a bhí ann, gan neach ag súil lena bhás. Focal ní raibh faoi sa reilig. Is gearr go raibh gach rud ina rírá. Dá mbeadh an t-eagarthóir sa láthair d'imeodh sé as a chraiceann le mífhoighid agus buile, go mórmhór dá gceapfadh sé go raibh an scéal faoi réir ag na páipéir eile.

Iarradh ar chúigear againn scéal an Iarla a scríobh in éindí. An t-eolas céanna a bhí againn ar fad faoi, beagnach, agus an rud a scríobh duine scríobh an duine eile é. An oíche sin a airíodh an Móránach! B'fhearr é ná an cúigear againn leis an obair sin. Ach, mo léan, bhí sé seacht scór míle as láthair. D'éirigh linn faoi dheireadh ainm scéil a scríobh.

Tar éis na hoíche sin chuir an t-eagarthóir roimhe an scéal a leigheas i gcaoi nach bhféadfadh a leithéid de rud titim amach aríst choíche. An Móránach a chuir sé in éadan na hoibre. Bhí air scéal beatha gach duine ar mhór le rá, agus daoine fánacha go maith fhéin, a scríobh ar fhaitíos go bhfaighidís bás obann.

Bhí a fhios ag an Móránach gur fada a bheadh sé i mbun obair na reilige ach níor mhiste leis, mar chuireadh sé a chroí ina chuid oibre i gcónaí agus ba í obair na reilige an obair ab fhearr ina láimh. A réidhe is a thagadh sí dó is mó a chuireadh iontas orainne. Dá dtitfeadh an spéir ní dheifreodh sé é, agus bhí a shliocht ar a chuid scríbhneoireachta, b'ait leis na clódóirí í a fháil i gcónaí.

Bhí bunaois mhaith aige nuair a chuir mé eolas air i dtosach. Le breathnú air cheapfá nach raibh sé mórán le cois trí scóir. Shíl an dream ab óige dínn a bhí san oifig chéanna leis go raibh a fhios againn chuile rud faoi obair pháipéir nuachta — go rabhamar in ann meabhair agus scéalta a bhaint as na clocha glasa agus go raibh chuile dhuine againn chomh críonna leis an seandall glic — ach is gearr go raibh a mhalairt de thuairim againn. Mhúin an Móránach dúinn an rud a mhúinfeadh an saol dúinn leis an aimsir, b'fhéidir, agus mhúin sé dúinn i ngan fhios dúinn fhéin é. Níorbh ait leis go gceapfaí go raibh sé drochmheasúil agus is gearr gur éiríomar ar fad an-mhór leis.

B'ait an fear grinn é. Bhí dúil aige sa mbraoinín chomh maith cé nár cuimhneach liom cosúlacht óil a fheiceáil ariamh air. Ní raibh locht sa domhan air ach é sin, más locht é. Agus an ghaisce is mó a bhíodh aige gur chinn ar an uisce beatha a shrón a dheargadh! Is aige a bhí a fhios na tithe ab fhearr agus ba thaithneamhaí uisce beatha agus na tithe arbh fhéidir failm a fháil iontu ag tarraingt ar an meán oíche nuair a bheifeá tnáite de bharr an lae fhada.

Ní abróinn nárbh é a scríobh dhá thrian de scéalta na reilige. Bhí sé i mbun na hoibre ag tarraingt ar dhá scór bliain agus dhéanfadh sé an obair agus a dhá shúil dúnta, beagnach. Is é a scríobh scéal bheatha Sheáin Uí Laoghaire, an Mhistéalaigh, an Stiophánaigh, Pharnell, an Rí agus na Banríona agus go leor eile leo. Nuair a chinnfeadh ar dhuine eile dhá scór líne a scríobh faoi dhuine scríobhfadh seisean colún gan stró. Bhí eolas aige ar na daoine móra ar fad. Scríobh sé síos a gcuid cainte ar fud na hÉireann, in Albain agus i Sasana agus bhí a fhios aige na bealaí beaga aisteacha agus na tréithe a bhíos ag baint lena leithéid, rudaí beaga fánacha a gcuireann an pobal suim mhór iontu i gcónaí.

Lá amháin d'fhiafraigh mé de an gcuirfeadh obair na reilige an saol eile i gcuimhne dó nuair nach ndéanfadh rudaí eile é, b'fhéidir.

"Bhfuil a fhios agat," a deir sé, "is minic a chuimhnigh mé gur ionann sinne agus fir dhéanta na n-uaigh."

Bhí fúm iarraidh air an scéal a mhíniú ach thug mé faoi deara gur ghoill an t-údar cainte air beagán agus gur tháinig tocht beag ina ghlór. Greann a bhainfeadh ceist mar sin as uair eile.

Bhí sé os cionn trí scór go leith agus b'fhéidir gur cheap sé nárbh fhada uaidh athrú reilige. Is iomaí iarracht a rinne mé ina dhiaidh sin teacht timpeall ar an gceist chéanna ach bhuail duine eicínt a ladar ann i gcónaí agus chinn orm críochnaithe déanamh amach céard a bhí ina chloigeann. Is ar éigean a bhí scéal a bheatha fhéin ag cur imní air – "Cé a scríobhfas scéal beatha an té a scríobh scéalta beatha leath na tíre?" Ach bhí sé socraithe ag beirt againn go scríobhfaí é agus scéal maith fada, nó ba chrua an cás é.

Rudaí a chuirfeadh múisiam agus fearg, b'fhéidir, ar dhaoine eile ní bhacfadh sé leo, bhí sé ina gcleachtadh chomh fada sin. Na giotaí is fearr a thaitnigh leis bhaintí amach as a gcuid scéal go minic iad. Amanta ní bhíodh a fhios aige gurbh é a scríobh na scéalta chor ar bith agus amanta eile mhilltí a chuid oibre ar fad. An gnáth-leithscéal a bhíodh ag an lucht ceannais gurbh éigean áit a dhéanamh do na fógraí, do phictiúirí na mban a mbíodh na madraí beaga dá ndiurnáil agus dá mbréagadh acu, agus rudaí tábhachtacha eile.

An scéal is fearr a scríobh sé ariamh ba faoin gCinnéideach é. Bhí an Cinnéideach ina chaptaen in Arm na hÉireann in imeacht na troda le Sasana agus loiteadh chomh dona sin é go raibh sé tabhartha suas don bhás ag na dochtúirí ba mhó cáil sa mbaile mór. Bhí an Móránach lánchinnte go mba é fhéin ba chiontach leis óir ba é a mhúin an tírghrá don Chinnéideach agus murach é bheadh an Cinnéideach slán sábhailte, mheas sé. Ba é an chéad uair é a chuir sé a ainm "T.Ó.M." le scéal den tsaghas sin. Ach bhí an oiread sin teacht aniar sa gCinnéideach agus fuair sé aire chomh maith sin gur tháinig sé as i leaba a chéile agus caitheadh scéal breá an Mhóránaigh isteach sa gcoire mór luaidhe!

Ghníodh na sagairt athrú ar a chuid oibre anois agus aríst, ach níor mhiste leis. Bhí an sean-Chanónach go dona an oíche ar tháinig beirt sagart meánaosta isteach le scéal a bheatha, scéal a scríobhadar fhéin, agus caitheadh scéal an Mhóránaigh i dtraipisí. Ba mhinic an Canónach céanna go dona. Criotán a bhí ag gabháil dó agus bhí sé ag fáil bháis chomh minic sin go raibh scéal a bheatha ar thogha scéalta na reilige. Fuair an sean-Chanónach biseach aríst agus fuair an bheirt sagart eile bás. An Móránach a scríobh scéal beatha na beirte. B'in an t-am ar dhúirt sé nach bhfuil a fhios cé is túisce craiceann na seanchaorach ar an bhfraigh ná craiceann na caorach óige.

Amanta nuair ba lú a shúil leis chuirtí isteach scéal leis ar fad. Nuair a tháinig tuairisc go raibh an tEaspag ag saothrú báis chuir an Móránach aguisín leis an méid a bhí scríofa aige faoi agus clóbhuaileadh é, ach sular cailleadh an tEaspag cuireadh scéal beatha eile faoi go dtí an oifig agus sin é an scéal a ceapadh le haghaidh an pháipéir.

An oíche a dtáinig an sagart paróiste isteach le fógra báis an Easpaig chonaic sé profaí an dá scéal caite ar an mbord i bhfianaise an Mhóránaigh. Míníodh dó céard a thit amach. Léigh sé scéal an Mhóránaigh.

"Agus céard a déanfar leis an darna scéal seo?" a deir an sagart.

"Céard a déanfaí leis anois ach é a chaitheamh isteach sa gcoire luaidhe," arsa an Móránach.

"Bhfuil tú cinnte nach dteastódh sé ó dhuine ar bith eile?"

"Tá mé lánchinnte nach dteastódh."

"Bhfuil a fhios agat anois, beidh ormsa seanmóir a thabhairt faoin Easpag (go ndéana Dia trócaire air!) Domhnach go gairid agus is deas a dhéanfadh sé sin cúis dom mar tá mé chomh gnóthach sin nach bhfuil sé d'ionú agam seanmóir a scríobh."

"Tabhair leat é agus fáilte," a dúirt an Móránach.

Seachtain ina dhiaidh sin bhí saothar an Mhóránaigh sa bpáipéar mar sheanmóir! Agus níorbh í an tseanmóir ba mheasa a bhí ann í. Bhí an-ríméad air as an tseanmóir sin.

Deireadh sé i gcónaí nárbh fhéidir go bhfaigheadh sé bás gan sagart agus an méid scéal a scríobh sé fúthu. Agus ní bhfuair.

Ach ní mhaireann an rith maith ag an each i gcónaí. Ag tarraingt ar cheithre scór a bhí an Móránach nuair a thosaigh sé ag gabháil chun donachta agus ba léir go raibh deireadh a chuid scéal scríofa. Nuair a chuaigh beirt againn ag breathnú air oíche amháin bhí clochar an bháis ann agus chuir an sagart an ola air – sagart a raibh scéal a bheatha scríofa ag an Móránach, cé nach raibh a fhios ag an sagart é. Ag imeacht dúinn chraith sé lámh linn le lámh scríofa na gcéadta scéal. Ba é an craitheadh é a chuireann brón ar dhuine nuair is eol dó nach gcraithfidh sé an lámh sin aríst choíche.

Tháinigeamar ar ais go dtí an oifig agus scríobh scéal a bheatha chomh maith is a d'fhéadamar é, ach ba í an tsrathair in áit na diallaite í. Mar sin fhéin bhí bród orainn as – an saghas bróid a bhíodh air fhéin amanta as a shaothar. Ar éigean scríofa é nuair a tháinig scéal a bháis chugainn.

Bhí an scéal sin agus an Móránach bocht ag gabháil thrí mo chodladh i gcaitheamh na hoíche agus b'éigean dom éirí i bhfad níos moiche ná ba ghnás liom. Chinn orm an scéal a fheiceáil in áit ar bith sa bpáipéar. Chuartaigh mé ó thús deireadh é athuair ach ba é an cás céanna é.

B'éigean áit a dhéanamh do na fógraí agus do na rincí agus do phictiúirí mhná na madraí.

Sionnach an Bhrollaigh Bháin

I luas an loinne
Tá bua an tsionnaigh

Mura mbeadh a fhios agat é ní cheapfá choíche gur sa gCoill Rua, os cionn an Léana Mhóir, a bhí a brocais ag Sionnach an Bhrollaigh Bháin. Ach is ann a bhí, agus ag a máthair roimpi. Sin é an fáth ar thug corrdhuine Sionnach na Coille Rua uirthi.

Chinn orm déanamh amach ariamh tuige ar tugadh an Choill Rua ar an áit murab é gur ann is túisce a chríonadh agus a sheargadh bláth agus duilliúr: an sceach gheal, an draighean, an coll, an dris agus an tseamsóg fhéin. Díobháil ithreach ba chiontach leis. Ba é an áit ba géire agus ba nimheanta dris agus dealg é, agus shílfeá beagnach go raibh sé istigh ag na driseacha agus an deilgne céanna don saol nár thug cead fáis ná neartaithe dóibh agus go mbeadh an t-ainmhí agus an duine a theangmhódh leo ina ndíol díoltais acu. D'fhás an fhuinseog agus an beitheach agus an chaor chaorthainn fhéin go breá ann ach bhí a gcuid fréamh le feiceáil timpeall na brocaise mar a bheadh easnacha agus cnámha an talaimh ag borradh amach thríd an gcraiceann d'uireasa bia agus cothaithe.

Is minic a cheap mé go mba fheiliúnaí an t-ainm an Choill Chrosta a thabhairt ar an áit mar bhí sé chomh crosta, nimhneach gurbh iomaí uair a déarfadh duine a mbeadh obair chrua, thonnáisteach amach roimhe: "B'fhearr liom lá a chaitheamh ag gabháil thríd an gCoill Rua". Agus b'in é an áit a phioc na sionnaigh amach mar áit chónaithe.

Níor bhaol don sionnach a bheith gan chomharsana; bhí broic ann as éadan, madraí crainn, easóga agus cait fhiáine. Thagadh corr-dhobhrán isteach ón loch ann, ach bhí ar chuile chineál acu a ndíol fhéin a sholáthar.

Timpeall is ceithre scór slat ón mbrocais bhí an Léana Mór. Is beag geimhreadh nach mbíodh an léana seo sceite. Thagadh an tuile isteach ann ó Loch an Choiléir agus ba áibhéil den domhan an obair a bhí déanta ag na tonntracha ar charraigreacha an léana. Cuma mhuisiriúin a bhí ar chuid acu agus cuma scáth báistí ar chuid eile. Bhí poill fhada, aisteacha i gcuid eile acu – ornáideacht agus aistíl an uisce nach ndéanfadh saorcloiche i gcaitheamh a shaoil. Sa samhradh agus sa bhfómhar, bhíodh an léana brataithe le bromaigh scuabfholtacha agus gan mórán brabaigh acu le cois cíbe agus seileastraim.

Sa léana seo mhúineadh an sionnach cleasaíocht agus ealaín dá clann gach aon tráthnóna agus maidin go moch: ag rith, ag casadh agus ag coradh agus ag pocléimnigh timpeall na "muisiriún" agus ag gabháil isteach agus amach i bpoill na gcarraig. Sa bpoll uisce a raibh na bileoga báite ag fás as éadan ann, ag colbha na coille, mhúineadh sí snámh faoi uisce dóibh agus a lán cleas eile. Amanta d'fhanadh sí ag breathnú orthu agus ríméad na máthar uirthi ar a feiceáil di ag gabháil chun cinn iad. Is minic go moch ar maidin a bhíodh sí thiar ar Leac na Slis ag tóin an léana ag baint na n-eireaball agus na gcloigeann de na heascanna sula dtugadh sí do na coileáin iad.

B'iontach an mháithreach agus an soláthraí í Sionnach an

Bhrollaigh Bháin. Cú ná coileán ní raibh i gcró con sa gcontae a bhí chomh beathaithe lena clann. Bhí malairt feola le fáil acu chuile oíche, beagnach, ó d'éiríodar as an diúl mar ní raibh rud ar farradh ná ar fearann nach mbíodh sí cúiteach leis. Ní raibh scioból, púirín ná iothlann sa gceantar a raibh éan ramhar, neamúil ann nach raibh ar eolas aici, agus go bhfóire Dia ar an éan nár dúnadh an doras go cúramach air.

Níor dhóichí di béile a dhéanamh de chuid an duine uasail ná de chuid na baintrí agus na ndílleacht agus ní raibh mallacht dá mhilltí ná dá huafásaí dá dtáinig anuas ar chréatúr ariamh nár fógraíodh uirthi. Chroch sí léi gandal agus coileach na Féile Mártain, coileach Francach na Nollag, an lúbán Cásca, na cearca Inide agus máthair an dáréag bhoicht agus ní raibh fágtha díobh ar fad ach an carnán clúmhaigh agus cnámh a bhí ag béal na brocaise.

Ba bheag an gar a rá le bean ar goideadh béile na Nollag ná máthair an áil uaithi, ná an feilméara a raibh uain ramhra réidh aige le haghaidh an bhúistéara faoi Cháisc, nár chóir ainmhí beag, gleoite mar an sionnach a ghortú ná a mharú. Ar éigean a déarfá leo athuair é. Cheapadar gurbh í a ndeargnamhaid de ló is d'oíche í. Go deimhin cheap cuid acu gurbh í an namhaid amháin a bhí acu í agus dá mbéarfaí uirthi ní dhéarfainn gur dea-bhás a gheobhadh sí.

Rinneadh a liacht iarracht í a mharú. Is iomaí lá breá samhraidh a chaith Séamas Pheaits Shéamais — an fear ab fhearr urchar sa bparóiste lena linn — thuas sa gcrann fuinseoige in aice na brocaise, ach ní chuirfeadh sí a srón amach go mbeadh sé scuabtha leis. Agus is iomaí iarracht a rinne Páid Neapa Cheata a bhí sna píléaraí í a mharú le gunna an tsáirsint nuair a thagadh sé abhaile chuile shamhradh. Cuireadh trapanna uirthi na céadta uair ar thaobh an léana ach is iad na cinn óga a maraíodh i gcónaí. Chuaigh sé sách fogas di oíche amháin nuair a bhain trapa uirthi ach bhí sí ag imeacht i luas a loinne, agus ní dhearna sé uirthi ach barr d'iongain a bhaint di. Uaidh sin amach d'éirigh sí an-airdeallach ar fad.

Tráth a rabhamar óg bhí an oiread faitís againn roimh Shionnach an Bhrollaigh Bháin is a bhí roimh an bpúca nó fear na n-adharc fhéin, san oíche. Bríd na bPaidreacha ba ciontach leis ar fad, beagnach, mar is maith is cuimhneach liom an Oíche Nollag a raibh seala againn timpeall na tine, agus smután breá ag cur teasa ar fud an tí, nuair a thosaigh na géabha ag glagaíl amuigh sa bpúirín gan fáth ná ábhar.

"Á," a deir Bríd na bPaidreacha, "ní bheidh an sionnach gan feoil anocht, agus ní raibh aon Oíche Nollag ariamh."

Dar linne ní raibh aon sionnach ann ach Sionnach an Bhrollaigh Bháin, agus d'airigh mé tonn bheag fuachta ag imeacht ó íochtar go huachtar mo dhroma. D'inis sí dúinn nach mbíodh ar an sionnach ach fáisceadh amháin a thabhairt don ghé nó don lachan agus ní bheadh deoir fágtha inti. Séard a dhéanfadh sí ansin breith ar mhuineál ar an éan agus é ag ardú léi ar a droim go díreach mar a dhéanfadh an duine é, beagnach. Nuair a ghnítí sléacht ar éanacha nó ar uain is ar Shionnach an Bhrollaigh Bháin a leagtaí i gcónaí é, ach is minic ó shin a cheap mé go bhfaigheadh sí cúnamh ó shionnaigh eile nó b'fhéidir ó mhadraí an bhaile.

Dá mbeifeá i do sheasamh ag Leac an Bháire oíche chiúin ar bith aimsir bhainte na bhfataí an bhliain sin chloisfeá Sionnach an Bhrollaigh Bháin ag cur corrghlamh aisti fhéin. B'fhurasta a glór a aithneachtáil mar bhí binneas agus draíocht ann dá mhianach fhéin agus b'fhéidir beagán cumha.

"Ag fiach" a bhíodh sí, a deireadh muintir na háite ach bhí

baol uirthi bheith ina hóinseach chomh mór sin is go ndéanfadh sí an oiread sin torainn dá dteastódh coinín nó giorria uaithi. Séasúr na cúpála a bhí ag druidim leis na sionnaigh agus is ag iarraidh sionnach fireann Dhroim Chonga a mhealladh chuici a bhíodh sí. Ba seirbhe agus ba tréine a thafannsan ná amhastraíl Shionnach an Bhrollaigh Bháin ná sionnach baineann Ghrafa an tSasanaigh. Ba bhinn a nglór sna coillte agus na gleannta san oíche. Istigh i lár báire bhíodh an sionnach fireann timpeall leathmhíle uaithi. Chloisfeá é ag iarraidh an péire acu a fhreagairt in éindí, ach is í Sionnach an Bhrollaigh Bháin is minice a mhealladh é. Dhá bhliain bhí aici thar Shionnach Ghrafadh an tSasanaigh agus is í ba cleasaí agus ba glice. Nuair a chasadh sí don sionnach fireann go bhféacha Dia ar an gcoinín a thagadh ina mbealach. D'imíodh an sionnach baineann eile ag fiach di fhéin ansin mar b'eol di go raibh buaite ag Sionnach an Bhrollaigh Bháin uirthi.

An chéad ál eile a bhí ag Sionnach an Bhrollaigh Bháin an ceann is mó a bhí aici ariamh. Ba deacair a gcothú. Bhí a shliocht uirthi – bhí sí caol, tarraingthe. Rud eile, bhí sí ag gabháil in aois beagán. Thugadh sí séarsa faoi dhó sa tseachtain ar a laghad faoi na cearca agus na lachain sa gceantar sin. Bhíodh gearradh gionaigh uirthi an t-am sin den bhliain i gcónaí de bharr an áil agus bhíodh muintir na háite ar an airdeall beagán. Cé go n-ardaíodh sí éanacha léi i gceartlár an lae go minic a chinn orthu í a mharú.

D'íocadh na coiníní ann, go mórmhór na cinn óga, san earrach. Má bhreathnaigh an sionnach snoite fhéin bhí sí crua, miotalach agus beagnach chomh scafánta leis an ngaoth Mhárta. Is beag coinín nó giorria a bhfaigheadh sí ligean céad slat air nach leagfadh sí, agus ní raibh cú sa taobh sin tíre a dhéanfadh giorria a chorraí léi. Tráth nach mbíodh sé inti iad a leanacht luíodh sí rompu in aice an chosáin taobh thiar de thulán nó de chatóg agus na cluasa maolaithe aici, agus is fíor-chorrcheann a ligfeadh sí uaithi, mar b'iontach den domhan an ailp a bhí aici.

Nuair a thosaigh na coiníní ag éirí gann timpeall an léana thugadh sí corrfharra faoi choiníní an Droighneánaigh ar an Droimfhinn Mhóir. Bhí dhá cheird ag Mac Uí Dhroighneáin: ag baint chrann sa ló agus ag marú coinín san oíche le súil ribeanna agus trapanna. Bhí dúiche mhór faoi agus is iomaí seachtain a ndearna sé an oiread airgid as na coiníní is a rinne sé as baint na gcrann. Is iomaí oíche ar tharlaigh Sionnach an Bhrollaigh Bháin péire uaidh ach ba gearr uirthi fhéin agus a hál iad. Oíche ar bith a mbeadh cóir aici chloisfeadh sí coiníní ag screadadh leathmhíle uaithi agus dhéanfadh sí orthu ina sainrith.

Is fada amach ó na trapanna a d'fhanadh sí ach amháin nuair a chinneadh uirthi aon choinín a fháil sna súil ribeanna. Is beag stró a bhíodh uirthi ceangal na súil ribeanna a ghearradh agus an coinín a thabhairt léi. Séard a ghníodh sí le coiníní na dtrapanna a gcuid cos a ghearradh lena cuid fiacal agus na crúba a fhágáil ina diaidh. Bhéarfadh an Droighneánach a bhfaca sé ariamh dá mbeadh sí i ngreim roimhe maidin eicínt. Is iomaí oíche spéirghealaí a d'fhan sé i bhfolach agus a ghunna ina ghlaic aige ag fuireacht léi go mbíodh gíoscán fiacal air, ach b'éigean do éirí as sa deireadh.

De réir mar a bhí na coiníní ag éirí gann agus na coileáin ag méadú bhí an saol ag gabháil rite leis an sionnach. Tar éis gillín de choinín fireann a bhaint as súil ribe oíche amháin a bhí sí, agus ag déanamh ar an gCoill Rua ina sodar nuair a baineadh leagan aisti a chuir scanradh anama agus coirp uirthi. Bhí sí i ngreim daingean, doscaoilte ag rud eicínt. Fiacla crua, neamhthrócaireacha trapa a bhí tar éis breith uirthi agus iad ag fáisceadh uirthi de réir a chéile.

Bhí greim uirthi nach mbogfadh an méid gleacaíochta a bhí ag a mianach ó cruthaíodh an chéad cheann acu.

Chaith sí an coinín uaithi agus thosaigh uirthi fhéin ag tarraingt agus ag síortharraingt. Cloisfí torann an trapa agus an tslabhra na céadta slat ón áit. Sheas sí ar a cosa deiridh, luigh sí ar a droim, d'éirigh sí san aer, thosaigh sí ag cnámhairt an trapa gur bhris sí clárfhiacail ag iarraidh í fhéin a scaoileadh, ach ní raibh maith di ann. Ag fáisceadh uirthi a bhí an trapa agus dá gortú go diabhaltaí.

Thosaigh sí ag gabháil timpeall go raibh fáinne déanta aici sa talamh bán. Is mór a bhí an trapa trom iarainn dá bascadh agus is gearr go raibh an chnámh briste aige.

Cé go raibh sí stiúctha leis an ocras ní bhlaisfeadh sí den choinín mar is mó a bhí an géibheann agus imní clainne a chur uirthi. Tharraing sí chuici fhéin féar fada fiáin agus chuir an coinín i bhfolach faoi. D'airigh sí coiníní ag gabháil thairsti, agus corrcheann a bhí i ngreim mar í fhéin ag screadadh, ach níor mhór a haird orthu mar bhí rud ar a haire aici.

Ag tarraingt ar bhreacadh an lae thosaigh sé ag báisteach agus is gearr go raibh sé ina thuile. Murach an scuab níorbh fhios duit cén mianach a bhí i Sionnach an Bhrollaigh Bháin, bhí sí chomh brocach sin. Bhí a brollach bán imithe ar fad agus an dath céanna uirthi ó bhun go barr, mar bhí fáinne thrí n-orlach déanta aici síos sa talamh le tarraingt agus tochailt. Is beag nach raibh sí sa dé deiridh agus gan gair aici í fhéin a scaoileadh.

Níor tháinig an Droighneánach go moch an mhaidin sin ag tóraíocht na gcoinín mar ba ghnách leis. Satharn a bhí ann agus d'fhan sé ag obair go raibh an tseachtain istigh aige timpeall am dinnéir. I dtosach shíl sé gur giorria a bhí ann gur thosaigh an mada ag tafann agus fionnaidh ag éirí ar a mhuineál mar a bheadh craiceann gráinneoige ann, beagnach.

"Á, a dhiabhail!" a deir sé, "dá fhada dá dtéann an sionnach beirtear air sa deireadh, agus coinín ní ghoidfidh tú uaimse aríst choíche."

Ach nuair b'fhacthas dó í sínte ó chluais go heireaball, gan corr ná carr aisti, ghlac aiféala é nach dtáinig sé go moch mar b'fhéidir go mbéarfadh sé uirthi beo, agus bheadh an-lá ar fad acu leis na madraí an lá arna mhárach. Ach bheadh a craiceann aige agus, ar ndóigh, ba mhór an gar é sin fhéin.

Leag sé a chos ar an trapa agus scaoil cos an mhada rua go n-ardaíodh sé leis abhaile í. Níor thúisce an chos saor aici nuair a d'éirigh sí de phreib agus as go brách léi siar taobh na Coille Rua. Baineadh geit as mo dhuine. Lean sé í. Shaigheadaigh sé an mada ina dhiaidh. Lean seisean cúpla céad slat í. Chuir sé glamh nó dhó as agus d'fhill ansin.

"Scread mhaidne na mbaintreach ort, a liúdramáin," arsa an Droighneánach leis an mada.

Ach dó fhéin a bhí an t-olc ar fad aige. Agus níor ghabh fearg críochnaithe é go bhfaca sé an coinín marbh faoin bhféar agus an tsúil ribe faoina mhuineál. Ansin bhí a fhios aige go raibh an gadaí i ngreim aige agus gur lig sé uaidh le hamaideacht agus leibideacht í.

Ba dhoghrainneach, priaclach an saol a bhí ag Sionnach an Bhrollaigh Bháin ina dhiaidh sin. Chonaic sí saol na bhfuíoll, ach saol an ghorta a bhí aici anois. Ní ina crúba a bhí a cuid mar a bhíodh ó d'éirigh sí suas. Bhain na fiacla crua riar a cáis di. Chonaic sí coiníní agus giorriacha uaithi. Chuiridís díocas agus uisce fiacal uirthi agus gan gair aici drannadh leo.

Bhí sí fhéin agus na coileáin ag fáil ocrais agus théidís thríd an gcarnán cnámh chuile oíche ag tóraíocht bhrabaigh eicínt orthu. Is uirthi a bhí an t-áthas an mhaidin a bhfuair sí páin de ghiorria marbh ag an traein. Murach corr-éan a mharaigh sreangaí na dteachtaireacht tintrí is ar éigean a thiocfadh sí as chor ar bith. Chuile mhaidin théadh sí timpeall míle faoi na sreangaí seo ag súil le creabhar nó feadóg nó faoileán fhéin.

Bhí uirthi leath na gcuarta a chaitheamh leis an gcois thinn, dá diúl agus ag oibriú na teanga uirthi. Bhí sí dá leigheas i leaba a chéile ach ar éigean a bheadh sí in ann coinín ná giorria a leagan aríst choíche.

Ba dheacair ar fad na coileáin a bheathú anois. Ag méadú chuile lá a bhíodar agus dhá oiread de ghoile acu is a bhí achar gearr roimhe sin. Ní bheadh an ceann ba láidre agus ba mhó acu in ann déanamh dó fhéin go ceann trí seachtainí ar a laghad. Cosúlacht an chruatain agus an ocrais a bhí orthu ar fad. Oíche amháin d'ionsaíodar broc óg, an chomharsa ba ghaire dóibh, agus murach chomh sciobtha is a d'imigh sé isteach ina bhrocach bheadh sé slogtha acu. In imeacht seachtaine amháin ní raibh eatarthu agus an bás ach seilmidí agus luascáin lathaí, mar chinn ar Shionnach an Bhrollaigh Bháin rud ar bith eile beo a fháil. Coimhlint chrua mhínádúrtha í a bhí ag an gcleasaíocht agus ag an bhfáiteallacht leis an gcinniúint. Bhí faitíos ar an sionnach a dhul in aice na dteach mar ní raibh sé inti imeacht ó na madraí, go mórmhór dá mbeadh lacha nó gé ar iompar aici.

B'éigean di an Droimfhinn Mhór a thabhairt uirthi fhéin aríst mar ní raibh tada le fáil aici in áit ar bith eile. Bhí an dearg-ghráin aici ar an áit agus faitíos a craicinn uirthi ag gabháil ann − faitíos go mbéarfadh trapa uirthi aríst chuile nóiméad. Agus tuige nach mbeadh gráin aici ar na trapanna? Nach iad a bhain a clann di go minic?

Coiscéim ní shiúlfadh sí gan smúrthacht a dhéanamh roimpi, mar mheas sí go raibh contúirt a báis ar chuile thaobh di.

Chuireadh gliogarnaíl na dtrapanna nuair a bhíodh coinín iontu ar creathadh í.

Is gearr gur thosaigh na coiníní ag imeacht ón Droighneánach aríst. Bhí sé le cois ar fad, go háirid nuair a thosaigh muintir an bhaile ag séideadh faoi faoin bpleidhce a rinne an sionnach de, agus ba shaothar in aisce dó bheith ag breith ar choiníní do na sionnaigh agus ag cur trapanna sa bhfuacht agus sa bhfliuchán. Bhí aiféala an domhain air gur inis sé an scéal do na daoine ariamh.

Ní bhíodh le fáil aige sa trapa chuile mhaidin ach an chrúb. Agus ní bhíodh fágtha den tsúil ribe ach an maide a bhí sa talamh, bhíodh an chuid eile glanta léi ag an sionnach. Ach dá bhfaigheadh sé greim aríst uirthi ní scaoilfeadh sé uaidh le fánaíocht ná straoilleacht chomh réidh sin í! Ní dhéanfadh bás bréige cúis di an chéad iarraidh eile.

Tráthnóna fuar feannaideach faoi Gharbhshíon na gCuach, chuaigh Sionnach an Bhrollaigh Bháin amach ag síorthóraíocht. Bhí sí allta leis an ocras, beagnach, agus is mór a bhí giúnaíl ocrais na gcoileán a chur uirthi. Chinn uirthi coinín, sean nó óg, a mharú le ligean reatha ná gliceas cé go ndearna sí a liacht iarracht. Ghéaraigh sin ar an ngoile aici agus bhí sé de rún aici gan a theacht ar ais folamh. D'fhan sí ag guairdeall thart ar bhruach na gcoill gur thosaigh na coiníní ag screadadh sna súil ribeanna agus sna trapanna ag contráth na hoíche. B'fhaitíos léi dul ina n-aice i dtosach ach fuair an t-ocras an ceann is fearr uirthi.

Ag déanamh go hairdeallach ar choinín a bhí i ngreim ar leiceann chnocáin a bhí sí nuair a rug trapa ar a cois tosaigh, an ceann slán an feacht seo. Ach ar éigean a bhí sí i ngreim ann agus is beag an cúnamh a scaoilfeadh í. Rinne sí a lán iarracht an chos a tharraingt léi agus is beag nár éirigh léi cúpla babhta. Sa deireadh b'éigean di ligint fúithi mar ní raibh inti an streachailt agus an tochailt chéanna a rinne sí cheana a dhéanamh.

Ar aghaidh na riteachta a bhí sí, gan foscadh dá laghad agus oíche fhada roimpi. D'airigh sí an fuacht ag gabháil go smior inti agus nuair a tháinig an meán oíche bhí sí ina cnap, beagnach, leis an bhfuacht. Ag súil leis an duine – an namhaid ba mheasa a bhí aici agus an té ar ghoid sí na scórtha coinín uaidh – lena scaoileadh a bhí sí.

Níorbh fhada é ina lá nuair a tháinig an Droighneánach i gcoinne na gcoinín. Facthas dó an toirt idir é agus léas ar an leirg agus rinne sé air go tapaidh. Bhí an sionnach sínte ó chluais go heireaball go díreach beagnach mar a bhí sí an babhta eile. Bhain an mada lán a bhéil de fhionnadh aisti agus ansin tharraing siar uaithi go hobann, ach cor ní raibh aisti.

Dhearc an Droighneánach uirthi go grinn. Nuair b'fhacthas dó colm na coise ciotóige b'eol dó gurbh í an gadaí a ghoid a chuid coinín agus súil ribeanna a bhí aige – an gadaí a d'imir air seal gearr roimhe sin a rinne údar gáire de ar fud na háite. Bhí sé le buile ar fad agus tháinig gíoscán fiacal air i ngan fhios dó féin le fonn díoltais.

"Ní éireoidh leat an babhta seo, a chneámhaire, dá ghlice thú agus greim de choinín ná de chirc ní rachaidh isteach i do chuid stéigeacha aríst choíche," ar seisean.

Abhaile leis i gcoinne a ghunna. Mheas sé go gcuirfeadh urchar amháin faoi bhun na cluaise ó ealaín í. Ach mura bhfeicfeadh sé mín marbh í agus curtha i dteannta sin, ar éigean a chreidfeadh sé go raibh sí marbh, mar bhí tuairim aige chomh maith le corrdhuine eile go raibh asarlaíocht aici agus a dheacra agus a bhí sé í a mharú. Chaithfeadh an gadaí a bhánaigh an bhaintreach agus an dílleacht bás uafásach a fháil. Ach céad slat ní raibh sé ón áit nuair a tháinig faitíos air go n-imeodh sí aríst air agus go mbeadh sí bailithe léi nuair a thiocfadh sé ar ais leis an ngunna.

Chas sé ar a sháil go hobann agus rug ar an bhfeac láí a bhí caite ar thaobh na bearnan. Chroch sé an feac os cionn Shionnach an Bhrollaigh Bháin. Anuas a tháinig sé ar a cloigeann agus neart fir fhiáin leis – buille níos treise ná aon bhuille tua dár thug sé do bhun crainn ariamh. Go díreach faoi bhun na cluaise a bhuail sé í.

Ghlac scanradh é nuair nár chorraigh sí agus nár scread sí – scanradh go raibh draíocht ná diabhlaíocht eicínt ag baint léi. Nochtaigh sé a chuid fiacal mar a rinne sí fhéin go minic i bhfianaise a namhad. Thug sé ceithre bhuille eile di, chuile cheann acu níos troime ná an ceann eile. Dhearc sé uirthi ach ní raibh corr dá laghad aisti. Mura diabhal críochnaithe a bhí inti mheas sé nach bhféadfadh tarbh, gan chaint ar shionnach, a bheith beo tar éis na mbuillí sin.

Leag sé a chos ar an trapa ach ní mó ná dearfa a bhí sé go raibh sí marbh. B'iontach leis nár tharraing sí a cos léi agus a laghad greama is a bhí uirthi. Chuir sé an feac fúithi agus chaith uaidh seacht slat í. Rug sé uirthi go cúramach. Bhí a cnámha teann agus í chomh fuar leis an leac oighir.

Cailleadh leis an bhfuacht agus leis an ocras í ceithre huaire roimhe sin.

An Balbhán Bocht

Ar thug tú faoi deara ariamh a chineálta is atá a lán de mhuintir na tíre seo leis an dream ar leag Dia a lámh orthu? Nach iontach an t-ómós a thaispeántar in áiteacha don bhalbhán, don bhodhar, don dall agus don bhacach fhéin? Tréith é sin atá ag rith leis na daoine leis na cianta, is cosúil.

Mura ndéanaidís faoi bhuile é nó ag sciolladóireacht dóibh ní go minic a chloisfeá fear nó bean faoin tuath ag rá go raibh duine ina "dhall"; "dorcha" a déarfaidís i gcónaí, beagnach – "an píobaire dorcha," "an ceoltóir dorcha" agus "an chailleach dhorcha". Cheapadar go mba lú urchóid agus go mba mhó míneadas a bhí sa bhfocal "dorcha" ná "dall". Agus b'ait leo laghdú ar an dobrón agus ar an gcumha ag lucht na n-éalang. Sna ceantracha is boichte is suntasaí an cineáltas agus an t-ómós sin go minic.

Agus níl basctha de chuid de na bailte móra, fhéin. Buail thart lá ar bith agus feicfidh tú fear nó bean i ngreim uillinne i ndall bocht dá threorú trasna na sráide san áit is mó contúirt.

Is deacair a rá an é an balbhán bodhar ná an dall an díol trua is mó. Deirtear gur mó sult agus sásamh a bhaineas an dall as an saol ná an balbhán bodhar. Cloiseann sé caint agus ceol agus amhráin agus is féidir leis a bheith rannpháirteach iontu ar fad. Agus nach iomaí dall a chum toghadh filíochta agus toghadh ceoil?

Ach is fada ó chéile na balbháin a rinne rud den tsaghas seo ariamh. Tá an saol ag imeacht i ngan fhios dóibh. Níor chualadar ceol na n-éan, sianaíl na gaoithe ná búireach na farraige ariamh. Níor chualadar gáire na bpáistí ná caoinchaint mhná. Níor chualadar an scartaíl a ruaigeas an cumha agus an doilíos, agus is minic é sin le feiceáil ar a gceannaghaidh − bíonn a lán acu dubhach dúchroíoch agus cantalach taghdach amanta.

Is gearr a bheifeá ag breathnú ar "Bhalbhán Bocht Bhaile Átha Cliath" (an t-ainm a thugadh muintir na tuaithe air) nuair a déarfá gur duine den dream sin é. An fheiste chéanna a bhí air ar chuile bhealach. Mheasfá go raibh an brón ina éadan. Bíonn a shamhail le feiceáil ina ndeascáin bheaga ar an gcosán nó ag coirnéal na sráide sna bailte móra gach aon lá Domhnaigh ag méarchomhrá agus líofacht an domhain orthu.

Ar éigean cúig troithe go leith ar airde é, ach bhí téagar maith ann. Istigh is minice ceird ag a leithéid agus an chosúlacht sin a bhí air. Bhí croiméal dubh, diogáilte air ach bhí sé chomh tanaí sin go gceapfá nach raibh borradh ceart faoi agus nach mbeadh sé ina chroiméal slachtmhar choíche. Bhí ríméad an domhain ar an mbalbhán bocht seo as an ngruaig fhada, shlioctha a bhí air. Dá gcuirtí tomhais ort cén bealach beatha a bhí aige is cosúil go n-abrófá go mba táilliúir é. Murach an carabhat ildathach a bhí air ní mórán suntais a bhéarfá dá chuid éadaigh.

Is corrach an saol a bhí ann nuair a thug sé bóthar an Deiscirt air fhéin. Chuir corrdhuine comhairle air filleadh ar ais. Mheasadar nach n-ionsódh fear ar bith an turas sin an tráth céanna ach duine a bheadh as a chéill nó duine a bheadh tuirseach den saol agus gur chuma leis ann nó as. Bhí saighdiúirí agus píléaraí Shasana ar na bóithre de ló is d'oíche − ag imeacht sna preaba tintí ó áit go háit ag tóraíocht daoine áiride, dá rúscadh agus dá marú, ag goid agus ag fuadach. Agus mura bhfaighidís an mhuintir a bhí uathu, ní mórán suime a chuirfidís ann duine eile a ardú leo nó é a mharú fhéin, b'fhéidir. Is beag lá nach raibh a leithéid ag titim amach.

Ba mhóide an chontúirt sin a bhodhaireacht – bodhaireacht an té nach seasfadh ar an mbóthar agus a dhá lámh a chur in airde nuair a ghlaofaí air. Chuaigh daoine a chas dó ar an mbóthar go bog agus go crua ar an mBalbhán fanacht sa mbaile go suaimhníodh an saol, ach ní choinneodh fear agus píce siar é.

Séard a d'inis sé dóibh go raibh sé ina chónaí le leathbhliain agus é ag cinnt air aon obair fheiliúnach a fháil. Cuireadh chun bealaigh faoi dhó é de bharr a chreidimh agus a thírghrá agus de bharr an dearg-ghráin a bhí aige ar na Sasanachaí. Bhí sé leagtha amach aige gabháil go dtí deisceart na hÉireann, an áit a raibh laochra Gael á thabhairt faoi na fabhraí chuile lá d'Arm Shasana. Bhí súil aige le saothrú staidéarach a fháil gan stró i mbaile mór eicínt agus súil ní leagfadh sé ar Bhaile Átha Cliath aríst – an baile gránna sin a mbrisfí duine as a phost ann de bharr a chreidimh agus a thírghrá. Mhínigh sé an scéal dóibh lena leabhairín dearg agus a pheann luaidhe – an bealach cainte a bhíos go hiondúil ag an mbalbhán leo seo nach dtuigeann cómhrá na méar. Is sa leabhairín dearg seo a bhí ainmneacha na ndaoine a bhéarfadh bia, lóistín agus treoir dó ar an aistear, scríofa aige ina chuid scríbhneoireachta aisti fhéin.

Rug sé ar a bhata agus ar an mála beag ina raibh gach a raibh ar iompar aige agus thosaigh air ag bualadh bóthair aríst.

An chéad teach eile ar bhuail sé isteach ann bhí duine imithe as in Arm na hÉireann. Chuir sé in iúl dóibh a ríméadaí agus a bhí sé gur rugadh agus gur tógadh saighdiúir Gaelach sa teach sin. Dúradar leis dá mba leis an t-aistear fada sin a dhéanamh go mb'fhearr dó a dhul sa traein mar nach sroichfeadh sé an deisceart beo choíche ar bhealach ar bith eile. Ach bhí sé chomh maith dóibh a bheith ag caint leis an mea ghabhair agus ar aghaidh leis go righin réidh.

D'éirigh leis thar barr go raibh tuairim is leathchéad míle taobh thiar de. Ba léir ó leag sé a chos sa gcéad bhaile eile go raibh súil ag na píléaraí ina dhiaidh. Scéal a cuireadh chucu go raibh sé ag gabháil an bóthar? B'aisteach ag breathnú é ar chuile bhealach agus gan mórán caoithiúlachta ann. Lean beirt acu síos an tsráid é. Níor sheas sé nuair a glaodh air agus scaoil duine acu piléar os cionn a chloiginn. Rugadar air faoi dheireadh. Bleitheacha móra bruithlíneacha a bhí iontu agus chraitheadar é mar a chraithfeadh an mada gearr an francach. Tarraingíodh a charabhat ildathach de agus thit a hata sna lathacha. In aghaidh a chos a tugadh go dtí an bheairic é. Bhí fearg ar dhaoine nuair a chuaigh an scéal thart gur balbhán bodhar a bhí ann agus an drochíde a tugadh dó, ach mheasadar nárbh fhiú trácht air sin le hais an lascadh a gheobhadh sé taobh istigh i ngan fhios don tsaol.

Nuair a ligeadh amach é bhí a chuid gruaige ag titim le fána agus chuile chosúlacht air gur tugadh pleancadh dó – an chuma chéanna a bhí ar chuid mhaith eile a ligeadh amach as an mbeairic sin agus beairiceacha eile ar fud na tíre an tráth sin. Ach a thúisce is a fuair sé ainm fíor-Ghaeil a bhéarfadh lóistín na hoíche sin dó rop sé leis aríst.

Is iomaí duine a thug marcaíocht dó nuair ab eol dóibh a scéal bocht brónach, ach bhí air bunáite an bhealaigh a shiúl. B'iontach barainneach an t-eolas a tugadh dó i gcónaí faoi na fíor-Éireannacha agus níor séanadh bia, deoch ná leaba air ach i gcúpla áit nuair nár chreid na daoine a scéal, ach tá daoine mar iad sin le fáil chuile áit.

Is beag nach dtabharfá an leabhar go mbíodh a fhios ag na píléaraí i ngach baile go raibh sé le teacht an chaoi a mbídís ar an airdeall roimhe. Agus ní raibh áit a raibh beairic nár tógadh ann é ach áit amháin.

Timpeall coicís a bhí sé ar an mbóthar nuair a shroich sé sráidbhaile iargúlta a raibh aonach ar siúl ann. Ba ceantar é ar tugadh mionnú d'Arm Shasana cúpla feacht idir na cnoic agus is fada amach uaidh a d'fhanadar ina dhiaidh sin óir ba sáinn bháis dóibh é. Tugadh faoi deara an cár gháire a tháinig ar an mbalbhán nuair a chonaic sé ballaí dubha, loma na seanbheairice a dódh. Chuir sé ceist ar dhuine nó beirt faoi agus phléasc amach le taispeáint dóibh a ríméadaí is a bhí sé. Nach raibh sé i mbaile beag gan aon bheairic ann faoi dheireadh – baile nach dtógfaí ann é? Chuaigh sé thríd an aonach agus thug suntas an domhain do lucht díolta agus ceannacht mar níorbh fhios dó i dtosach céard ba chiall leis an ngleáradh bos a bhí ag lucht déanta margaidh.

Ag tarraingt ar an tráthnóna isteach leis i dteach ósta, áit a mbíodh Arm na hÉireann ag lonnú corruair. Ghlaoigh sé ar bhuidéal leanna agus ceapaire lena mhéaracha. Níor thuig an t-óstóir céard a bhí uaidh gur scríobh sé síos sa leabhairín dearg é. A luaithe is a bhí sé réidh amach leis arís.

Níorbh fhada gur thug grabairí an bhaile faoi deara go mba strainséara é agus thosaíodar ag saghdóireacht leis agus ag déanamh díol magaidh de. Chonaic an sagart paróiste iad agus chuir an ruaig orthu, ach is gearr go rabhadar ar ais arís mar bhí fonn suilt orthu ó tharla gur lá aonaigh é. Isteach leis sa teach ósta arís uathu agus ghlaoigh ar dheoch eile.

Bhí daoine ar chuile thaobh de ag ól, cuid acu go socair, cuid acu ardghlórach go maith, cuid acu ina suí, cuid acu ina seasamh agus beirt acu ag gabháil fhoinn. Facthas dó gur piontaí ar fad a bhí acu ach aige fhéin. Ar tí blogam a ól as a ghloine fhéin a bhí sé nuair a dhóirt sé pionta go timpisteach.

"Céard a d'éirigh do mo phiontasa," a deir fear mór millteach agus colg agus meisce ina ghlór nuair a chonaic sé nach raibh deoir fágtha aige.

"An duine uasal seo a dhóirt é," arsa an t-óstóir go fáilí.

"Duine uasal mo chreach!" a dúirt an fear mór. "Ní raibh cead ag duine uasal ar bith mo phiontasa a dhóirteadh agus mura bhfaigheadh sé ceann eile dhom go héasca déanfaidh mé ceirtlín de le leibhic."

"Ní raibh neart aige air. Lig dhó agus bhéarfaidh mise ceann eile dhuit."

"Ní ghlacfaidh mé uait é. Caithfidh an sneáchán a dhóirt é é a thabhairt dhom. Pionta ar íoc mé scilling gharbh, phlucach air agus gan striog fhéin bainte as. Mura líonfaidh sé an pionta sin go beo déanfaidh mé cac ar leicín de le smeadar idir an dá shúil."

Níorbh ait leis an óstóir achrann dá laghad a tharraingt mar bhí sé ag déanamh airgid as éadan.

"Balbhán bocht gan éisteacht atá ann, créatúr ar leag Dia lámh air, agus ná bac leis in ainm Dé. Seo pionta dhuit," arsa an t-óstóir ag seachad pionta don fhear mór.

"Coinnigh do phionta," deir an fear mór. "Nuair a gheobhas mise pionta uaitse íocfaidh mé air. Caithfidh an sramacháinín a dhóirt mo phionta é a líonadh aríst nó ní fhágfaidh sé an teach seo beo. Balbhán mo léan! Nach bhfuil a leithéid ag dul ar fud na tíre faoi láthair – balbh agus bodhar agus caoch? Cá bhfios dúinne nach spiadóir atá ann ach socróidh mise é mura nglaofaidh sé ar phionta dhom. Nach raibh an diabhal ag éisteacht le chuile fhocal a tháinig as mo bhéal ó tháinig sé isteach? Duine uasal mo léan!"

Bhí an fear mór le cois. Chasfadh sé rud ar bith dá tháire nó dá éagóraí leis an mbalbhán le sásamh a bhaint amach an t-am sin. Bhí an strainséara beag i dteannta. Thosaigh sé ag criothnú agus ag oibriú a lámh nuair a bhuail an spadhar an fear mór. Ach nach raibh rúscaire a raibh a dhá oiread meáchain ann ag breathnú anuas air agus an chiotóg dúnta aige. Ní fhágfadh sé deoir ann le buille amháin. Nuair a tharraing an balbhán an leabhairín dearg amach leis an scéal a mhíniú ní dhearna an fear mór ach tosaí ag dradaireacht. Suas leis go dtí an doras agus dúirt nach gcuirfeadh sé cos amach thar an tairseach go bhfaigheadh sé pionta eile dósan.

Bhí an mhuintir eile chomh balbh le Balbhán Bocht Bhaile Átha Cliath mar bhí faitíos orthu smid a labhairt.

Ba suaimhní go mór fada an saol a bhí taobh amuigh. Bhí grian bhuí aoibhinn na Bealtaine ag cur géaga fada lonracha uaithi amuigh i gceartlár na sléibhte díreach mar a theastódh cos i dteannta uaithi ag dul faoi di. Bhí sí ag maisiú brat ór na haitinne, bhí culaith ghormbhuí aici ar an bhfraoch, bhí sí ag déanamh mínligh de na spalláin agus ag cur slachta agus slíocaíochta ar na tamhnacha thart timpeall.

Dá mbeifeá i do sheasamh an tráth sin taobh amuigh de dhoras an tí ósta, cúpla slat ón bhfear mór, d'fheicfeá seala fear siar fad t'amhairc uait ag déanamh ort ar a suaimhneas, ina gcúplaí. Bhí os cionn scór acu ann agus gunna ag chuile mhac máthar acu. Fir ligthe, ghéagacha a bhí iontu ar fad. Ní raibh duine acu gan claimhreach ach beirt nach raibh baol orthu an scór a bheith buailte acu. Le breathnú orthu déarfá nach sa tsócúlacht a bhí áit chodlata acu.

Sheasadar amuigh ar aghaidh an tí ósta, ach ní dheachaigh isteach ach cúigear. Ghlaoigh an ceannfort ar dheoch don chúigear acu. Bhí an fear mór thuas ag an doras agus é ag tabhairt faoin mbalbhán. Laghdaigh ar a bhfeirg aige beagán nuair a tháinig lucht na ngunnaí isteach. Ghlac an ceannfort trua don bhalbhán nuair a míníodh an scéal dó agus chuir an ruaig ar na bithiúnaigh bheaga a bhí ag fuireacht taobh amuigh go dtéadh an balbhán amach.

"Duine bocht é seo – fear ceirde de shaghas eicínt a ndeachaigh an bealach amú air – agus is cosúil gurb é an baile mór atá uaidh nó áit eicínt a bhfaigheadh sé obair ann," arsa an t-óstóir. "Agus ba mhór an grá Dia é dá spáinfeadh sibh an cosán dó trasna an tsléibhe agus é a chur ar bhealach a leasa ag imeacht daoibh."

Ní ar mhaithe leis an mbalbhán ar fad a bhí an t-óstóir ach faitíos roimh shiúite sa teach ósta agus go mbeadh sé fhéin thíos leis chomh maith le duine.

"Ní fhágfaidh sé an teach seo go gceannóidh sé pionta dhomsa tar éis an pionta ar íoc mé mo scilling nua air nach raibh ach i ndeireadh a teasa a dhóirteadh orm," a deir an fear mór.

Chuir an ceannfort scilling isteach i nglaic an bhalbháin i ngan fhios don mhuintir eile. Nuair a chonaic an fear mór an balbhán ag íoc ar an bpionta bhí sé sásta.

Níor tháinig meangadh ar cheannaghaidh bhrónach an bhalbháin ó tháinig sé isteach go dtí sin agus ba léir gurbh fhonn leis greamú do na saighdiúirí de bharr chineáltas an cheannfoirt. Ag imeacht dóibh d'ardaíodar leo é leis an mbealach a thaispeáint dó. Ba séacla é ina measc nuair a shiúladar leo. Ar deireadh thiar bhí sé fhéin agus an ceannfort.

Níorbh fhada gur bhuaileadar le trinse mór uisce. Ghlan chuile dhuine acu é gan stró ach an balbhán bocht. Bhí scáth air roimh an trinse mar níor chleachtach leis a leithéid. Thug sé ligean faoi dhó ach ní raibh sé de mhisneach aige truslóg a thabhairt thar an uisce. D'fhógair an ceannfort air éirí as agus timpeall a dhéanamh. Níor thug an balbhán aon aird air ach rinne an tríú iarracht. Síos leis go dtína chorróga san uisce agus mura dtagadh duine eicínt i gcabhair air go beo bheadh sé i gcontúirt a bháite. Ach rug an ceannfort air agus tharraing amach é.

"*Oh, blast it!*" a deir an Balbhán go hobann nuair a chonaic sé an bhail a bhí air.

Bhreathnaigh an ceannfort air. Tháinig alltacht ina shúile. Dhírigh sé béal an ghunna ar an mbalbhán bocht agus chuir piléar thrína chloigeann. Baineadh leagan as agus isteach leis ar chúl a chinn. Suas le scard uisce san aer. Scaip na miontonntracha barrchúracha amach ar chaon taobh.

Nuair a chuaigh an balbhán bocht agus an leabhairín dearg go tóin poill tháinig na bolgóideacha ina dtáinte go dtí an barr. Leathuair ina dhiaidh sin bhí an trinse ina chlár aríst.

Clann na Lachan Fiáine

Stopadh ní raibh ar an lacha ach ag síorghuardal thart agus ag grágaíl – grágaíl chomh brónach is a tháinig as gob éin ariamh. Bhí sí caol caite de bharr breithe agus goir. Gach a raibh aici ar an saol bhí sé caillte aici, agus gan an saol céanna in ann fóirithint a dhéanamh uirthi. Bhí a céad chlann imithe uaithi agus dearmad déanta acu uirthi. Síocháin ná foras ní raibh i ndán di. Dá mbeadh sé inti réabfadh sí agus stiallfadh sí ó chéile siocair a buartha. Ach nuair nach raibh, b'éigean di cuid dá brón a chur di le grágaíl, mar a ghníos máithreacha bochta eile le caoineadh nuair a chailltear nó maraítear duine dá gclann.

Uair an chloig roimhe sin d'oibrigh sí gach cleasaíocht agus gleacaíocht a gheall Dia di lena maoin shaolta a chosaint. Nuair a d'airigh sí an mada caorach ag codaíocht thart sciorr sí amach as a nead a bhí suite faoin mbruach, caite istigh sa tortán mór amuigh i gceartlár na ngiolcach – an nead ghleoite theolaí nach raibh beann aici ar shíon dá threise nó ar uair dá fheannaide. Cé eile ach máthair, a mbeadh grá an domhain aici dá clann, a phiocfadh amach áit mar é sin?

Bhí gaoth ropánta an earraigh ag déanamh tonntracha beaga ar bharr na ngiolcach os a cionn nuair a shodar sí léi ar an gcosán cam, caol a bhí déanta aici amach ón nead le buachaint ar a namhaid. Uair nó dhó thug sí cúlfhéachaint agus chuir cluas uirthi fhéin go bhfeicfeadh sí an raibh rud ar bith dá leanacht. Gíog ná míog ní raibh aisti go raibh sí ceithre scór slat ón nead. Ansin sheas sí agus chuir gráig dhána, dhúshlánach aisti fhéin.

Fuair an mada a boladh agus lean í.

Rith sí deich slat uaidh agus stop sí. Lig sí a sciatháin anuas le fána gur rug sé uirthi, beagnach. Thosaigh sí ag bualadh na sciathán in aghaidh an talaimh, ag déanamh amach go rabhadar briste agus nach raibh inti éalú uaidh. Lean sé aríst í, ise ag imeacht ón nead i gcónaí. Bhí sí dá mhealladh leis an ealaín agus leis an mbeartaíocht a bhíonn sa rud baineann i gcónaí. Uair amháin nuair a shíl sí go raibh fonn fillte air lig sí róghar di é agus bhain sé lán a bhéil de chlúmh aisti. Ach nuair a rinne sé iarracht smailc eile a fháil d'imigh sí uaidh. Lean sé aríst í agus níor chónaigh sí go raibh sí ceathrú míle ón nead. Bhí léi. B'fhearr stuaim ná neart. Bhí pleota déanta aici den mhada caorach. Suas léi san aer agus níor stop go dtáinig sí anuas díreach ar an nead.

Bhí Taidhgín Éamoinn ag breathnú uirthi.

Má d'imir sí ar an mada ní imreodh sí chomh héasca sin ar an duine. Chuaigh Taidhgín i bhfolach nuair a lean an mada caorach í agus níor bhain sé súil di ó d'éirigh sí san aer go ndeachaigh sí isteach sa nead. Fhad is bhí sí imithe amach thug sé an tortán mór faoi deara agus bhí tuairim aige gur ann a bhí an nead aici. Shíl sé éalú uirthi in aghaidh na gaoithe agus breith uirthi. Is beag nach raibh a lámh leagtha uirthi nuair a d'éirigh sí de phreib agus í chomh scanraithe is a bheadh coinín roimh easóg. D'oibrigh sí an chleasaíocht chéanna le cluain Mhuimhneach a chur ar an duine – an namhaid is mó a bhí ag a mianach. Rinne sí grágáil ard, bhagrach le suntas a tharraingt uirthi fhéin. Tháinig sí i bhfoisceacht deich slat dó. Bhí sí go bocht, chuile chnámh ina colainn briste!

Ba bheag aird Thaidhgín uirthi. Nach raibh lán na neide d'uibheacha gorma ar a aghaidh amach. Chomhair sé iad. Ar éigean a chreid sé a shúile. Bhí dhá cheann déag acu ann. Chuir sé dúil iontu. B'fhonn leis cuid acu a dhiúl. Chuir sé isteach san uisce iad. Bhí éan i ngach ubh acu ach ceann amháin. Isteach leo ina chaipín agus abhaile leis, é fhéin agus an mada caorach.

Tháinig an bardal chuig an lachain dúchroíoch. Thagadh sé chuici an t-am sin chuile lá ó thosaigh sí ag gor agus theidís amach ag soláthar baoití agus seilmidí thart le cladach. Ní raibh sa nead rompu anois ach ubh amháin: an glugar a d'fhág Taidhgín ina dhiaidh. Leag an bardal a ghob air agus fuair boladh an duine as. Dhearc sé timpeall ach chinn air cosúlacht aon uibhe eile a fheiceáil in áit ar bith ach blaoscracha na n-ubh a dtáinig ál na bliana roimhe sin astu. Níor bacadh leis an nead. Bhí Taidhgín ag súil go mbéarfadh sí ansin aríst. Bhí na cleiteacha agus an fhiontarnach ann a tharraing an bardal ag cúpláil dóibh dhá mhí roimhe sin, agus an clúmhach a tharraing an lacha as a brollach fhéin le barr teasa agus teolaíochta a chur sa nead, nuair a d'airigh sí fonn clainne ag teacht uirthi fhéin. D'éirigh leo an bhliain roimhe sin thar barr. Thaitnigh an t-uaigneas agus an t-aduantas leo. Bhí an t-uisce agus an latarnach buailte orthu. Bhí gach cóngar acu ann, ach ál ní ligfeadh sí amach ansin aríst choíche. Rinne an duine amach í, rinne sé feall uirthi. Thuig an bardal an scéal agus rinne trua léi.

Ach dá mhéad é brón agus buairt na lachan ní lú de ríméad deartháireacha agus deirfiúracha Thaidhgín. Nach mbeadh ál lachan acu i gceann coicíse, nó b'fhéidir roimhe sin. Ní raibh a fhios acu go baileach an tráth a dtiocfaidís amach ach bheidís acu, agus aon cheann déag acu! Ach an oiread lena gclann shílfeá nach raibh Éamonn Thaidhg Mhóir agus a bhean fhéin gan ríméad.

Mura mbeadh máthair ag clann na lachan bheadh leasmháthair acu, nó ba chrua an cás é. Chuartaigh Taidhgín gach teach i mBaile an Ghleanna an tráthnóna sin le lacha ghoir a fháil. Ceapadh gurbh í ab fhearr a chuirfeadh slám ar na dílleachtaí, a raibh mianach an aeir agus an tsléibhe agus an locha iontu. Chuile mhianach faoin domhan ach mianach an sciobóil agus an ghairdín a bhí i ndán dóibh. Chuartaigh sé Baile na Móna ag teacht abhaile dó, ach ní raibh lacha ghoir le fáil ar ór ná airgead.

Cearc a frítheadh − cearc bhuí, phlucach a bhí acu fhéin sa mbaile. Sea, cearc an leasmháthair a bheadh ag clann na lachan fiáine. Ní bheadh a fhios acu, b'fhéidir, nárbh í a máthair dhílis, dhlisteanach fhéin í. Dhéanfadh sí á gcosaint lena gob cam, teann, agus dhéanfadh sí soláthar agus tochailt dóibh lena crúba.

Ocht lá thíos na huibheacha nuair a scolbadh iad. Bhí éan beo in gach ceann acu. Níor thúisce sceamh na huibhe briste ag éanacha an locha nuair a d'fheicfí cuma an fhiántais orthu. Bhéarfaí faoi deara é leis an léimneach a bhíodh acu taobh istigh sa mblaosc − go deimhin, is beag nach shílfeá go n-éalódh chuile cheann acu ar nós an tseilmide agus a theachín fhéin ar a dhroim aige! − agus bhí an fiántas sa ngíogáil a chuiridís astu san oíche. Rachaidís i bpoll an chlaí ón duine le scanradh agus scáthmhaireacht. Agus ar mhilleán orthu é? Nárbh é a ndeargnamhaid é? Nár mheasa é ná an seabhac agus an easóg agus an snag breac agus préachán na gcearc fhéin? An raibh éan nó ainmhí dá amplaí nach bhfágfadh ubh ná éan ina dhiaidh as aon cheann déag? Ach an duine, ní fhágfadh seisean a ndath dá bhféadfadh sé!

Bhí na feithidí beaga bídeacha chomh crua leis an miotal. Ach nach iomaí uair a sínfí lámh chucu sula mbeidís réidh le haghaidh an mhargaidh! Sea, an margadh a bhí i ndán dóibh.

Bheadh trácht agus cuimhne ar lá an mhargaidh sin – an lá a bhfaigheadh Nóirín an bhabóg phlucach chatach; Páidín, an gunna beag a bpléascfadh sé cloigne na gcipín leis; Séamas, na milseáin fhada chaola dhubha, a dhéanfadh é a smearadh siar go dtí na chluasa; Peigín, an paidrín bán a bheadh aici le haghaidh a cuid paidreacha ag gabháil a chodladh di chuile oíche; agus Máirtín, an báire ildathach a mbainfeadh an camán torann bodhar as amuigh ar an léana. Is ar éigean a gheobhadh Taidhgín rud ar bith ach b'fhéidir gráinne tobac. Bhí sé rómhór.

Ach is ar Nápla a bhí an t-airgead is mó socraithe. Chaithfeadh sise culaith bhán a fháil ag gabháil faoi lámh easpaig di. Bheadh na lachain díolta coicís, nó, b'fhéidir, trí seachtainí roimh Dhomhnach an Easpaig agus bheadh Nápla ar na cailíní ba gléasta agus ba galánta ag teach an phobail an lá sin. Bhéarfaí aire dháiríre do na dílleachtaí. Mura ndéanfaí le cineáltas é déanfaí le grá do na féiríní é. Bhéarfaí fataí, neantóga briste, brúite, mín bhuí agus gach beadaíocht dá thaitneamhaí dóibh i gcaoi go mbeidís ar na lachain ba raimhre agus ba shlachtmhaire ar an margadh. Dhéanfaidís béile blasta, neamúil do dhaoine ar fónamh.

Chuaigh muintir an tí chun láíochta leo. Rinneadar gach saghas peataíochta orthu. Ach ní go maith, shílfeá, a thuig éanacha an fhiántais an cineáltas céanna. Is beag nach gceapfá gurbh fhios dóibh nach ar mhaithe leo é. Ach b'fhéidir go mba treise dúchas ná oiliúint. Níorbh fhurasta na tréithre a bhí ag rith leo leis na cianta roimhe sin – an coimhthíos, an sceiteacht, an mhí-mhuinín as an duine, an grá don uaigneas agus don fhiántas – a ruaigeadh astu in imeacht cúpla seachtain.

Lá mór báistí nuair nach rabhadar ach trí seachtainí d'éirigh leo imeacht as a ngéibheann agus isteach leo i lochán mór. Lean a leasmháthair iad go bruach an uisce. B'éigean di stopadh ansin.

Thaispeáineadar don saol nach raibh inti ach leasmháthair, gur mianach eile ar fad a bhí inti, gan scamaill, gan snámh. Thosaigh sí ag grágaíl. Chuala muintir an tí í, ach má chuala fhéin, a ndúshlán breith ar chlann na lachan fiáine. Síos leo faoin uisce. D'éiríodar in áit eile. Síos leo aríst. Bhíodar ar a ndúchas anois gan beann acu ar namhaid dá ghlice nó dá fealltaí. B'fhearr leis an aos óg saor iad. Nach raibh spórt an domhain acu astu.

Leathlá saoirse mar sin acu go ndeachaigh an t-uisce síos agus fágadh i ngreim sa bpuiteach iad, gan brí gan éifeacht, ar nós Oisín tar éis a theacht abhaile as Tír na hÓige dó. Locadh iad agus rugadh orthu. Gortaíodh dreoilín an áil – lacha bheag Nóirín lena gceannófaí an bhabóg phlucach – agus cailleadh í. Neartaíodh an géibheann timpeall orthu agus cuibhreach ní bhogfaí orthu go lá a ndíolta.

Is gearr gur thosaigh na dílleachtaí ag teacht chucu fhéin. Ba mhilse leo bia na muirthine agus an léana – an gearradh gabhlóg, an seilmide, an ghrugaill, an eangailt, an spid neanta – ná bia mínádúrtha an tí. Agus thagadh gearrghionach orthu nuair a caití baoití chucu.

"Iogán Mór" an ceann ba mhó; bardal fada, místuama a bhí ann. Ba le Nápla é fhéin agus "Alpaire" agus "Basachán," dhá bhardal eile. Tugadh "Gob Buí" agus "Boilistín" do Pháidín; "Sromachán" agus "Fáinne Bán" do Shéamas; "Lapóigín" agus "Faiteachán" do Pheigín. Fágadh "Scráideoigín," an ceann ba lú, ag Nóirín. Bhí cion an domhain aici air gur thosaigh clúmhach a chloiginn ag éirí glas agus slócht an bhardail ag teacht air. Lacha a shantaigh sí agus rinne malairt le Séamas.

Ní raibh cur síos ar an ngliondar a bhíodh orthu chuile lá bearrtha mar bhíodh deis acu breith ar na lachain. Taidhgín a ghníodh an diogáil. Bhearradh sé barr na sciathán le deimheas ar fhaitíos go n-éalóidís.

Bhí clann na lachan fiáine ag éirí trom, toirtiúil chuile lá. Bheidís réidh ní ba thúisce ná a ceapadh dóibh. Is gearr go mbeadh lá an mhargaidh ar fáil, agus gúna galánta Nápla, agus paidrín Pheigín agus na féiríní ar fad. Agus i dteannta sin bhéarfaí beirt acu, ar a laghad, go dtí an baile mór lá an mhargaidh i gcarr an mhúille. Nárbh aoibhinn dóibh! Agus nach iomaí balachtáil agus spórt a bhí le fáil as clann na lachan?

Bhí gach stócáil déanta, beagnach, nuair a tháinig scéal go raibh ceannaitheoir le teacht as an mbaile mór le sicíní agus gach cineál lachain ar fónamh a cheannacht. Scéal é a raibh fáilte roimhe ach ag an aos óg amháin. Ní fhéadfaidís-san dul chuig an mbaile mór agus ba mhór an babhta orthu é. Cheap dhá cheann an tí go mb'fhearr an margadh a dhéanfaí sa mbaile. Ní bheadh an ceannaitheoir chomh teanntásach is a bheadh sé sa mbaile mór, agus bheadh muintir an bhaile ag cuidiú leo le margadh maith a dhéanamh. Agus mura sásódh an ceannaitheoir iad d'fhéadfaí na héanacha a thabhairt go dtí an baile mór. Rud eile, ní bheidís faoi chaitheamh.

Níor tháinig an ceannaitheoir an lá a ceapadh dó. Bhíodar ag súil leis gach tráthnóna. Theidís suas an charracáin agus ar chriogáin go bhfeicidís an raibh cosúlacht ar bith air fhéin ná ar a charr fad amhairc uathu. Mura dtiocfadh sé roimh an Satharn bhéarfaí na lachain ar an margadh mar dá gcoinnití níos faide iad ag titim siar a bheidís. Agus bhí lá a mbearrtha imithe thart agus níor bearradh iad.

Tarraingt ar lá an mhargaidh tháinig cuid de mhná an bhaile ag breathnú ar na lachain. Ba ghnás é, lena meas agus an oiread seo airgid a leagaint orthu. Ba chainteach, ardghlórach na mná iad. Scanraíodar éanacha sceiteacha an aduantais. Rith na lachain leo siar an gairdín. Rinneadh iarracht breith orthu. Scaradar amach na sciatháin nár bearradh le cúpla seachtain, agus suas leo san aer. Thugadar a n-aghaidh ar an uisce agus níor thuirlingíodar go rabhadar amuigh i gceartlár an locha, áit a raibh a n-athair agus a máthair agus a gcuid gaol. Ach níor aithnigh an mháthair a clann ná an chlann a máthair.

Chuaigh an chearc bhuí phlucach ar ais ag a muintir fhéin.

Costas an Ghiorria

Ba phlimp thoirní, beagnach, le Tadhg Phádraic Thaidhg an torann millteach a rinne geata mór an phríosúin nuair a dúnadh é a thúisce is a bhí a shála taobh istigh den tairseach. Chraith sé an áit thart timpeall air, dar leis. Facthas dó a líofa is a dhún an geatóir amach é. Shíl sé go raibh díocas ar an ngeata mór fhéin a mhire is a chas sé timpeall, óir nuair a rinne seisean iarracht dearcadh amach ar a bhean a tháinig taobh amuigh ina dhiaidh, chuaigh an geata mór sa solas air agus chinn air léas ná léargas a fháil uirthi. Bhí a fhios aige gurbh iomaí duine a ndearna an geata sin an cleas céanna air le céad bliain roimhe sin, agus daoine nár chall a ligean amach, cuid acu. Níor tugadh cead meirge dó ariamh. Coinníodh neart bealaidh air lena dheifriú idir an duine agus an tsaoirse a thug Dia dó. Is minic a chuala Tadhg áibhéil faoi rud a bhí "chomh láidir le geata mór an phríosúin" agus faoi fhir "a tharraingeodh geata mór an phríosúin as na fréamhacha" ach níor thuig sé brí na cainte sin ariamh go dtí an lá sin.

Ar éigean na boltaí bainte dá lámha nuair a chuir sceartachán d'eochróir scread as – "Cas deiseal!"

Tuathal a chas Tadhg agus thosaigh ag déanamh ar an ngeata mór, agus an tsaoirse. Chuir mo dhuine uaill eile as, lean sé Tadhg agus rug ar ghreim uillinne air.

"Seas! Seas, a leibide! Cé nach bhfuil a fhios agat lámh do choisreacain. Cas deiseal! Ar aghaidh!"

Agus an balla! Dá airde é taobh amuigh b'airde faoi dhó é taobh istigh, mheas Tadhg. I dteannta sin ba mhíne agus ba shleamhaine é i gcaoi nach mbeadh deis ag créatúr ar bith éalú as. Cheap sé nach bhféadfadh rud faoin domhan an balla sin a ghlanadh ach amháin an t-éan. Ba mhinic ag gabháil ar an margadh dó, ghlac sé trua don mhuintir a bhí cuibhrithe taobh istigh de, ach nár dhuine díobh é fhéin anois agus b'fhada amach uaidh fear a thrua ná fear a chúnta? Agus, a Dhia, nárbh fhánach aige a bheith ag súil le cineáltas ná carthanas ann, agus an liú a chuir an smearacháinín sin as faoi dhó gan fáth ná ábhar!

A luaithe is a bhuaileadar geata eile chuir an carracháinín béic eile as. Nuair a sháigh sé an eochair sa nglas dhearc Tadhg go grinn air. Feairín cromshlinneánach cuasmhuineálach a bhí ann, gaisceoirín a d'fhéadfadh sé a ardú leis ina leathlámh dá dtograíodh sé é. Bhí an croiméal mór, leathliath a bhí air ag liobarnaíl anuas, croiméal a rinne comharsanacht le cúr an phionta corruair, de réir cosúlachta. Ach mura raibh cumas cnámh ann bhí cumas eochrach aige agus cé d'fhéadfadh "hata bán" a rá leis taobh istigh de na ballaí móra sin?

Taobh istigh den darna geata sin thug Tadhg faoi deara an focal *RECEPTION* scríofa ar bhalla an halla ina litreacha móra, suntasacha. B'fhios dó gur minic a cuireadh fáilte roimh dhaoine a scaoileadh amach as an bpríosún ach ní raibh a fhios aige gur cuireadh fáilte ariamh roimh dhaoine a sacadh isteach ann. Bhí tuairim aige nárbh "Fáilte Uí Cheallaigh" í an fháilte sin. Ach fáilte nó doicheall is ann a chodlódh sé an oíche sin, boltaí is glasaí is eochracha ar chuile thaobh de.

"Caith dhíot do bhróga go beo agus fág taobh amuigh den doras sin iad agus isteach leat sa seomra sin," a deir an t-eochróir leis.

Chas sé an glas sa doras agus d'imigh leis.

Shuigh Tadhg ar an stóilín crua giúsaí agus thosaigh air ag smaoineamh ar chúrsaí an lae sin. Bhí sé ag breathnú scéiniúil, scanraithe. Arbh ionadh é? Nach raibh sé tar éis drochbhuille a fháil. Luigh an dlí go tréan air. Ceart go leor bhí sé ag ceapadh go gcuirfí éiric throm air ach níor smaoin a chroí ar cheithre mhí príosúntachta. Ba mhí-ádhúil an Lá Samhna dó é an lá sin agus ba bhrónach an Lá Nollag a bheadh aige. Is daor a bheadh an giorria a mharaigh sé ar Dhúiche an Bhlácaigh, agus an gunna a bhí aige gan cead, saothraithe aige Lá Márta. Ach is iad na mionna éithigh a thug fear cosanta na n-éan – gur dhírigh Tadhg Phádhraic béal an ghunna air nuair a lean sé é – a chríochnaigh ar fad é. A bhean agus a chlann is mó a bhí ag cur air agus gan gair aige scéal a chur chucu ná scéal a fháil uathu go ceann dhá mhí. Sin é díreach a bhí ar an bhfógra a bhí crochta ar an mballa os a chionn.

Ní na míonna a bhí amach roimhe a thosaigh sé a chomhaireamh ach na laethanta. Timpeall sé scór laethanta a chaithfeadh sé taobh istigh de na ballaí arda, dá dtiocfadh sé amach beo as chor ar bith. Shílfeá nár chumasach a chruthaigh an dlíodóir a bhí aige dó. Is beag nach gceapfá gur thug an dream eile síneadh láimhe dó, a réidhe is a ghlac sé an cás. B'fhearr dó dá uireasa, b'fhéidir, agus is maith a d'íoc sé é.

Tháinig an suipéar. Bhí ocras air agus ní raibh. Murach an imní bheadh gearradh ocrais air. Ach cé d'fhéadfadh cócó fuar, leamh, a raibh blas an phota air, a ól? Agus an builín! D'fhéadfadh cóiste mór Bhianconi a dhul ina mhullach gan feanc a bhaint as! Fiacail fhéin níor chuir sé ann. B'fhios dó an oíche sin nach raibh focal amháin áibhéile in "Amhrán an Phríosúin":

Thagadh triúr acu leis an éadáil
’Gus lán mo bhéil síos i *saucepan* cáirt,
Braoinín bainne a raibh dath an fhéir air
’Gus an ní sin fhéin ba mhaith liom ’fháil;
Unsa "sambó" d’fhághainn ar maidin,
Ag a haon a chlog aon ghreim amháin,
’Gus a Íosa Críost, nár chaillte an ní sin
Don té chleacht fuílleach sul má chuaigh sé ann.

Mar sin fhéin caithfidh sé nach raibh sé ar fónamh óir ba í an chéad uair í leis na blianta nach raibh caitheamh a chodach ann.

Luigh sé ar a leaibín, ar an adhmad crua fuar, ach chinn air aon chodladh ar fónamh a dhéanamh. An imní agus an t-uaigneas bradach sin aríst: torann na n-eochrach ag gabháil síos agus suas thar dhoras a chillín chuile nóiméad, an áit choimhthíoch, mhínádúrtha, agus boladh aisteach an éadaigh leapan.

Dá mba sa mbaile a bheadh sé is thoir i mBaile an Gharráin a bheadh sé, ag imirt chártaí an tráth sin. Ach ina theach fhéin a bhí lucht na gcártaí an oíche sin, cheap sé. Thiocfaidís ann le trua a dhéanamh lena bhean agus lena chlann. Bhí chuile dhuine acu os a chomhair amach. Níor stró air samhail a dhéanamh dó fhéin orthu go léir: Máire Phaits Shéamais, Páid Sheáin Dhiarmada, Eibhlín Tom Cháit, Bríd Rua, na Breathnaigh, Muintir Chadhain, Clann Dhonnchadha, muintir Mhurchadha, agus Riocard na Stalach. Bheadh cuid acu ag caint faoi fhabhar a dhéanamh dó: litir a scríobh chuig an Linnseach, an Feisire, le labhairt ar a shon. Bheadh caint faoi mheithleacha ann, freisin. Ach céard a bhí le déanamh aige ach glaicín fhataí a bhaint agus an coirce agus an chruithneacht a bhualadh agus píosa athscoilteacha a rómhar. Ní bheadh faic le déanamh ansin go dtí an fhuílligh – aimsir churtha na cruithneachta. B'fhéidir dóibh a bheith básaithe i bhfad roimhe sin i ngan fhios dó, b'fhéidir. Ó nár chrua an dlí é ar chuile bhealach!

Ina leathshuan a chaith sé an chuid is mó den oíche sin. Shíl sé go bhfaca sé an dlíodóir agus daoine móra eile ag déanamh fabhair dó ar chuile bhealach, ach dhúisigh torann na n-eochrach agus coisméig an fhir fhaire é. Thaitnigh an bhrionglóid leis thar cionn ach ba í a locht a ghiorracht is a mhair sí.

An mhaidin ina dhiaidh sin b'éigean dó an chulaith cheanneasna, nár chuir sé air ariamh go dtí lá na cúirte, a chaitheamh de agus culaith shuarach an phríosúin a tharraingt air fhéin. Chuir sé seo "Amhrán an Phríosúin" i gcuimhne dó aríst:

> Gléasadh suas mé i gcuithlín shuaraigh,
> Caipín cluasach agus casóg ghearr,
> Péirín bróga den tseandéanamh tuatach
> Nach raibh iontu ach poll amháin.

Bhí réalt ar mhuinchille a chasóige mar chruthú nach raibh sé sa bpríosún ariamh cheana agus ní fhaca sé fear réaltan ar bith eile ag briseadh na spallaí an lá sin ach é fhéin. Ina aice sin tugadh áit faoi leith dó agus níor ligeadh in aice an dreama eile é ag gabháil isteach ná amach dó.

Bhí an tubaiste ar na clocha céanna mar ba clocha eibhir agus clocha cormaic ar fad iad. Is gearr gur thosaigh trálach ag teacht air mar nár chleachtach leis an obair sin. Ach ní raibh gair aige scíth nóiméid amháin a ligean óir chuala sé an t-eochróir – an fear géarshúileach a bhí istigh i lár báire – ag cur a shainliú as: "Coinnigí ceol na gcasúr ar siúl." Ach b'fhéidir go n-éireodh leis imirt ar an eochróir ar nós an dreama eile tar éis scaitheamh a chur de ann. Mheas sé, ar ndóigh, go bhféadfadh sé beagán ama a chaitheamh ag séideadh an chúir den deoch uisce ionann is nárbh é a bhí ann agus ealaín eile den tsórt sin chomh maith leosan! Ach ní raibh trua sa domhan ach nach dtáinig Fáilte an Aingil chuile uair a bhain an clog! Dhéanfadh chuile mhac máthar acu guí fhada chráifeach!

B'fhada leis an lá sin ag gabháil thart. Murach an t-ocras agus an t-uaigneas ní bheadh basctha de. Ag siúl isteach dó tráthnóna shíl sé go raibh a bholg buailte ar a dhroim bhí sé chomh lag sin. Agus nach gearr a rachadh "braoinín bainne a raibh dath an fhéir air" ar fhear mór eascarthach?

Rinne sé na laethanta a chomhaireamh aríst an oíche sin. Ní raibh roimhe amach anois ach 119. Mar a dúirt an spealadóir nuair a bhí an chéad bhá sa bpáirc ar lár aige: "Níl ach cuid den obair le déanamh agam". Ach fainic nach raibh na sé scór fhéin roimhe? Nach mbeadh lá le cois i Mí na Féile Bríde an bhliain seo chuige? Dia dá réiteach bhí sé chuile orlach chomh dona is a bhí sé nuair a dúnadh an geata mór air agus an lá céasta, cráite a bhí curtha isteach aige! Ach ní chomhairfeadh sé aríst iad go ceann coicíse nó trí seachtainí, mar bheadh sásamh eicínt aige ann ansin.

An lá ina dhiaidh sin athraíodh go háit eile sa bpríosún é. Thaitnigh an t-athrú sin leis. Bhí tnúthán aige le cillín sa taobh ó dheas – an taobh ba chóngaraí dá bhaile fhéin, an áit a raibh Riocard Mháire Mhór cúpla bliain roimhe sin. Chloisfeadh sé an traein ag gabháil isteach agus amach chuile mhaidin agus chuile oíche. Chloisfeadh sé na carranna gach aon lá margaidh is na beithígh is na caoirigh is na bromaigh gach aon lá aonaigh. Bhí a fhios aige chuile lá sa mbliain a mbeadh aonach sa mbaile mór: Lá Fhéile Bríde, Lá Fhéile Muire, Lá Fhéile Peadair is Póil, Lá na Faiche, Aonach Mór Chnoc an Doláin agus chuile cheann acu.

Agus nach minic a chuala sé gur aithin Riocard Mháire Mhór an ghéim a chuir bó bhradach na bhFlaitheartach aisti – an bhó mhaol, dhubh arbh éigean dóibh a dhíol – ag gabháil isteach thar an Droichead Mór di.

Is gearr go raibh a fhios aige go raibh sé san áit ba mheasa ar fad: thíos le cothrom talúna sa taobh ó thuaidh, áit nach bhféadfadh sé torann dá laghad a chloisteáil ach torann bodhar an mhuilinn mhóir agus b'fhéidir corr-scread ón traein. Ghlac díomá agus míshástacht é, gan gair aige an scéal a leigheas. Ar ceapadh seoimrín chomh dubh doicheallach leis ariamh? Nár chinn ar an ngréin agus ar an ngealach a theacht isteach ann? Agus ar éigean a tháinig ceachtar acu isteach ann ariamh.

Bhí an t-uaigneas marfach, easpa caidrimh agus easpa comhrá ag déanamh na tubaiste air. Ba mheasa an t-uaigneas ná a raibh ann ar fad de phionós. Dá mbeadh ortha an uaignis aige nach é nach gcuirfeadh ag obair é! Ach cén chaoi ar sheas Riocard Mháire Mhór an t-uaigneas chor ar bith? Nó cén chaoi ar chuir sé isteach trí ráithe ann? Thug sé suas do Riocard é.

Ag tarraingt ar dheireadh na míosa sin tháinig brúisc mhór phríosúnach isteach. Feilméaraí a mbunáite, daoine a thug bóthar agus bata do bhulláin na mboc mór leis an talamh a bhaint amach dóibh fhéin. Cúpla lá ina dhiaidh sin thosaigh príosúnaigh ag teacht isteach ann as éadan ó na contaetha eile ag gabháil faoi dhéin an bhreithimh sa mbaile mór. Dá leanfadh dóibh shíl Tadhg gur gearr go mbeadh ballaí an phríosúin druidte.

Ach níor chinn ar Shasana ariamh aíocht a thabhairt dá lucht cuairte agus is gearr a athraíodh seala mór príosúnach síos go hionad eile sa bpríosún le áit a dhéanamh don dream nua. Ní fhaca Tadhg an t-ionad nua sin ó thainig sé isteach agus b'fhada a bhí príosúnaigh ann cheana de réir cosúlachta. Ar éigean a bhí seomra ar bith folamh. Is iomaí seomra a raibh beirt ann den mhuintir nár teilgeadh fós agus a raibh a gculaith fhéin orthu.

Mheas Tadhg go mba mhór an feabhas ar an tseanáit an seomra nua a tugadh dó. Bhí sé thuas i mbarr an tí san áit ba ghaire dá bhaile fhéin, cheap sé. Thaitnigh an áit leis, murach an t-uaigneas. Bhí an oiread sin meáchain caillte aige le huaigneas agus ocras gur ordaigh an dochtúir go dtabharfaí leamhnacht le cois dó chuile lá. Mhéadaigh sin ar an tsástaíocht aige beagán. I dteannta sin chuala sé na carranna ag gabháil isteach agus amach. D'aithin sé torann chuile chairr a bhí ar a bhaile fhéin – buillí na n-acastóirí, gliogarnaíl na mboltaí agus eile – agus níor bhaol nach rachadh chuile cheann acu ar an margadh corruair agus cuid acu an Satharn ina dhiaidh sin, b'fhéidir. Ar ndóigh, chaithfidís gabháil ann "ag ceannacht na Nollag" mar a chuadar chuile Shatharn Nollag ariamh. Agus nach mór an comhluadar dó iad!

Chuile lá ariamh bhí sé ina mhochóir ach an Satharn Nollag sin chinn air aon chodladh a dhéanamh ón ceathair a chlog. Bhí cluas air ag tnúthán le cairrín asail Labhráis Shiosailí, mar bhí a fhios aige nár lig Labhrás maidin Shathairn thairis leis na blianta, bíodh sé ina shoineann nó ina dhoineann, gan a theacht ar an margadh le seift eicínt.

Tháinig na carranna roimh an lá. D'airigh sé iad sula dtáinigeadar i bhfoisceacht trí chéad slat den phríosún. Tháinigeadar ina gcúpla agus ina mbrúisceanna fhéin, de réir an torainn a rinneadar. Chuala sé an ghrágáil a rinne na géabha ag dul ar an margadh dóibh, ach chinn air déanamh amach go barainneach an raibh cairrín asail Labhráis Shiosailí orthu. An sioc, macalla na habhann agus an áit choimhthíoch a chuir amú é – thugadar torann eile ar fad don charr. Agus níor bhaol nár cuireadh bealadh ar an acastóir faoi chomhair an bhóthair an lá sin, agus d'athraigh sé sin an buille, freisin. Mar sin fhéin bhí sé beagnach cinnte gur chuala sé fear eicínt ag rá, "Fág sin amach! Fág sin amach, a deirim leat!", agus gan amhras b'in í caint Labhráis Shiosailí leis an asal.

Ach bhí sé cinnte faoi rud amháin: traein na maidne a tháinig isteach óna pharóiste fhéin. Chuala sé an tsian ghéar, fhada a chuir sí aisti ar bharr an Droichid Mhóir di. B'eol dó díreach an t-am a dtiocfadh sí isteach agus bhí a fhios aige go raibh sí lán de mhná agus de pháistí agus aithne aige ar a lán acu. Bhí sí lán de chléibhíní agus de chiseáin, freisin, "leis an Nollaig a iompar abhaile". Níl amhras nach raibh a bhean fhéin sa traein sin agus Pádhraicín, an mac ba shine leis, in éindí léi. Bheadh sé fhéin ar an margadh an lá sin, freisin, murach . . . Tháinig tocht cumha air agus thit cúpla deoir ar an máilín a bhí aige dá fhuáil ar a ghlúin. Ar bhealach b'fhearr leis gan a bheith ag cuimhneachtáil air chor ar bith ach chinn air é a ruaigeadh as a chloigeann. Agus nár d'fhonn na carranna agus an traein a chloisteáil ba mhian leis a bheith san áit sin den phríosún?

An lá sin, tar éis a theacht isteach ó áit na spallaí dó, thug sé faoi deara go raibh an cillín a bhí aige ag scairteadh le gréin an gheimhridh. Tháinig sí isteach ina géaga agus ina ladhracha idir na bioranna iarainn a chuir an duine ina bealach. Chuir loinnir na gréine sin slacht agus maise ar chuile rud sa gcillín. Mheas Tadhg go raibh cairde dó ag guí ar a shon nuair a athraíodh é ón áit nach bhfaca grian ná gealach ariamh. Tháinig cineál aiféala air nuair a thosaigh sí ag dul faoi mar is isteach óna thír fhéin a bhí sí ag teacht, an ghrian chéanna a bhí ag scairteadh ar na garranta agus ar an loch in aice a thí fhéin sula dtéadh sí i dtalamh amuigh i gceartlár na sléibhte.

Nuair a sheas sé ar an stóilín go bhfeicfeadh sé an ghrian, an caor lasrach álainn sin, sula n-imíodh sí ó léargas air an tráthnóna sin, céard a bheadh ag piocadh amuigh faoin sceach chuilinn ar aghaidh na fuinneoige ach londubh agus spideog?   Chuir an t-amharc sin maol áthais ar a chroí. Ní fhaca sé a leithéid ó tháinig sé isteach sa bpríosún. Agus níor cheap sé go raibh a leithéid in aon phríosún ariamh. Ba chosúil londubh an ghoib bhuí sin leis an éan a chonaic sé ag piocadh cuid na gcearc sular fhág sé an baile. Agus cárbh fhios nach thuas sa gcoilleog ard in aice a thí fhéin a ligeadh amach é? Ach b'iontach leis an áit a dtáinig an péire acu ag tóraíocht bia – an áit ar tugadh ocras don duine!

Thosaigh sé ag éirí beagán cineálta ar an gcillín. Ach an cion a bhí aige air nó faitíos a bhí air go n-athrófaí as é? Níor thug an cillín sin leath an oiread trioblóide dó agus a thug an ceann eile. Ba mhó, ba dheise agus ba ghile é ar chuile bhealach, cé go mba láidre faoi dhó an géibheann air. B'fhurasta é a choinneáil glan agus tar éis a nite is beag nach mbearrfá thú fhéin i gcláir an urláir, a shlíoctha, líofa agus a bhíodar. De réir cosúlachta ba bheag an caitheamh a tugadh don urlár sin ariamh.   Is beag nach préachtaíodh san áit eile é, ach sa gcillín seo bhí sé beagnach chomh compordúil is a bheadh sé sa mbaile, murach an t-uaigneas céasta.

B'iontach an teas a bhí as na píopaí a chuaigh trasna an bhalla in aice na fuinneoige agus bhí tuairim aige nárbh fhada é ó thine mhór. Bhí sciorta den ádh air agus a leithéid a fháil. Fabhar a rinneadh dó, b'fhéidir? Murach an t-uaigneas ní bheadh basctha de.

Is gearr gur mheas sé go mba chúis éadóchais an seomra deas sin, go mba mhór le daoine eile dó é. Bhí príosúnach amháin ann agus ní raibh uair dá bhfaigheadh sé deis nach mbíodh greim dúdáin aige ann fhéin agus banlámh dá theanga amuigh mar a bheadh duine eicínt dá thachtadh. An rud a dhéanfadh sé le

Tadhg nuair a gheobhadh sé an deis de bharr an tseomra theolaí sin a fháil? Bhíodh straois gháire ar phríosúnach eile ag magadh faoi Thadhg, ach bhí a fhios aige go mba buachaillí báire as an mbaile mór an bheirt acu agus níor bhac sé leo.

Bhí tnúthán aige le beatha faoi leith Lá Nollag, ach siad na béilí céanna, gan athrú ná blas, a tugadh dó: an t-arán crua agus an cóic dubh lena bhricfeasta, an póirín agus an fata mór lena dhinnéar, iad istigh in eangach, agus chomh sleamhain leis an ngallaoireach agus gan aon rud leo ach ainm anraith.

Tháinig uaigneas agus cumha air nuair a chuimhnigh sé ar an dinnéar a bheadh acu sa mbaile an lá sin agus an spórt a bheadh aige ag fiach le Captaen – an mada dílis, suáilceach sin a bhí ag caoineadh ina dhiaidh agus nach n-aithneodh é, b'fhéidir, nuair a d'fhillfeadh sé ar ais. I dteannta sin bhí faitíos air nach n-íosfadh a bhean greim an lá sin ach ag déanamh cumha agus ag caoineachán agus ag cuimhniú air. Rud eile a ghoill air – an tseanmóir a rinne an sagart an mhaidin sin nuair a dúirt sé leo, agus cosúlacht cumha ina ghlór, "Is cúis bhróin liom nach féidir liom a rá libh go raibh Nollaig aoibhinn, áthasach agaibh i mbliana."

Bhí ualach ina chroí gan a fhios aige cén chaoi a gcuirfeadh sé de é. An t-uaigneas bradach, samhlacht bheatha agus samhlacht oibre agus gan deis aige focal amháin a labhairt le duine ar bith, ba chiontach leis, cheap sé. Ach níor chuimhneach leis Lá Nollag ariamh a bhí chomh breá leis. Ba mhínádúrtha an teas a bhí as an ngréin. Ach i leaba a chroí a ardú séard a rinne sé leis méadú ar an uaigneas aige.

Ag siúl timpeall an fháinne dó tháinig fonn cainte air. Agus labhródh sé le príosúnach eicínt murach an t-eochróir a bhí ag faire air agus ag siúl síos agus suas dó fhéin ar chosán ar leith. Mheas sé go raibh an t-eochróir sin réasúnta mór leis mar nár chuir sé ceist air cupla lá roimhe sin: "Cén chaoi a dtaitníonn an seomra nua leat? Bhí an t-ádh ort agus é sin a fháil, a bhuachaill."

Shíl Tadhg gur chuir an Nollaig cineál athrú ar an eochróir fhéin. Ar éigean a bhreathnaigh sé chomh doicheallach, gruamánta is a bhreathnaigh sé roimhe sin. Agus shílfeá gur laghdaíodh ar an aireachas aige freisin. Choinnigh Tadhg a shúil sáite ann agus mheas sé gur tháinig cineál meangadh air cúpla babhta. An lá a bhí ann nó b'fhéidir go raibh braoinín istigh aige? Nó, b'fhéidir an dá rud in éindí? Trí huaire a tháinig na focla chomh fada lena theanga bheag ag gabháil thar an eochróir dó ach ní thiocfaidís níos faide dó. Faoi dheireadh ghlac sé misneach agus dúirt:

"Nach iontach breá an Lá Nollag é, buíochas le Dia."

"Siúil leat timpeall an fháinne agus lig de do chuid cainte," arsa an t-eochróir.

Ó, nár dheacair croí eochróra a bhogadh! Agus Lá Nollag agus uile! Tháinig saghas aiféala air ansin nár choinnigh sé a bhéal ar a chéile.

An oíche sin chomhair sé aríst an méid laethanta a bhí amach roimhe. Seachtain eile agus bheadh sé leath bealaigh. Ach cé go raibh poll maith aige sna sé scór laethanta nach iomaí oíche fhada, uaigneach a chuirfeadh sé thairis ann sula ndéanfadh an geata mór tromphléasc eile taobh thiar de aríst! Bhuail tocht uaignis é agus isteach leis ina leaba.

Maidin an aonaigh chuala sé na carranna ag gabháil isteach agus na muca ag sianaíl. Níorbh fhada ina dhiaidh sin gur chuala sé búireach tairbh, an-chosúil ar fad le tarbh na Maoldomhnach. B'fhéidir gur ag éirí drochmhúinte a bhí sé agus gur ag gabháil á dhíol a bhíodar?

"Tá dea-scéal ag fuireacht leat i do sheomra agus ná bí ag

breathnú chomh huaigneach is atá tú," a deir eochróir leis nár chas go minic dó, lá amháin.

D'aithnigh sé an scríbhneoireacht; litir óna bhean a bhí ann, an chéad scéal a cuireadh chuige ó Lá Samhna. B'fhada é ag fuireacht leis an litir sin. Bhí fáilte aige roimpi ach b'fhaitíos leis nárbh é an nuacht a bhí uaidh a bheadh inti. Bhí súil aige le scéal faoi leith. Ceathrar mac a bhí aige. Iníon a bhí uaidh an turas seo. Ach cén "dea-scéal" a bhí sa litir? Ba "dea-scéal" mac leis an eochróir mar b'fhéidir gur iníonacha ar fad a bhí aige fhéin. Nó b'fhéidir go raibh sé d'uireasa duine ar bith. Ba leisce leis, faitíos beagnach, breathnú ar an litir sin. Faoi dheireadh léigh sé síos í.

Iníon! Úna a tugadh uirthi – ainm a mháthar fhéin. Bheadh Úna roimhe nuair a rachadh sé abhaile. Tháinig corp áthais air. Léigh sé an litir sin seacht n-uaire. Dá léamh a bhí sé nuair a tháinig an t-eochróir ina choinne lena thabhairt uaidh.

"Anois," arsa an t-eochróir, "nár thug mé dea-scéal chugat? Bhéarfar ar ais dhuit í lá do scaoilte."

Bhain an nuacht sin a ghoile de agus is beag nach ndearna sé dearmad ar an dinnéar. Go dtí an lá sin níor chreid sé go bhféadfaí scéal chomh lúcháireach sin a fháil i gcillín príosúin. Ba scéal é nach n-imeodh as a chloigeann choíche nó an áit a bhfuair sé é ach an oiread.

Timpeall ráithe a bhí istigh aige nuair a facthas dó lá amháin go raibh na príosúnaigh ag gabháil i laghad i leaba a chéile. Ag gabháil ar an aifreann dóibh Dé Domhnaigh thug sé faoi deara nach raibh leath an oiread ann is a bhí an Domhnach roimhe sin. Scaoileadh amach a lán nach raibh rud ar bith ina n-aghaidh agus tugadh an mhuintir a teilgeadh ar ais go dtína gcontae fhéin. Bhí imní air mar bhí rud eicínt á thuar dó go gcuirfí ar ais sa tseanáit dhealraithe é, nó áit eicínt mar é. Ba leisce leis ceist a chur ar an eochróir faoi mar b'fhearr leis an drochscéal a chur ar cairde chomh fada is a d'fhéadfaí é.

Lá fuar feannaideach tús na Féile Bríde a tháinig an drochscéal. Ba athrú ó phálás go pálás le bunáite an dreama eile é. Nach ndearna cuid acu rud as a mbealach in aon turas amháin le lóistín a fháil ann i gcaitheamh an gheimhridh? Ach cúis bhróin le Tadhg é.

A luaithe is a tháinig na príosúnaigh amach as na seomraí bhuail an t-eochróir glas ar na doirse mar b'fhada go mbeadh gnaithe don áit sin aríst de réir cosúlachta. Thug an t-eochróir faoi deara an chaoi ar chuir an t-athrú sin ar Thadhg. Thuig sé an scéal, ach níor dhúirt focal. Ba chuimhneach leis beirt nó triúr de leithéid Thaidhg cheana, ach fir thuaithe iad uilig.

Isteach sa gcillín nach bhfaca grian ná gealach ariamh a sáthadh Tadhg aríst. Tháinig tocht uaignis air cúpla cuarta sular thit sé ina chodladh an oíche sin. Ach an bhfaca duine ar bith ariamh a leithéid de phleidhceáil ar fhear mór dalba mar é? An raibh caitheamh ina dhiaidh ag fear ciallmhar, staidéarach faoina leithéid de rud ariamh cheana – faoina athrú ó sheomra go seomra eile sa bpríosún? Nó céard a dhéanfadh sé dá gcloisfeadh lucht magaidh ina bhaile fhéin faoi? Duine díchéillí a bhí ann? Sin mar a dúirt an chiall leis.

Ach chuaigh an nádúr ar an gcéill aige, an nádúr sin a bhí ag rith lena chine leis na cianta agus a bhain gol agus caoineachán astu nuair a bheadh orthu glanadh as áit a thug sócúlacht dá laghad dóibh go háit nach raibh a fhios acu céard a bhí i ndán dóibh ann. Nach sa gcillín eile a fuair sé an scéal b'aoibhne agus ab fhearr a thaitnigh leis ariamh? Cén chaoi a bhféadfadh sé dearmad a dhéanamh ar an gcillín sin choíche? Nárbh ann a fuair sé am beagán sócúlachta a d'éirigh leis a fháil ó tháinig sé isteach sa bpríosún? Nárbh ann a tháinig an ghrian agus an ghealach isteach? Nárbh ann a chuala sé na carranna ag gabháil isteach agus amach thar an bpríosún? Agus nár bhuailte air a chonaic sé an londubh agus an spideog?

Níor tháinig lá ná oíche ina dhiaidh sin nár smaoinigh sé ar an gcillín sin, agus níor tháinig lá nach raibh súil aige le deis a fháil – dhéanfadh leathnóiméad é – breathnú isteach ann tríd an bpoll faire go bhfeicfeadh sé an boirdín a raibh an litir leagtha air agus go bhfeicfeadh sé ar tháinig aon athrú ar an áit ó d'fhág sé é. Ach chinn air críochnaithe mar bhí sé as a bhealach ar fad agus níor thug aon eochróir an bealach sin é ag gabháil amach ag obair dó nó ag teacht isteach.

"Iarrfaidh mé ort aon tsoilíos amháin a dhéanamh dhom sula dté mé amach," a deir Tadhg leis an eochróir a thúisce is a bhí a chulaith fhéin curtha air díreach sular scaoileadh amach é.

"Céard é sin?" arsa an t-eochróir.

"Breathnú amháin ag gabháil amach dhom ar an áit a bhfuair mé an scéal go mbeadh iníon óg romham sa mbaile," arsa Tadhg.

"Go dtuga Dia ciall dhuit," arsa an t-eochróir. "Cé nach raibh a fhios agat gurb in é seomra na ndúnmharfóir? An seomra inar chaith an Seoigeach, an Breathnach – fear de do shloinne fhéin – agus a liachtaí dúnmharfóir eile laethanta agus oícheanta céasta, cráite sular crochadh iad. Nuair a tháinig mise anseo deich mbliana fichead ó shin, agus go dtí blianta gairide fhéin, bhí torann le cloisteáil istigh sa seomra sin chuile oíche agus taibhse le feiceáil ag gabháil síos agus suas an cosán taobh amuigh de. Níor chodail fear ná bean ansin ó chodail fear ann a rinne seanbhean a mharú. Crochadh é. Agus níor chodail fear ná bean ann ariamh nár cuireadh an téidín cnáibe faoina mhuineál ach thú fhéin amháin. Sin é an seomra anois a raibh caitheamh ina dhiaidh agat an lá ar athraíodh sibh! Agus ar thug tú faoi deara ariamh an seomra a bhfuil an doras mór leis – an seomra is gaire dhó?"

"Thug agus go minic," a deir Tadhg agus saghas staid ann.

"Sin é seomra an chrochta. An áit ar crochadh a mbunáite. Agus tá chuile dhuine acu curtha díreach faoi fhuinneog an tseomra sin a bhí agatsa."

"Agus cén fáth gur mise a cuireadh ann?"

"Mar bhí a fhios ag an muintir eile ar fad é."

"B'fhéidir go mb'fhearr gan bacadh leis mar sin an dul seo," arsa Tadhg.

"Sea nó go dtiocfaidh tú isteach aríst!" a deir an t-eochróir, agus streilleadh gáire air.

Thuig Tadhg ansin céard a bhí an príosúnach eile ag iarraidh a chur i gcéill dó nuair a bhí greim scóige aige ann fhéin agus a theanga amuigh aige.

Teach Ósta na dTans

Ó d'éirigh an saol corrach is annamh a d'fheiceadh muintir an bhaile mhóir na *Tans* ag gabháil isteach sa teach ósta. Ach theidís ann ina dhiaidh sin. An bealach aic a thógaidís i gcónaí, beagnach. Ní raibh idir an bheairic agus an teach ósta an bealach seo ach timpeall is ceithre scór slat. I dteannta sin, is é an bealach ba chaoithiúla é. D'fhéadfaidís siúl amach dallta ann, agus is minic a shiúil. D'fhéadfaidís fanacht istigh i dteach an óil go mbeadh sé ina mheán oíche na gcártaí gan gair ag duine ar bith drannadh leo. Iad féin an dlí agus bhí an dlí ina chíor thuathail agus ina údar gáire ag feara Fáil. Bhí bealach acu le cluichí a imirt agus dúnmharú nó broicneáil spleách, chéasta a leagan amach ann, agus d'fhéadfaidís a ghabháil isteach agus amach ann gan deis a n-aimsithe, mar gheall ar na ballaí móra a bhí ar an dá thaobh den bhóithrín. D'fhéadfaidís bia a fháil ann dá dtigeadh orthu. Fúthu a bhí seomraí beaga an óil agus bun an tí dhá dtrian na gcuarta. Agus is ann a d'fhaighidís an t-ól a thugadh an misneach bréige dóibh leis an dúnmharú a dhéanamh amuigh faoin tuath faoi scáth na hoíche.

Agus cén t-ionadh gur fúthu a fágadh an teach ósta? Nach raibh cuid acu gan sciúrtóg mar gheall air? Nach iad a bhí dá choinneáil ag imeacht, mar is fada amach uaidh a d'fhanadh muintir an bhaile mhóir ach fíor-chorrdhuine? Níor mhaith leis na *Tans* tarraingt duine ar bith ann ach iad fhéin, agus níor mhaith leis an muintir a bhí réasúnta mór le lucht an tí ósta fhéin a ghabháil ann ach an oiread, óir b'fhéidir gurb éard a déarfaí gur spiadóirí d'Arm na hÉireann iad?

Níor mhinic an teach ósta sin d'uireasa poitín. Thagadh sé isteach ann ón tuath le haghaidh na d*Tans*, gan cosc ná bacainn, chuile lá margaidh, istigh i lár an chairr mhóna, agus ar bhealaí eile freisin. Ní a suaimhniú a ghníodh an poitín céanna nuair a théadh sé i bhfogas an leanna dhuibh. Nuair a d'imigh fear acu as a chéill uair amháin, ar an bpoitín a leagadh é os íseal, ach bhí daoine eile ann a dúirt gurb é an fear óg a dhúnmharaigh sé cúpla mí roimhe sin ba chiontach leis agus nach raibh sé ceart sa gcloigeann uaidh sin amach.

Arbh ionadh ansin gur "Teach Ósta na d*Tans*" an leasainm a tugadh ar an áit seo? Ach bhí leasainm eile ag Arm na Poblachta air. Má ba é teach ósta agus dídine na d*Tans* é ba é teach a mbasctha agus a mbáis go minic é, cé gur beag an tsíleachtáil a bhí acu gurb é. Theidís amach as faoi arm agus éide le gaisce a dhéanamh agus thagaidís ar ais ar chróchar.

Le bean an Ruarcaigh an teach ósta. A luaithe agus a phós an Ruarcach í athraíodh as an mbeairic sin é soir go contae eile. Ba ghnás é an t-am úd agus chinn air críochnaithe ar feadh seacht mbliana a theacht ar ais ann. D'éirigh leis nuair a bhí an tír ina brachán. Agus ní móide go n-éireodh leis an t-am sin fhéin murach fabhar. An seanchoirnéal a bhí ina chónaí thíos sa Daingean Mór a d'oibrigh an cás dó, a dúradh. B'iontas le cuid de na póilíní gur éirigh leis. Ach nach raibh chuile rud ina chis ar easair an t-am céanna chomh maith leis sin?

Tar éis an Éirí Amach dhóbair don Ruarcach éirí as na póilíní, ach dúirt cuid díobh seo a bhí in Arm na hÉireann leis go mba soilíosaí dóibhsean é fanacht mar a bhí sé agus gur iomaí fóint a d'fhéadfadh sé a dhéanamh dóibh ó tharla é ina chléireach. Bhí a bhean ina aghaidh éirí astu, freisin, ar fhaitíos go gcaillfeadh sí trácht na d*Tans*.

Nuair a socraíodh go mbeadh Teach Ósta na d*Tans* ina theach feasa d'Arm na hÉireann tugadh Nóra, deirfiúr do bhean an Ruarcaigh, ann in aon turas mar chailín leanna. Ba mhó an tsiocair mheallta í, go mórmhór do na *Tans* óga, ná an leann dubh agus an poitín in éindí, mar is beag cailín a líon suas pionta cúrach ariamh ba sciamhaí ná í. Shíl leathscór acu, ar a laghad, go raibh sí i ngrá leo agus ba mhilse leis na fir phósta fhéin an pionta a líonadh sí dóibh ná pionta bhean an Ruarcaigh. Mheall sí iad mar a mheallfadh an mhaighdean mhara an fear bocht. Ní raibh ann ó mhaidin go faoithin ach "Nóra, Nóra". Bhí sí chomh suáilceach, meangach sin leo, idir shean agus óg, is dá n-éireodh duine acu taghdach d'fhéadfadh sí foighid agus ciall a chur ann gan stró. Ghníodh sí an oiread sin soilíosa dóibh go raibh an oiread muiníne acu aisti sa deireadh is go n-insíodh cuid acu chuile rud di, beagnach.

"Cailín na d*Tans*" an leasainm a bhí ag cuid de chailíní an bhaile mhóir uirthi. Ach éad scéimhe a bhí ar a bhformhór. Thaitnigh an leasainm le Nóra mar bhí buachaill deas dílis aici fhéin i ngan fhios dóibh ar fad. Ach ní sa mbeairic a bhí cónaí air ach sna gleannta agus ar na cnoic.

Ba ghlic é an Ruarcach agus níor mhór dó sin. Lig sé air fhéin go raibh Teach Ósta na d*Tans* i gcontúirt chomh mór sin gur chuir sé cosaint faoi leith ar na fuinneoga taobh amuigh ar fhaitíos go gcaithfí pléascáin isteach ann agus go marófaí leath na dTans istigh ann. Is mór a thaitnigh an chosaint sin leo.

D'oibrigh Nóra agus bean an Ruarcaigh an chleasaíocht agus an feall thar barr. Ó tháinig an Ruarcach ar ais is é a thugadh comhairle dóibh. Murach iad is ar éigean a dhéanfaí amach choíche na dúnmharfóirí a bhí sa mbeairic. Níorbh fhurasta a ndéanamh amach. Is iad ba lú agus b'ísle cainte agus is iad ba mhó ar an airdeall i gcónaí. Mar sin fhéin ghabh Cailín na dTans timpeall orthu. Mórsheisear acu a bhí ann i dtosach agus oifigeach os a gcionn. Chuirtí teachtaireacht fúthu agus faoi na Tans ar fad ón teach ósta go dtí an Brianach, captaen d'Arm na hÉireann, uair sa tseachtain agus faoi dhó go minic. An t-ól a mharaigh sa deireadh iad – na buidéil bheaga uisce beatha a raibh na marcanna beaga orthu a cheannaíodar ó Chailín na dTans. Frítheadh na buidéil seo gan striog iontu i bhfoisceacht leathchéad slat den áit ar dúnmharaíodh beirt de na Búrcaigh ar Oíche Chinn an Dá Lá Dhéag. I gceann coicíse bhí ceathrar den mhórsheisear faoin bhfód. Athraíodh an triúr a bhí fágtha beo. Ach an chabhair is mó a thugtaí don arm an t-eolas a chuirtí chucu scaitheamh roimh chuile ruathar a bhí leagtha amach ag na Tans.

Is beag a d'óladh an Ruarcach é fhéin agus ní go minic a théadh sé i gcosamar an dreama eile ach amháin go seasadh sé dóibh corruair. Níorbh ionann obair dóibh. Ina chléireach a bhí seisean agus ní bhíodh air a dhul amach sna gluaisteáin mhóra ag marú daoine ná dá mbualadh. Thuas i mbarr an tí os cionn lucht an óil a chaitheadh sé bunáite na n-oícheanta, é ag ligean air fhéin gur ag déanamh staidéir a bhíodh sé. Bhí gléas aige le chuile fhocal, beagnach, a deirtí thíos faoi a chloisteáil. Agus is minic a bhíodh oifigeach d'Arm na hÉireann thuas in éindí leis, fear a dtabharfadh muintir Shasana na mílte punt air ach greim a fháil air.

D'éirigh an saol thar cionn le Teach Ósta na dTans gur maraíodh an t-oifigeach, agus ceathrar de na Tans in éindí leis, thíos ag Droim Caol. Lig an Ruarcach air fhéin gur chuir an marú sin chun fiántais é. Amach leis ar fud an bhaile mhóir oíche na sochraide leis an dream eile agus thug pleancadh lena mhaide do chuile mhac máthar nár bhain a hata de ag gabháil thart don tsochraid agus brat Shasana timpeall chuile chónra. Bhí an mhuintir eile spleodrach as agus mholadar é sa teach ósta an oíche sin. Roimhe sin cheapadar gur róchiúin ar fad a bhí sé.

Níorbh fhada don oifigeach nua sa mbeairic nuair a chuir sé aighneas ar an Ruarcach faoin teach ósta. Bhí le rá gur óstóirí eile a raibh éad orthu faoi a fheabhas is a bhí Teach Ósta na dTans ag déanamh a chuir an t-eolas isteach ina chluais. Dúradh leis an Ruarcach go n-athrófaí é i gceann míosa. Bhí a fhios aige gurbh é fhéin ba chiontach leis. Nárbh é a chuir an t-eolas chuig Arm na hÉireann go mbeadh an t-oifigeach ag gabháil an bealach an lá ar maraíodh é? Dá mbeadh an t-oifigeach sin beo ba thuairim dó go bhfágfaí é fhéin mar a bhí sé. Ach cén neart a bhí aige air?

Bhí fonn fola agus díoltais ar an oifigeach nua agus thosaigh sé ag déanamh stócála ar leith le hArm na hÉireann sa gceantar sin a chriogadh. Bheadh a dhá oiread fear faoi is a bhíodh faoin oifigeach a maraíodh. Gheobhadh sé cabhair ó na beairicí eile. Chuala an Ruarcach faoi agus chuir scéala chuig an gcaptaen mar ba ghnáth leis.

Lá an ruathair sin bhí scata mór acu ag ól istigh i dTeach Ósta na dTans. Bhí a ghunna aniar ar a dhroim ar chuile dhuine acu beagnach, iad réidh a luaithe is a chuirfí fios orthu. Thug Nóra aire faoi leith do bheirt acu mar mheas an Ruarcach go raibh baint acu leis an dúnmharú a rinneadh seachtain roimhe sin. Maraíodh údar sagairt thoir i nGleann na bhFia. Bhí an bheirt seo ag ól de ló agus d'oíche. Bhíodar ag iarraidh smaointe na ndúnmharuithe a dhíbirt, b'fhéidir?

Is iomaí iarracht a rinne Nóra a dhul timpeall ar an scéal, ach níor éirigh léi. Níor mhaith leo an rud a lua beag ná mór. Ach ó tharla go sceitheann meisce mírún bhí an-mhuinín aici as an ól. Nach minic cheana a rinne sé cúis di?

Chuir sé roimpi a gcur ar meisce ach níorbh fhurasta é a dhéanamh, bhíodar chomh láidir sin agus iad i gcleachtadh an óil chomh mór sin. Fonn eolais a bhí uirthise ach fonn grá a bhí orthusan. Tháinig imní uirthi go gcuirfí fios orthu sula mbeadh an t-eolas faighte aici. Bhí na piontaí móra á ligean go híochtar tíre, ach ní raibh aon mhaith ann. Sheas sí dhá phionta dóibh agus mholadar í.

Tháinig an Ruarcach isteach agus d'inis sí dó a dhonacht is a bhí ag éirí léi.

"Ní éireoidh leat," ar seisean, "fad is a bheas beirt acu ag déanamh grá leat. Caithfidh tú duine acu a chur as an mbealach le hól agus é a dhéanamh go sciobtha, freisin."

Chaith sí steall phoitín isteach i bpionta leanna agus tarraingt ar ghloine sa bpionta eile. Sheas sí dóibh babhta eile agus chuir an oiread eile poitín sna piontaí. Níorbh fhada go raibh an leann agus an poitín in árach a chéile. I gceann leathuaire thit duine acu ar an suíochán agus thosaigh ag srannradh. Ghabh an duine eile amach agus é ag gabháil anonn agus anall. Is gearr gur tháinig sé ar ais agus thosaigh ag déanamh grá le Nóra, ach bhí a chuid cainte chomh briotach sin gur ar éigean a thuig sí focal uaidh. Ghlaoigh sé ar phionta eile ach leath bealaigh ní raibh sé ann gur thit sé ina spéice sa gcúinne gan gair aige éirí as.

Tháinig na gluaisteáin mhóra, ceann i ndiaidh an chinn eile amuigh ar an mbóthar, ar aghaidh na beairice. Bhí na *Tans* ina suí istigh i gcuid acu agus feiste throda orthu. Chuir an t-oifigeach feadóg ina bhéal agus isteach le scata eile sna gluaisteáin. An mhuintir a bhí ag ól istigh i dTeach Ósta na d*Tans* ligeadar siar na piontaí go hamplach, glugarach agus amach leo ina sainrith. Bhí faitíos orthu roimh an oifigeach nua. As Cúige Uladh a tháinig sé, áit nach raibh troid dá laghad le déanamh aige. Bhí sé óg, líofa agus fonn air dlí an Rí a chur in uachtar sa tír seo, agus piocúlacht agus broidiúlacht a chur sna fir a bhí faoi, freisin. Níor ól sé deoir ariamh agus bhí an dearg-ghráin aige ar an ól.

Nuair a dhearc sé ar na gluaisteáin go bhfeicfeadh sé an raibh chuile rud faoi réir le focal gluaiseachta a thabhairt do na tiománaithe, thug sé faoi deara go raibh triúr ar iarraidh. Shéid sé an fheadóg aríst ach fáir ná freagra ní bhfuair sé an turas seo. Chuir sé an sáirsint dá dtóraíocht. D'inis an sáirsint dó go raibh beirt acu caite istigh i dTeach Ósta na d*Tans* agus duine eile sa mbeairic agus gan cos fúthu.

Ag caitheamh a phíopa go suaimhneach dó fhéin thuas sa seomra a mbíodh sé ag obair sa mbeairic agus ag breathnú amach ar na *Tans* a bhí ina suí istigh sna gluaisteáin a bhí an Ruarcach. Níorbh fhios dó go raibh duine ar bith acu ar meisce. Bhéarfadh sé a lán dá bhféadfadh sé a dhéanamh amach cé mhéad acu a thiocfadh ar ais ina gcorp, ná brúite, loite. Bhí sé lánchinnte nach raibh Arm na hÉireann chomh feistithe ariamh faoi choinne na d*Tans* is a bheidís an lá sin má fuaireadar an scéal a chuir sé chucu. Agus tuige nach bhfaighidís an scéal sin chomh maith le chuile scéal eile? Thiocfadh na piléir anuas as na cnoic orthu chomh fairsing is a thiocfadh na gráinní arbhair tríd an gcriathar agus chraithfeadh na pléascáin an tír thart timpeall orthu. Agus cén chaoi a dtiocfadh mac an éin fhéin slán as gábh mar é sin? Agus ghabhfadh sé amach lena bhata aríst lá na sochraide agus go bhfóire Dia ar an té nach mbeannódh do bhrat Shasana!

Bhí an t-oifigeach i gcruth a cheangail ionann is. Isteach leis i dTeach Ósta na d*Tans*. Rug sé ar an *Tan* a bhí ag srannadh sa gcúinne agus a ghunna faoi. Chraith sé é agus dúirt leis éirí go beo. Grúscáin agus agaill na freagraí a tugadh air. Chraith sé aríst é, ach dúirt an *Tan* leis mura gcrapfadh sé leis go gcuirfeadh sé chuile philéar a bhí aige isteach ina cholainn. Níor bhac sé leis an darna *Tan*, mar bhí a fhios aige nach raibh aon mhaith dó ann. Scanraíodh bean an Ruarcaigh mar bhí faitíos uirthi go mbainfí cead óil di de bharr an lae sin.

Amach leis an oifigeach agus é chomh dearg le círín coiligh Fhrancaigh. Bhí speiricíní a chroiméil ina seasamh agus cuma na geilte air.

Ghlaoigh sé ar an Ruarcach:

"Cuir ort do chóta mór agus faigh do raidhfil agus do chuid piléar go beo agus isteach leat sa ngluaisteán tosaigh sin," ar seisean, go dána díoltasach.

Focal níor fhan ag an Ruarcach, tháinig sé air chomh hobann sin. Dhearc sé ar an oifigeach go scanraithe, mórshúileach ach smid níor labhair sé.

"An gcloiseann tú leat mé? Cuir ort do chóta mór agus tabhair amach do raidhfil agus do chuid piléar agus isteach leat sa ngluaisteán tosaigh sin!" arsa an t-oifigeach aríst.

"Ar ndóigh ní hin í mo chuid oibre-sa chor ar bith," a deir an Ruarcach nuair a tháinig an chaint dó, "agus níor iarradh orm aon raidhfil a iompar taobh amuigh den bheairic seo le seacht mbliana."

"Do mo dhiúltú atá tú? Ní dhéanfaidh tú do dhualgas, an ea? Inis dom go beo é!"

"Níor iarr an t-oifigeach eile orm ariamh an obair sin a dhéanamh agus ní hí mo chuid oibre-sa í ach an oiread. Rud eile de, tá neart le déanamh agam istigh san oifig."

"Ní mise an t-oifigeach eile agus ní ghlacfaidh mé caint ná leithscéal uait. Tá mise ag tabhairt ordú duit agus caithfidh tú géilleadh dom. Iarraim ort é a dhéanamh in ainm an Rí. Tá triúr fear, ar chóir dóibh bheith anseo, sínte ó chluais go ruball de bharr óil a tugadh dóibh istigh i do theach ósta mallaithe. Tá fir an Rí sa mbeairic seo millte agat, ach cuirfidh mise deireadh leis an scannal seo."

"Ní liomsa an teach ósta agus ní mise a thug an t-ól dóibh," a dúirt an Ruarcach.

"Murab ea is le do bhean é, ach is gearr a bheas sé aici. Ní ghlacfaidh mé níos mó aisfhreagraí uait. Faigh do raidhfil agus do chuid piléar, a deirim leat. Bhéarfaidh mé trí nóiméad duit."

Bhreathnaigh sé ar a uaireadóir agus isteach leis sa mbeairic.

D'ionsaigh cuid de na *Tans* an Ruarcach, go mór mhór na Sasanaigh. Níor mhaith leo suaimhneas ar sop aigesean agus é orthu fhéin a dhul amach ar aghaidh na riteachta. Thosaigh duine acu ar na mionnaí móra agus ag gearradh na ngrásta.

"Mura dtige tú ní fhágfaidh mé deoir ionat anocht, a chladhaire," a deir duine eile acu leis. "No b'fhéidir go mb'fhearr leat na Sinn Féiners ná muide," ar seisean.

Facthas don Ruarcach nach raibh trua ag duine ar bith dó. An teach ósta agus a phost fhéin is mó a bhí ag gabháil trína chloigeann. Mura dtéadh sé leo nach gceapfaidís gur ina n-aghaidh a bhí sé? Nach gceapadh an mhuintir ba mhó leis sa mbeairic é, gan caint ar na Sasanaigh? Mharóidís an oíche sin é nó chaithfeadh sé é a thabhairt do na bonnachaí. Bhrisfidís agus réabfaidís an teach ósta. Chaillfeadh sé a phost gan amhras, agus chaillfeadh a bhean an cead óil, freisin.

Rinne sé iarracht a dhul isteach chuig a bhean lena pógadh. Theastaigh an t-uisce coisreacain uaidh agus rud éigin le n-ól a bhéarfadh misneach dó.

"Dheamhan do chos mar is tú is ciontach leis an moill seo ar fad, ach is gearr gur faide ná sin uaithi thú," a dúirt an t-oifigeach.

Dath an bhalla a bhí ar an Ruarcach nuair a ghabh sé isteach sa ngluaisteán – isteach in adhastar an bháis, b'fhéidir? Ar dhá stól mhóra fhada a bhíodar ar fad ina suí, dream acu ag breathnú uathu ar thaobh na láimhe clé agus dream eile ar thaobh na láimhe deise. In aice an tiománaí a bhí an t-oifigeach ina shuí. Ar éigean duine orthu ach amháin an t-oifigeach agus an Ruarcach gan a bheag ná a mhór d'ól istigh aige. Agus fear ní raibh ann ach an Ruarcach é fhéin ar smaoin a chroí faoi céard a bhí i ndán dóibh.

Thug duine acu slog as buidéal uisce beatha don Ruarcach. Chaith sé siar é ach má chaith fhéin is beag maitheas a rinne sé dó. Níor mhór dó leathphionta an t-am sin.

Bhí an-dul amú déanta aige, cheap sé. A dheamhain! Tuige nár eitigh sé an t-oifigeach? Cén mhaith post nó teach ósta dá maraítí é nó dá loitfí go dona fhéin é? A obainne agus a tháinig sé air a mharaigh é. Ó, nach air a bhí an mí-ádh mór cráite agus gan air ach coicís eile nó go n-athraítí é! An feall ag filleadh ar an bhfealladóir? Ghabh scanradh é, an saghas scanraidh a bhaineas an mothú agus an t-arann as duine amanta. Ach b'fhéidir go mbeidís ar fad amhlaidh dá mba eol dóibh an rud a bhí amach rompu? An bhfuair an mhuintir eile an scéal a chuir sé chucu? Tuige nach bhfaigheadh? Ach b'fhéidir le Dia nach bhfuair.

Bhí na mionnaí móra dá lascadh ar chuile thaobh de. Ag guí a thosaigh seisean. Ag guí a bhí sé nuair a shroicheadar gleann Dhroma Chaoil, an áit ar maraíodh an t-oifigeach nár iarr air a dhul amach lena ghunna ariamh. Ghlac an gluaisteán go réidh é ag gabháil thar an áit dó agus bhain na *Tans* ar fad a gcaipíní díobh fhéin. Rinne beirt nó triúr acu iad fhéin a choisreacan. Rinne an Ruarcach amhlaidh ach ar éigean a bhí a lámh i riocht a chaipín a chur ar a chloigeann aríst leis an gcrithnú. Stop an gluaisteán ar fad agus thaispeáin an sáirsint ionad an tsléachta don oifigeach agus an chaoi ar hionsaíodh iad.

"Chinn sé orainn é a dhéanamh amach beirthe nó beo cén chaoi a raibh a fhios acu go raibh muid le dhul an bealach seo an lá údaí," ar seisean.

"Meas tú an bhfuil aon fhealladóir oraibh?" a deir an t-oifigeach.

"Tá faitíos orm go bhfuil, ach níl tuairim dá laghad againn cé hé fhéin."

Bhí an Ruarcach ag éisteacht leis an gcomhrá seo agus chuir roimhe éalú uathu dá bhfaigheadh sé deis ar bith. Dá ndéanfaí moill ag teach ósta nó sráidbhaile chaithfeadh sé an gunna chuig an diabhal agus bhéarfadh sé na coillte air fhéin. Dá bhfaigheadh sé an oíche bhí leis.

Ag ladhar na mbóthar sheasadar an darna cuairt. Ach ní le hól a fháil ach le réiteach ar leith a dhéanamh. Tharraing an t-oifigeach amach léarscáil agus thosaigh ag breathnú air. Ghabh trí ghluaisteán bóthar an Rí agus trí cinn bóthar eile. Sin é an leagan amach a rinneadh le hArm na hÉireann a chriogadh.

Ar aghaidh leo. D'fhógair an t-oifigeach orthu a bheith ar an airdeall ag gabháil thríd an ngleann dóibh, óir ba chosúil le háit é a ndéanfaí iad a aimsiú – áit a mbeadh scata i bhfolach taobh thiar de na carraigreacha sa raithneach ar gach taobh díobh. Bhí a ghunna réidh ag chuile dhuine acu.

Bhí an chéad ghluaisteán ag imeacht sna preaba tintrí agus an darna ceann timpeall is trí chéad slat taobh thiar de mar ba ghnáth leo. Ag gabháil timpeall an choirnéil dóibh b'éigean don chéad ghluaisteán é a ghlacadh go réidh aríst.

Ar an bpointe sin leag an Brianach, an captaen, a ordóg ar chnaipe an bháis. Bhúir an pléascán mór a bhí i bhfolach i bpoll sa mbóthar agus brat duillúir os a chionn. Chrith na cnoic agus na gleannta. D'éirigh an chuid tosaigh den ghluaisteán mar chapall macnasach a sheasfadh ar a chosa deiridh. Cuireadh cuid de na *Tans* in airde agus ar feadh meandair, is crochta thuas san aer a bhíodar gan fios céard a bhí dá gcoinneáil ann. Isteach thar an gcrith a cuireadh cuid eile acu.

Lá na sochraide bhí brat Shasana timpeall ar chónra an Ruarcaigh fearacht na gcónraí eile. Agus an mhuintir nár bheannaigh dó tugadh griosáil dóibh!

Dhá mhíle punt a thug Sasana do bhaintreach an Ruarcaigh. Cúig chéad an duine a socraíodh ar na páistí.

Sé Dia a Rathaíonns

Murach gur cuireadh cleamhnas iníon an Chéidigh droim ar ais tréimhse ghearr roimhe sin is ar éigean a d'fheicfeadh an Chaoirín Ghlas Aonach Chnoc an Doláin an lá údaí, óir bhí sí leagtha amach ag an gCéideach mar chuid den spré.

Chuaigh an t-ocras go smior sa gCaoirín Ghlas agus ina máthair agus ina hathair roimpi. Ba bheag an bheatha a fuair sí ariamh le cois fraoigh, agus bhí a shliocht uirthi – ní raibh scioltar uirthi. Rud eile de, bhí an mianach a bhí inti chomh crua sin gur ar éigean a chuirfeadh coimín na Mí ordú uirthi. Ba chleachtach leis an mianach sin beatha a gceantair fhéin chomh mór sin nár mhór a meas ar choimín bog, séasúrach na ngleann. Agus is minic a tugtar faoi deara é nuair a díoltar iad agus déantar á n-athrú go háit choimthíoch – áit a mbeidís go dtína cluasa i bhféar bog milis – gur ar an bportach agus ar an gcriogán a bhéarfaidís a n-aghaidh a luaithe is a gheobhaidís an deis.

Ach bíonn bua acu mar a bhíonn ag a leithéid i gcónaí: mhairfidís san áit a gcaillfí an mianach mór bog as éadan. Is ionann iad agus giorria ligthe, scafánta an tsléibhe a d'imeodh ón gcon nuair a rachadh ar ghiorria na dtailte íochtaracha a beathaítear le seamair agus slánlus.

Nuair a rug an Céideach ar an gCaoirín Ghlas an tráthnóna roimh an aonach cheap sé nárbh í an phingin is airde agus a gheobhadh sé uirthi. B'ionann fiántas di agus mionnán míosa agus b'éigean í a cheangal go cúramach ar fhaitíos go léimfeadh sí amach as an gcarr ag gabháil ar an aonach di.

B'aisteach léi ar fad an t-aonach. Chuir tafann na madraí, búireach na gcéadta beithíoch, torann na gcarr agus gláiféisc agus rírá lucht díolta agus ceannachta creathadh craicinn uirthi. Gach uair dá dtéadh neach thairsti chrapadh sí í fhéin isteach go gceapfá, beagnach, nach mbeadh toirt fiaigh ná fionnóige inti. Cé go raibh sí sáite istigh idir péire eile thart le ráillí na cearnóige, bheadh an súgán a bhí faoina muineál ina réabacha aici murach a righne agus a rinneadh é, agus b'ait an coisí a bhéarfadh uirthi ansin.

De réir mar a bhí an lá ag sciorradh thart bhí na dathanna dá gcur suas. Dath dearg a bhí ag an bhfear a cheannaigh an dá uascán eile ón gCéideach, ach níor fhiafraigh aon duine de cá raibh sé ag gabháil leis an gCaoirín Ghlas. Timpeall an mheán lae thosaigh na ceannaitheoirí ar fad ag cruinniú le chéile gach ar cheannaíodar agus á gcur chun an stáisúin gur fágadh an Chaoirín Ghlas ina cadhan bocht, aonraic.

B'uaigneach í nuair a bhí a comhluadar imithe uaithi. Rinne sí tréaniarracht an súgán a bhriseadh agus greadadh léi. Chaith sí gach le seal ag cangail a cíorach agus ag méileach, agus níor chráite an mhéileach go dtí í. Is gearr gur thosaigh lucht na scuab ag glanadh suas agus is beag duine a bhí le feiceáil ach lucht soláthair margaidh – an mhuintir a raibh a fhios acu go ndíoltar saor ag deireadh an aonaigh. Nuair a bhí an t-aonach tabhartha suas ag an gCéideach d'athraigh sé an chaoirín go doras tí ósta agus isteach leis ag ól.

Ina luí a bhí sí nuair a tháinig Ceallach an Ghráinsigh ag breathnú uirthi. Bhí súil aige ina diaidh ó mhaidin, ach ní raibh baol air é sin a ligean air fhéin. Theastaigh sí uaidh lena marú faoin Nollaig. Chomh luath agus a leag sé bairbín ar a giodán d'éirigh sí de phreib. Níorbh iontaí leis an gCéideach an sneachta dearg ná fear ag teacht ag breathnú uirthi, agus amach leis as an teach ósta ina shainrith gan a lámh a chuimilt dá bhéal fhéin.

Lig an Ceallach air fhéin go raibh sé beagáinín bogtha. Ghníodh sé i gcónaí é ag díol ná ag ceannacht dó le margadh maith a dhéanamh.

"Leatsa an priompalláinín seo?" ar seisean leis an gCéideach.

"Is liomsa an chaora, bail ó Dhia uirthi," a deir an Céideach. "Níor tháinig bliain le seacht mbliana nach raibh cúpla ag a máthair sin. Mianach caorach níl i do thaobhsa tíre is fearr ná í dá bhfaigheadh sí ceart ar bith. Agus deirimse leat nach rachaidh bliain thart gan cúpla a bheith aici fhéin chomh maith. Tá na cúplaí ag rith leis an mianach, a dheartháirín."

"Ní hé an reithe a bhéarfas mise di ach an scian más féidir feoil a chur uirthi," adeir an Ceallach. "Ó!" ar seisean, nuair a leag sé a mhéaracha ar a cuid easnacha, "is geall le cliabh í a leagfá mála air. Scioltar níl uirthi ach an oiread is atá ar chloigeann cnúdáin."

"Is é Dia a rathaíonns, is é Dia a rathaíonns," adúirt an Céideach. "Caora níl ar an aonach chomh sothógtha léi sin dá bhfaigheadh sí coimín maith séasúrach agus corrghas gabáiste a chaitheamh chuici."

"B'fhonn leis an gCeallach leanacht den cháineadh nó gur dhúirt an Céideach "gurb é Dia a rathaíonns". Bhí leisce air cur in aghaidh na cainte sin.

Is gearr gur tháinig duine de mhuintir Shaothraí, lucht déanta margaidh. Bhuail an Ceallach a shainleadóg ar lámh an Chéidigh. Sháigh sé barr a mhaide síos sa mbualtrach agus rinne cros bhualtraí ar stuaic na Caorach Glaise.

"Ní ghabhfaidh mé go bun an angair leat," arsa an Céideach.

Bhí sí faighte ag an gCeallach ar 15/-. Bhí sladmhargadh faighte aige agus is maith a bhí a fhios aige é sin.

Cé gur saol na bhfuíoll a bhí roimpi amach, is priaclach a chaith an chaoirín an tráthnóna sin. Rinne bithiúnaigh bheaga an bhaile mhóir an tubaiste uirthi ag aithris uirthi agus ag saghdóireacht léi an fhad is a bhí an Ceallach istigh ag ól. Bhí sí chomh sceiteach le cuileog agus nuair a lasadh solais na sráide de thoirt gheit sí le scanradh. Dá scaoiltí a cloigeann léi níor dhóchaide di na páirceanna siar a thabhairt uirthi fhéin ná abhóg a thabhairt isteach san abhainn.

Istigh a chaith sí an oíche sin mar b'fhaitíos leis an gCeallach go n-éalódh sí uaidh dá bhfágfaí taobh amuigh í. Chuir tafann mhadraí an Ghráinsigh critheagla uirthi i gcaitheamh na hoíche agus aoidh ná foras ní bhfuair sí go dtí fáinniú an lae.

Os cionn ráithe a bhí ag an gCeallach anois le feoil a chur uirthi. Bhí tornapaí agus gabáiste aige ina gcarnáin, bhí neart seimre aige i gCluain na gCoiníní agus coimín i bPáirc an Tobair, agus mura gcuirfeadh siad sin slacht ar an gcaoirín ba chrua an cás é.

An mhaidin tar éis an aonaigh seoladh amach an Chaoirín Ghlas sa bpáirc agus buairín nua tuí uirthi. B'fhollasach nárbh é a céad bhuairín é, óir bhí na fáinní bána le feiceáil ar a cosa. Níor bhain sé feanc aisti agus shiúil sí chuile orlach chomh maith is dá mbeadh sí dá uireasa.

Níor luaithe istigh sa bpáirc í ná tharraing na caoirigh uirthi. Ba strainséara í lena cine fhéin. Chuir an reithe mór millteach deargfhaitíos uirthi nuair a thosaigh sé dá leanacht. Níor lú ná sin an scanradh a chuir na gasanna gabáiste uirthi nuair a caitheadh isteach sa bpáirc chuici iad. A leithéid ní fhaca sí ariamh roimhe sin agus ba mhínádúrtha léi iad mar bheatha. B'fhearr léi go mór an bheatha ba cleachtach léi: an fraoch, an chíb agus an féar fiáin a d'fhás ar bhruach na bportach agus le hais na gcarraig. Nach iad a chuir an luas agus an spreacadh ina cnámha agus ní hí an gabáiste geal?

Is iomaí iarracht a rinne sí glanadh léi. Sheas sí ar a cosa deiridh a liacht uair agus rinne iarracht a dhul thar fál, ach bhí an buairín bradach dá bascadh i gcónaí. Tarraingt ar an tráthnóna rinne sí dhá leith den bhuairín agus ghlan an claí, amach in éindí leis an eallach.

Tháinig cineál aiféala ansin ar an gCeallach í a cheannacht chor ar bith mar cheap sé nach bhféadfadh sé feoil a chur uirthi choíche. Bhí sí sásta chuile rud a ithe ach an rud a rathódh í. Ag gabháil thart leis na críocha chaitheadh sí leath na gcuarta, ag ithe driseacha, ag tóraíocht chaonaigh agus ag feannadh féar seangáin, agus ba mhinic i bhfostú sna catógaí í. Sheachnaíodh sí na tornapaí mar a sheachnódh an searrach an fóifíneach ach amháin go mblaiseadh sí de na bláithtí corruair. Mheas an Ceallach nach gcuirfeadh an bhlaispínteacht geir inti choíche.

Tar éis cúpla mí sa nGráinseach di tugadh faoi deara í ag teacht chuici fhéin. I leaba a chéile bhí sí ag teacht isteach ar an ngabáiste ghil agus bhí sí ag ithe an choimín is fearr as éadan. De réir cosúlachta is gearr go mbeadh dearmad déanta aici ar bheatha gharbh an phortaigh a bhí gan sú gan súiteán.

Nuair a tháinig géaróga dubha na Nollag chuir an Ceallach faobhar ar an miodóg lena fuil a tharraingt. Rinne bean an tí réiteach faoi choinne na bputóg agus na n-ispín agus na ndriseog, agus ní raibh cur síos ar an ríméad a bhí ar an aos óg faoin saol a bheadh acu dá n-ithe.

Ní gan stró a locadh an chaoirín isteach, bhí sí chomh scodalach, scáthmhar sin.

"Folta Céadaoine' uirthi, an scráideoigín. Ní chuirfeadh fataí is tornapaí an Achréidh feoil uirthi!" a deir an Ceallach nuair a rug sé uirthi. "Feabhas ná fónamh níor tháinig uirthi ón lá ar ceannaíodh í."

Scaoileadh amach aríst í. Bhí fearg agus díomá ar an gCeallach mar b'iontach an fear feola é agus chuile dhuine dá mhuintir. Agus b'fhada roimhe sin ó chaith sé aon Nollaig gan chaora a mharú.

De réir mar a tháinig an chaoirín isteach ar an mbeadaíocht teannadh léi. Ba léir do chách í ag éirí urrúnta.

"Mura mbí sé síos is suas inti beidh sé anonn is anall inti," a deir an Ceallach agus ríméad an domhain air. Bhí sé cinnte go mbeadh sí thar barr faoi Cháisc, agus mharódh sé ansin í.

Ní go maith a thaitnigh leis a chollóidí is a bhí sí Lá 'le Pádraig na bhFeart. Níorbh fheasach é céard ba chás léi, ach bhí sé cinnte nach ar fónamh a bhí sí.

Ghabh sé ag breathnú uirthi aríst ag faoithin an lae sin. Bhí an sneachta ag teacht anuas go tréan agus ní gan stró a rinne sé amach í, óir bhí sí ina buirlín istigh faoi sceich thíos ag tóin na talúna san áit ab fhearr foscaidh. Bhí sí ag gabháil timpeall mar a bheadh ró roileagán uirthi agus ag crúbadh an cheannfhearainn. Bhí tinneas éigin uirthi agus ghlac aiféala an Ceallach nár mharaigh sé roimhe sin í, mar b'fhaitíos leis gur caillte a bheadh sí ar maidin. Ní mar a shíl seisean a bhí chuile rud ag iompú amach.

Chuirfeadh sé isteach í le purgóid a thabhairt di ach gair ní raibh aige greim a fháil uirthi, dá dhonacht í. B'iontach leis a mheabhraí is a bhí sí scaití. Shíl sé gur spreacadh a bhí an tinneas a chur inti i leaba a bheith ag cur uirthi. Ach ó tharla a chuid cúnta scaipthe ar fud na tíre an lá sin, faic ní fhéadfadh sé a dhéanamh go dtigidís abhaile.

Faoi am suipéir chuaigh triúr acu ag breathnú uirthi lena tabhairt abhaile. Chuartaíodar na páirceanna ó bhun go barr ach tuairisc ní bhfuaireadar uirthi ach an oiread is dá n-imíodh sí sna gaitseádaí. B'fhéidir gur ainmhí éigin a d'aimsigh í, an díolúnach bocht! An mada mór buí a bhí ag codaíocht thart tráthnóna nó na sionnaigh? Agus í slogtha beo beathaíoch acu, b'fhéidir? Ní raibh a fhios acu. Nuair a facthas dóibh nach raibh aon mhaith dóibh ann chrochadar leo abhaile.

Bhíodar ina suí leis an lá. Cé go raibh an sneachta go domhain ar an talamh is beag de lorg na caorach a bhí le fáil in áit ar bith. Chaith sé sneachta go deireanach san oíche agus níorbh fhurasta lorg a crúibe a fháil.

Tarraingt ar am dinnéir, agus lucht tóraíochta ag cuimhniú ar fhilleadh ar ais chuir an mada caorach a shrón in airde. Lean an Ceallach é gur stop sé in aice le leic mhór, timpeall is míle bealaigh ón áit a raibh an chaora an tráthnóna roimhe sin, agus thosaigh ag craitheadh a heireabaill.

Thiar faoin leic sin a bhí an Chaoirín Ghlas ina seasamh – an chaoirín fhaiteach, fhiáin nárbh fhéidir ordú a chur uirthi le haghaidh na Nollag. Bhí sí ag oibriú a teanga go díocasach ar an uan dubh a bhí ag diúl fúithi – an teanga iontach, éifeachtach sin a chuireas piocúlacht agus éitir san óige – agus ag bualadh a cos tosaigh ar an talamh ar fhaitíos go dteangmhódh an mada lena clann.

Bhí an t-uan bán ar a mhíle dícheall ag iarraidh a chosa a chur faoi le dhul ag diúl, ach ba léir nach raibh sé sách fada ar an saol lena dhéanamh.

"Is é Dia a rathaíonns," arsa an Ceallach.

Is iomaí cúpla a bhí ag an gCaoirín Ghlas ó shin.

Gach Uige Mar a hÁbhar

Is minic ina dhiaidh sin a rinne mé gáire faoin gcaoi ar shantaigh mé cearc ghlas Ghort na Coille agus a hál sicíní. Ceo suime níor chuir mé ariamh sna sicíní a bhíodh againn fhéin sa mbaile ná ag na comharsana thart timpeall orainn, ach a thúisce agus a chuala mé faoin ál seo, chuir mé an-dúil go deo iontu. Ag méadú a bhí an dúil sin chuile lá. Sa deireadh ní shásaíodh rud ar bith mé ach an t-ál ar fad a bheith agam i ngéibheann in áit éigin a mbeadh deis agam a dhul ag breathnú orthu chuile lá agus beatha a thabhairt chucu.

Tá mé ag ceapadh anois go mba dhúchas dom iad a shantú díreach mar is dual do chuile mhac máthar, ionann is, suim a chur sna rudaí is doilí a fháil agus a chur faoi smacht: an sionnach, an giorria, an mada uisce, an t-iora rua, an lacha fiáin agus a lán ainmhithe agus éan eile nár thuig an duine a saol ná a mbealach ariamh agus nach dtuigfidh go brách, b'fhéidir. Tá a fhios agam anois nach santóinn na sicíní sin murach a fhiáine is a bhíodar.

Ba le Aindriú Shíle an chearc ghlas agus a hál, agus an chéad lá ar chuala mé fúthu thosaigh mé ag déanamh suas le Aindriú. Ba leis na Loirgneáin Gort na Coille. Tarraingt ar cheithre acra talúna a bhí ann. Faoi chruithneacht a bhí a leath na bliana seo agus faoi fhataí a bhí an leath eile.

Ó thosaigh an chearc ghlas ag breith taobh amuigh ní thagadh sí abhaile chor ar bith ach an oiread is dá mba mhianach fiáin amach agus amach a bhí inti. Agus ní chloisfí gíog aisti ach fíor-chorruair nuair a chorraíodh cat nó easóg nó rud éigin mar sin í. Nuair a d'airigh Aindriú imithe í chuartaigh sé Gort na Coille ó bhun go barr ach chinn air aon nead a fháil. Corruair d'fheiceadh sé ag siúl thuas i mbarr an chlaí í agus ag teacht anuas sa gcruithneacht mar bheadh an nead in áit áirid aici. Is cosúil gur le dallamullóg a chur air a ghníodh sí an cleas sin díreach mar a ghníos an pilibín agus éanacha fiáine eile é.

Istigh sa ngort céanna a fuair sí fhéin agus naoi gcinn eile gor timpeall bliain roimhe sin. Ach sa deireadh ní raibh fágtha ach í fhéin agus coileach. Maraíodh na cinn eile leis na sionnaigh agus na heasóga agus na seabhaic agus na cait fhiáine.

Ba bheag gearr de cheathrú míle an áit ón teach ba ghaire dó. Ach is cosúil go raibh nádúr ar leith ag an gcirc ghlais don áit ar rugadh í agus gurb hin é an fáth a ndeachaigh sí ann lena hál fhéin a ligean amach ann. Bhí an t-uaigneas agus an ciúnas le fáil aici ann, freisin, mar bhí sí chomh sceiteach le fia agus níor leagadh lámh ariamh uirthi. Dá bhrí sin níorbh iontas le hAindriú an chaoi ar ghlan sí léi uaidh.

An nóiméad a mbíodh an greim deireanach de mo dhinnéar slogtha siar agam tar éis a theacht ón scoil dom chuile lá, suas tigh Aindriú a bhuailinn cé gur iomaí griosáil a fuair mé de bharr na cuartaíochta sin. Corruair théinn chuig an tobar i gcoinne fíoruisce dó nó b'fhéidir chuig an tsráidbhaile i gcoinne teachtaireachta. Bhí Aindriú i riocht craiceann a chur ar scéal, nó píosa áibhéile a chumadh chomh maith sin nach n-aireoinn an t-am ag sciorradh thart. Ina aice sin, ní raibh aon bhean sa teach leis na blianta roimhe sin le rud ar bith a rá liom. Ach ba iad na scéalta a bhíodh aige faoi na hainmhithe agus na héanacha fiáine is mó a mhealladh ann mé.

"Caithfidh tú foighid a bheith agat, a ghrá, go bhfaighidh muid an chruithneacht bainte i nGort na Coille agus deirimse leat gur gearr a bheas muid ag breith ar an gcailín sin agus ar a hál ansin," a deir sé liom lá. "Agus bhéarfaidh mé chuile éan acu dhuit, chuile cheann acu, bhéarfad sin."

Fuireacht go mbeadh an chruithneacht bainte! Agus gan í ach ina geamhar fós! B'fhaide liom ná síoraíocht go bhfeicfinn an chruithneacht sin á baint agus théinn síos ann liom fhéin ag súil go gcloisinn nó go bhfeicinn na sicíní fiáine. Nuair nach n-éiríodh liom thagadh mífhoighid agus brón orm. Ba coill mhór dháiríre liomsa an choill sin a bhí thíos ag tóin Ghort na Coille agus shíl mé nach raibh a leithéid sa domhan le fad agus leithead. Amanta chuireadh an áit uaigneas agus faitíos orm, go mórmhór gíoscán agus sianaíl na gcraobh agus an torann uafásach a bhíodh ag na crainnte móra lá gaoithe. Agus nuair a chuimhnínn ar na scéalta faoi na taibhseacha agus na cait mhóra fhiáine a d'fheictí ann ghreadainn liom abhaile. Is minic a cheap mé murach go raibh an chearc ghlas beagnach fiáin amach agus amach nach thíos ansin a ligeadh sí a hál amach.

Ba diomua liom go minic a dheacra agus a bhíodh sé le hAindriú tosaí ag cur síos ar na sicíní fiáine, mar is beag eile a bhíodh ag gabháil thríd mo chloigeannsa. Is iomaí iarracht a ghnínn lena dtarraingt anuas ar bhealach éigin. Ach ar éigean freagra tugtha aige orm nuair a d'iompaídh sé ar a chuid seanscéalta nó giotaí filíochta, rudaí nár mhór m'aird orthu. Lá amháin thosaigh sé ag gabháil fhoinn:

> "Siúd é mo theach gan díon air ná scraith,
> É déanta ar thaobh an bhóthair,
> 'Gus gurb í díobháil na mban
> D'fhág mé faoi lear
> 'S mo chéad mhíle slán don óige."

"Bhfuil a fhios agat cén t-amhrán é sin?" ar seisean liom agus gan ceo ar bith ag cur imní ormsa ach na sicíní fiáine.

"Níl a fhios," a deirim fhéin.

"Sin é 'Éamonn an Chnoic' anois agat."

"Agus bhfuil a fhios agat céard é díobháil na mban?" a dúirt sé.

"Dóchas," arsa mise.

"Ní hea, a ghrá, ach easpa."

" Agus gurbh í díobháil na mban d'fhág mé faoi lear,
Is mo chéad mhíle slán don óige," ar seisean aríst.

Is minic ina dhiaidh sin a mheas mé gur caitheamh i ndiaidh an pósadh nach ndearna sé a bhíodh ag gabháil dó mar a bhíonn ag daoine nach é nuair a feictear dóibh é ligthe ar an méar is faide acu agus fios acu gur fearr é a dhéanamh róluath fhéin ná ag iarraidh a bheith á dhéanamh in antráth. Nó b'fhéidir gur scéal grá éigin a bhíodh ag meabhrú na ngiotaí filíochta sin dó – scéal nach raibh a fhios ag duine ar bith beo ach aige fhéin.

Ní dhéanfaidh mé dearmad go deo ar an lá ar thaispeáin sé dom an chéad déas ar an gcruithneacht. Thaispeáin mé fhéin ceann eile dhósan ansin.

"Á," ar seisean, "ní hin cruithneacht chor ar bith. Sin ribhiléis, an rud a mhilleann an chruithneacht."

Chuir an déas chruithneachta sin i gcuimhne dom an corrán, agus an speal agus an chaoi a mbeadh na huicht agus na bánna á leagan go dtí go mbeadh an chearc ghlas agus a cuid sicíní fiáine fágtha gan folach gan foscadh os comhair an tsaoil. Dhéanfadh muid iad a locadh ansin i gcúinne éigin. Ní bheadh aon dul uaidh acu. Ach mura mbeidís an-fhiáin ar fad ní móide go mbeadh mórán measa agam orthu.

"Cúis bhróin liomsa an déas sin," a deir Aindriú liom fhéin nuair a facthas dó a ríméadaí is a bhí mé.

"Ní chloisfidh mé an chuach aríst i mbliana mar bailíonn sí léi thar lear a luaithe is a fheiceann sí an chéad déas arbhair," ar seisean liom. Ach níor chúis bhróin liomsa é sin.

Ba righin leis an gcruithneacht sin cosúlacht iompaithe dá laghad a chur uirthi fhéin. Shílfeá gur in aon turas amháin a bhí sí ag fanacht glas chomh fada sin. An imní is mó a bhíodh orm fhéin go n-athródh an chearc ghlas agus a hál go dtí gort éigin eile agus go ndéanfaidís ball séire díom. Ach deireadh Aindriú i gcónaí liom nach n-athródh an chearc ón áit ar tháinig a cloigeann fhéin ar a saol mura dtige sí abhaile ar fad as.

"Cá bhfios nach isteach sa tsráid chugainn a bhuailfeadh sí fhéin agus a hál lá éicinteacht nuair is lú súil leo," ar seisean. "Ach fan amach uathu, a ghrá, agus ná bí dá scanradh."

Más ag iarraidh ríméad a chur orm a bhí sé, is é a mhalairt a rinne sé. B'údar bróin agus díomú liomsa iad a theacht abhaile. Mura mbeidís fiáin agus mar a bhfaighfí trioblóid ag breith orthu cén mhaith iad? B'fhearr liom corr-shiollúr a chur fúthu agus an fiántas a choinneáil iontu ná iad a theacht abhaile uathu fhéin.

Maidin amháin tar éis an-ghleáradh báistí síos liom go dtí Gort na Coille. Ag gabháil thart leis an gclaí dom facthas dom stiall mhór chruithneachta ina clár, áit a raibh an ithir an-tréasúrach agus d'fhás an tuí go huaibhreach ann. Céard a d'fheicfinn thrí pholl an chlaí ach an chearc ghlas ina haonraic thuas ar mhullach na tuí seo. Thosaigh mo chroí ag preabadh. B'fhaitíos liom go raibh chuile éan a bhí aici marbh nó básaithe. Rinne mé iarracht greim a choinneáil ar m'anáil ar fhaitíos go scanróinn í.

Is gearr gur chuir sí mionghlagaíl aisti fhéin. Rosc bidh an ghlagaíl sin, mheas mé, óir le caochadh do shúile thosaigh sicíní ag teacht aníos thríd an tuí ar nós míoltóga, dar liom. Gheit mo chroí le teann áthais agus lúcháire. A Thiarna Dia! Ní ál a bhí aici ach dhá ál, shíl mé. Bhí an oiread ann ar a laghad is a bhí ag cearc Bhríd Éamoinn fadó – dháréag. Agus gan súil agam ach le sé nó seacht de cheanna!

B'ait liom a gcomhaireamh ach bhíodar chomh coimhthíoch, aduain le héanacha an fhásaigh. Cúpla cuarta thug mé faoi deara iad mar a bheadh cluas easóige orthu ag faire, díreach mar a bhíonn an creabhar caoch agus an chrotach agus an gandal fiáin. Ach cárbh fhios nach raibh cat nó rud éigin tar éis farra a thabhairt fúthu agus go raibh scáth orthu dá bharr? Bhí baol orthu sin a theacht abhaile uathu fhéin! B'aoibhinn liom nach raibh. Ba choill leo an chruithneacht agus bhí chuile shúil agam gur ann a d'fhanfaidís go leagtaí an choill sin. Nuair a tháinig an triomach d'éirigh an píosa tuí aríst.

I gcaitheamh míosa ina dhiaidh sin chinn orm na sicíní a fheiceáil go dtí Domhnach amháin nuair a bhíodar amuigh ar an gceannfhearainn. Mura istigh san arbhar a bhíodar nó mura ar mo shúile a bhí sé ní raibh an oiread acu ann is a bhí an lá eile. B'eagla liom go raibh rud éigin ag déanamh sléachta orthu nó b'fhéidir nach rabhadar in acmhainn aire a thabhairt dóibh fhéin chomh maith leis na héanlaith ar dhúchas dóibh an fiántas? Agus tháinig imní orm go mba fhurasta a gcomhaireamh aimsir na déise.

An chéad babhta eile a bhfuair mé deis a gcomhaireamh rinne mé mísc de. Thuas ar an gclaí a bhí mé nuair a thit cloch agus isteach leo de shéarsa sa gcruithneacht. Údar áthais domsa an chaoi a raibh an chruithneacht sin ag iompú mar nach n-aireofaí go mbeadh lá a bainte ar fáil.

Ar éigean an meitheal istigh sa ngarraí nuair a bhí mise caite ar an gceannfhearainn. Chuaigh na spealadóirí i ngiodán dóibh fhéin agus na fir chorráin in áit eile. Níor airíodh go raibh an drúcht súite isteach ag gréin shoilsigh an fhómhair agus thosaigh an tuí ag pléascadh mar a bheifí á briseadh. Ar éigean déas gan camóg ar a barr – cosúlacht go raibh an gráinne scrútaithe chun a bhainte. Agus chuile fhear ina léine ag leagan arbhair mar a bheadh Dia á rá leo le farasbarr leasa a bhaint as an lá breá.

Séard is mó b'iontas liom fhéin nach raibh na fir chorráin ag baint na méar díobh fhéin leis na bhfuadar a bhí fúthu, go mórmhór Paidí Pháidín Dhuibh. Ba imní liom nach mbeadh an stiall chruithneachta sin ar lár an tráthnóna sin gur thug mé faoi deara an réabadh a bhí Paidí a dhéanamh. Ar éigean a d'fhéadfá a chraiceann a fheiceáil ó chaol a láimhe suas go dtí an uillinn le fionnadh. Chuile uair a dhearcainn ar na lámha sin thugaidís misneach dom, mar mheas mé go raibh luas agus neart iontu agus gur beag a ghoillfeadh na coinlíní nó an feothannáin nó na neantóga orthu. Agus cé gurb é Paidí a thóg an t-ucht ba leithne, is é a bhí amuigh chun tosaigh i gcónaí.

Amharc ní raibh le fáil ar chlann na circe glaise i dtosach ach níorbh fhada gur léir nár bhaol dóibh a bheith marbh uilig, mar bhí na cosáin dhearga chuile áit ann. An choill a bhí acu ó ligeadh amach iad bheadh a bunáite ina bánna agus ina sraitheanna am dinnéir.

Tháinig na mná agus thosaíodar ag tógáil na tuí agus ag déanamh punann di agus á ceangal, agus ag caint. Rinne mé fhéin mór le cuid acu d'fhonn cúnamh a fháil uathu ag sáinniú na sicíní.

Tarraingt ar an ceathair a chlog bhí an-pholl sa bpíosa cruithneachta, ach ní raibh lucht a bainte ag gabháil ar aghaidh chomh maith agus ba mhian liomsa. Chuir duine éigin acu gáir áthais as go hobann. Chonaic sé na sicíní? Tháinig maol áthais orm, ach nuair a dhearc mé tharam céard a d'fheicfinn ach bairille beag leanna. Níor lú liom fear na n-adharc ná é mar ba thuairim dom gur údar moille é. Cuireadh lann gach speile i bhfolach

179

faoin tuí, caitheadh na corráin sa gcoinnleach agus chruinnigh na fir timpeall ar shú na heorna. Agus mar bharr ar an tubaiste nár thosaigh beirt nó triúr de na fir óga, nach raibh ag blaiseadh den ól beag ná mór, ag caitheamh cloch neart. Ba síoraíocht liomsa an scíth sin.

Tháinig corp riméid orm nuair a d'éirigh Paidí Pháidín de phreib agus dúirt os ard, "Seo agaibh! Seo agaibh, a fhleascacha! Tráthnóna fómhair nó cloch i bpoll móna. Tá an cailín seo i ndáil le bheith ag scinneadh as an gcraobh agus má thagann lá gaoithe níl gráinne ann nach mbeadh caite ar an talamh."

Agus siúd ar aghaidh é ag gearradh ar nós na tubaiste.

Anois thosaigh an choimhlint dháiríre. Ní raibh de shamhail ag an réabadh a bhí ag corrán Phaidí ach gearradh an traonaigh. Lean an dream eile é agus d'ardaigh Brighid Pheats Bháin, "Coinleach Glas an Fhómhair":

"Ar choinleach ghlas an fhómhair
A mhíle stóirín sea dhearc mé thú;
Ba deas é do sheasamh i mbróigín
'Gus ba ródheas do leagan súl."

Tháinig croí dom. Ba léir ón dul chun cinn a bhí á dhéanamh acu nach mbeadh déas ina seasamh ag a sé a chlog agus go mbeadh na sicíní fiáine i ngéibheann. Gheall na mná cúnamh dom ag breith ar na sicíní agus thosaigh mé ag tógáil na bpunann as an mbealach dóibh. Tháinig Aindriú Shíle agus chuir Dia síos an garraí roimhe.

"Fainic in ainm Dé an ngearrfadh sibh na cosa de na sicíní bochta agus a máthair," arsa Máire Thaidhg ina sainbhéic leis na spealadóirí nuair nach raibh fágtha as an dá acra ach cúinne an ghiorria.

Stop na spealadóirí go hobann ach léas ní raibh le fáil ar an gcirc ghlais ná ar na sicíní fiáine. Cuartaíodh faoin mbruach féir thart leis an gclaí ar fhaitíos gur ann a bheidís i bhfolach. Scairt cuid de na mná amach ag gáire. Fonn eile ar fad a bhí ormsa. Dúirt duine éigin go raibh na sicíní sna sióga agus gurb fhéidir go mb'fhearr ligean dóibh ar fad. Shíl mé fhéin go raibh chuile dhuine ag breathnú orm agus ag magadh fúm agus tháinig sé ríte liom an chluain a chur ar na deora. Níor mhaith liom é a bheith le rá go ndearnadh baileabhair díom. Ceapadh ansin gur siar sna fataí a d'athraíodar am dinnéir nuair a bhí chuile dhuine imithe.

Thug Aindriú Shíle faoi deara a bhrónaí is a bhí mé ag breathnú, agus tháinig sé anall chugam.

"Níl aon mhaith ag bacadh leo anois, a ghrá, go dtige an dúchan nó an seargadh rua ar na barranna," ar seisean liom go lách le foighid a chur ionam. "Ní bheidh liobar orthu sin Lá Aonach Chnoc an Doláin. B'ionann duit a dhul ina ndiaidh anois agus a dhul ag tóraíocht do ghadhair gan fios a dhath agat. Tiocfaidh an bheirt againn anseo lá eicínt aríst, le cúnamh Dé, agus bhéarfaidh mé chuile cheann acu dhuit, bhéarfad sin."

Níor mhór m'eolas ar an dúchan nó an seargadh rua nó seargadh ar bith eile an t-am údaí ach bhéarfainn a bhfaca mé ariamh dá dtigidís an oíche sin agus gan liobar amháin a fháil ar na barranna i gcaoi go mbeadh na sicíní fiáine fágtha gan folach gan feiste.

Tháinig brón agus uaigneas orm. Fanacht go dtí Lá Aonach Chnoc an Doláin! Tar éis an fhanacht fhada fhánach a bhí curtha díom agam cheana! Agus coill ag na sicíní fiáine aríst – coill bharranna, coill níos dlúite agus níos dúshlánaí ná mar a bhí acu sa gcruithneacht.

Bhí mian mo chroí os mo chomhair amach agus gan gair

agam súil a leagan orthu, gan caint ar bhreith orthu. Bhí an limistéar barranna sin chomh cothrom, mín ag breathnú go gceapfá gur ag fuireacht lena chéile a bhíodar ag teacht aníos dóibh, agus brat álainn de bhláth bán agus de bhláth gorm orthu, gan beann dá laghad acu ar dhúchan ná seargadh buí ná seargadh rua de réir cosúlachta.

I gceann seachtaine facthas dom go raibh deis agam nach raibh agam roimhe sin: deis leis na sicíní fiáine a fheiceáil amuigh sa réiteach. Thagaidís amach sa gcoinleach chuile mhaidin agus tráthnóna agus is acu a bhíodh an hóbach ann, óir nuair a crapadh isteach an chruithneacht fágadh greadadh déas chuile áit ann. Bealaí na n-éan fiáin a bhí leo anois agus faitíos agus coimhthíos orthu roimh an duine. Fíor-chorruair ar fad a d'fheictí amuigh sa ló iad.

Chomhair mé iad tráthnóna amháin ag teacht amach as an gcoill bharranna dóibh. Trí cinn de choileacha agus ceithre cinn d'eireoga a bhí ann agus iad ar fad beagnach chomh mór lena máthair!

B'fhíor do Aindriú: bhí an-lascadh faighte ag na barranna Lá Aonach Chnoc an Dóláin. Níor dheacair na sicíní a fheiceáil chuile lá anois, agus leag Aindriú lá ar leith amach lena sáinniú nuair a thiocfadh sé ón tsráidbhaile.

"Seo a ghrá, is iad do chnámhasa is gaire do chabhair agus gabhfaimid ina ndiaidh ach é sin a bheith ite agat," ar seisean, ag síneadh chugam straiméad de bhuilín siopa mar mheas sé go raibh mé nua chuige.

Síos linn go dtí Gort na Coille nuair a bhí an staic de bhuilín ite agam. Séard a chuireamar romhainn na sicíní fiáine agus a máthair a locadh isteach sa gcúinne in aice na coille, áit a sáinntí na caoirigh sular briseadh an gort.

An nóiméad a bhfacadar muid chrapadar leo síos leis an gclaí, ach chomh tráthúil lena bhfaca tú ariamh, isteach leo i locadh na gcaorach. Leanamar iad agus corp áthais ar mo chroí.

"Déan deifir, a ghrá, ar fhaitíos go mbeadh aon pholl acu sa gclaí le baill séire a dhéanamh dhínn," arsa Aindriú.

Agus síos liom i mo shainrith ina ndiaidh.

"Seas tusa ag an mbearna, a chuideachta, ach ar t'anam ná lig ceann amháin acu amach go mbéarfaidh mise ar mháthair an áil agus tá linn ansin," a deir Aindriú.

Ach nuair a rinne sé iarracht breith uirthi baineadh tuairt as agus thit sé i mullach a chinn. Thosaíodar ar glagaíl agus ag screadach díreach mar a bheadh an sionnach ag gabháil dá n-alpadh. Ghlan an chearc ghlas an claí agus isteach léi sa gcoill. Isteach le cúig cinn dá clann ina diaidh. Rinne coileach ar an mbearna. Rug mé air ach dheamhan ar fhág sé agam ach an t-eireaball agus bhailigh tharam ag screadadh. D'fhág an coileach a bhí taobh istigh sa gcúinne slám clúimh ag Aindriú agus lean a dheartháir do mo bhuíochas.

Lean Aindriú agus mé fhéin an péire siar an gort ach is gearr go rabhamar fágtha ina seilmidí acu. D'éiríodar glanoscartha san aer agus isteach leo thar an gclaí ard sa gcoill in éindí leis na cinn eile, áit a raibh na coiníní, agus na giorriacha, agus na hioraí rua, agus na cait fhiáine, agus na heasóga, agus na broic agus a lán eile ag fanacht leo.

"Á, a ghrá, an rud a beirtear sa gcnámh is deacair leis scaradh leis an bhfuil," a deir Aindriú liom go brónach.

Súil níor leag mé fhéin ná Aindriú ar na gcirc ghlais ná ar a hál fiáin ó shin ach is iomaí oíche chiúin agus mé ar chúl mo chinn ar mo leaba chloisinn dó nó trí de choileacha ag glaoch in am marfach na hoíche. Is minic a cheap mé go raibh an chearc ghlas agus a clann in éindí leis na cearca agus na coiligh feadh ag soláthar san áit chéanna chuile lá istigh sa gCoill Mhóir agus ag síolrú i bhfochair a chéile. Níor lig mé i bhfogas dom ariamh é go raibh an chearc ghlas nó a hál básaithe nó alptha ag na hainmhithe fiáine.

Bhíodh ríméad orm chuile uair a deireadh Aindriú liom go rabhadar go beo bríomhar istigh sa gCoill Mhóir agus ag gabháil chun fairsingeachta in aghaidh na bliana. Chreid mé an scéal sin i gcónaí mar is é is fearr a thaitnigh liom.

An Crochadóir nár Íocadh

Nach bhfuil sé chomh maith dúinn "An Dochtúir" a thabhairt air? Ó cuireadh ag foghlaim dochtúireachta é sin é an t-ainm a bhí ag chuile dhuine san áit air, bunáite, ach amháin a mhuintir fhéin. Chuile lá ariamh b'iontach ó na hÉireannacha leasainm a chur ar dhuine agus ceann a ghreamódh de, freisin, go mbuailtí na hordóga ar a shúile, agus ina dhiaidh sin corruair. Murach é sin, ainm eile ar fad a bheadh ar ábhar an scéil seo.

Ní mórán brí a bhí sa Dochtúir tráth ar thug a athair a vóta uaidh i bParlaimint na hÉireann ar son Acht na hAontachta. Ach nuair a thosaigh sé ag síneadh amach ba léir gur le muintir a mháthar a bhí sé ag gabháil, óir ní raibh san athair ach feairín beag fánach le breathnú air – feairín, má b'fhíor do na scéalta, a fuair síneadh láimhe breá téagarthach ar a vóta. Is deacair anois a rá an bhfuair nó nach bhfuair, ach má fuair is maith a d'fhéadfadh sé déanamh dá uireasa mar bhí a sheacht sáith airgid aige fhéin, gan caint faoin gcarnán a fuair sé lena bhean. Sasanaigh ó bhunadh an bheirt acu, ach bhí a muintir scaitheamh maith sa tír seo. Ní tharraingídís le chéile i gcónaí ach bhíodar ar aon chomhairle faoi dhochtúir a dhéanamh den mhac ba shine, rud nach raibh chuile dhuine i riocht a dhéanamh an tráth sin.

Ní raibh ceo ar bith ag an Dochtúir é fhéin in aghaidh an leagan amach seo ach amháin go mbeadh air cur faoi i mBaile

Átha Cliath in éindí le uncail dó, fear a bhí ina cheannaí mór olla agus teach breá aige amuigh ar cholbha an bhaile mhóir. B'fhearr leis an Dochtúir cead a bheith aige a rogha lóistín a fháil dó fhéin: teach a mbeadh údair dhochtúra eile ina gcónaí ann in éindí leis, teach a mbeadh cead aige teacht isteach ann uair ar bith san oíche a thogródh sé é agus gan a theacht abhaile ann chor ar bith mura dtogródh sé é. Agus b'fhaitíos leis dá ndéanfadh sé blas ar bith as an mbealach ann gurb éard a déanfaí leis é a thabhairt abhaile as ar fad.

Ba ríméadach an mac é ag teacht chun an bhaile mhóir dó an chéad lá. Thuas ar bharr an chóiste mhóir a bhí sé ina shuí. Chuir an tír ar chaon taobh de aoibhneas croí air. Is mó ná sin an t-aoibhneas a tháinig air nuair a thosaigh sé ag cuimhniú ar an saol a bheadh aige sa mbaile mór – scléip, ól, rástaí, siamsa de chuile chineál nach raibh a leithéid le fáil faoin tuath chor ar bith, agus na cailíní breátha a bheadh le feiceáil chuile áit a ngabhfadh sé. Ó tháinig a chloigeann ar an saol bhí sé faoi smacht ag duine éigin ach bheadh sé saor faoi dheireadh, nó i ndáil leis. Ba mhóide a ríméad nuair a facthas dó gur margadh réidh ceart a bhí ina uncail, duine a shantaigh aoibhneas an tsaoil, díreach mar a shantaigh sé fhéin é, beagnach.

Níorbh fhada sa mbaile mór é nuair nárbh iad na daoine ba ghnaíúla a bhíodh ina chosamar i gcónaí cé go mba dhaoine barrúla a mbunáite. Bhí cuid acu in ainm is a bheith ag foghlaim leighis leis na blianta roimhe sin, ach dá mbeidís á fhoghlaim go ndéanfadh Dia dearmad orthu b'ionann an cás dóibh é. Cuid eile dá chomrádaithe níor chuireadar cos taobh istigh de bhallaí an choláiste ariamh. Níor mhór suim dhuine ar bith acu i gcruinneas agus ba mhinic a shliocht sin orthu: lá ar meisce agus lá ag ól uisce. Le scléip agus ragairne a chaithidís leath na gcuarta.

Thaitníodar leis an Dochtúir agus thaitnigh seisean leosan, go mórmhór fhad is a mhair na pingneacha aige. Rinne sé anrúscaire d'fhear ó tháinig sé go dtí an baile mór, agus ó tharla é de cháil air gur mac duine uasail é is iomaí duine a raibh fonn air a bheith ag comrádaíocht leis. Agus bhí mná leanna na haimsire sin i riocht an t-airgead a shú ó bhuachaill óg chuile bhlas chomh maith leo seo a tháinig ina ndiaidh ó shin.

I gceann scaithimh d'imigh an Dochtúir óna uncail. Bhí leithscéal maith aige dá mhuintir: bhí teach a uncail rófhada amach ón gcoláiste. Ní chuirfeadh sé aon scéala abhaile chucu anois ach nuair a theastaigh airgead uaidh agus níorbh annamh é sin. Ní mórán suime a chuir a mhuintir san airgead gur thugadar faoi deara nach gcoinneodh ceárta an óir pingneacha leis le haghaidh éadaigh, lóistín, siamsa agus coirp, má b'fhios dó fhéin é. Thosaíodar ag éirí imníoch faoi agus nuair a tháinig an t-athair ag breathnú air b'éigean dó lán a hata, beagnach, a íoc le daoine a raibh sé i bhfiacha leo. Ach séard a chuir an t-athair le cois ar fad go raibh an t-uaireadóir óir a thug a sheanathair don Dochtúir i ngeall.

Ina dhiaidh sin lig an Dochtúir faoi beagán san ól agus sa ragairne mar bhí faitíos air go dtabharfaí abhaile é. Ó tharla blas an bhaile mhóir faighte aige bhrisfeadh a chroí dá mbeadh air cónaí faoin tuath aríst.

I gceann ráithe bhí sé ar an tseanmharcaíocht aríst. Leithscéal a bhíodh aige dá mhuintir i gcónaí nach bhféadfadh sé aon dul ar aghaidh ceart a dhéanamh gan neart corp le meabhair a bhaint as colainn an duine agus nach bhféadfaí coirp a fháil gan airgead. Cuireadh airgead chuige as éadan. Chuireadh an t-athair agus an mháthair chuige é i ngan fhios dá chéile. Ach níl uair dá bhfaigheadh sé cúpla punt nach gcuirfeadh sé ráig de gan faic a dhéanamh go mbíodh an phingin dheireanach imithe. Bhuailfeadh spadhar ansin é agus rachadh sé chun an choláiste chuile lá go ceann coicíse, b'fhéidir, ach ba bheag an dul ar aghaidh a bhí sé a dhéanamh.

Cáil na huaisleachta is mó a bhí dá bhascadh mar d'fhaigheadh sé rud ar iasacht nuair a chinnfeadh sin ar dhaoine eile. Agus níorbh fhada go raibh a shaineire d'fhiacha air aríst gan gair aige iad a leagan dá gcuirfeadh sé a shúile ar chipíní. Ach bhí uacht le titim air lá breá éigin agus d'íocfadh sé chuile dhuine amach ar an táirge ansin! Nuair a chuala a mhuintir go raibh sé imithe ar a aimhleas ghearradar siar go mór san airgead é.

Le blianta roimhe sin bhí cead ag lucht an choláiste coirp an dreama a crochadh a fháil le eolas a bhaint astu, ach timpeall an ama seo chuireadar in aghaidh an rud sin mar ceapadh go mba céim síos dóibh é úsáid a bhaint as a leithéid. D'éirigh leo.

Tháinig an lá nuair a measadh nach bhféadfaí an coláiste a choinneáil ag imeacht, a ghainne is a bhí na coirp. Ba gainnede iad an fhairsingeacht a tháinig ar na húdair dhochtúra. Cé nach ar staidéar ná ar leigheas a bhí a intinn leagtha ag an Dochtúir ar fad bhí cineál tuairim aige gur beag a bhí ag gabháil idir é fhéin agus clisteacht agus gradam ach easpa eolais ar cholainn an duine agus gur ganntanas corp ba chiontach leis sin. Agus cheap sé mar a cheap a lán eile go raibh lucht ghoidte corp ("lucht aiséirí" a thugtaí orthu) ag baint an iomarca airgid amach. Rud eile de, dá bhféadfadh sé coirp a fháil, nach mbeadh airgead le déanamh astu dá dtogródh sé é? Agus bhí an saol anois ag teacht sách rite leis. Níorbh annamh tart agus ocras air. Dhiúltaigh na hóstóirí ól air agus dhiúltaigh lucht gaimbíne airgead air, bhí an oiread sin fiacha air. Bhí sé réidh lena mhuintir anois agus thosaigh ciall cheannaithe ag teacht dó.

Rinne sé na tithe bidh agus óil ina mbíodh tarraing lucht aiséirí a thaithiú. Chuir sé eolas ar a lán den dream seo agus d'éirigh sé an-mhór le cuid acu. Thosaigh sé ag gabháil amach san oíche ag tochailt na reilige in éindí leo agus níorbh fhada go raibh an cheird chomh paiteanta aige leis an té b'fhaide ag gabháil di. Facthas dó go raibh an íocaíocht ag gabháil suas i leaba a chéile agus tuige nach ndéanfadh sé glaicín airgid ó tharla an deis aige? Ach bhí sé ina chloigeann aige staidéar dáiríre a dhéanamh lá éigin le bheith ina dhochtúir cé gur beag dá fhonn a bhí air anois.

Thosaigh sé ag déanamh dó fhéin. Thóg sé fear a chaith seal fada ag obair le adhlacanach agus a raibh an-eolas aige ar chuile reilig timpeall Bhaile Átha Cliath. "Geanc" a bhí mar leasainm air mar gheall ar a gheancaí is a bhí sé. Ní raibh ann ach staicín agus is é an margadh a rinne an Dochtúir leis an oiread seo a thabhairt dó ar chuile chorp.

Is gearr go raibh an Dochtúir ag déanamh chomh maith sin gur thosaigh sé ag cur corp go Londain, Glaschú agus Dún Éideann. Thugadh sé síneadh láimhe do lucht giollaíochta an choláiste agus bhí cead aige na coirp a fhágáil istigh sa gcoláiste go mbeadh deis lena gcur thar sáile. Agus bhí cuid de lucht na long faoi íocaíocht aige freisin.

Bhí chuile rud ag éirí leis go cumasach anois. De réir mar a bhí na mic léinn ag gabháil chun fairsingeachta bhí airgead na gcorp ag méadú. Níor bhrí leis cúig phunt a fháil ar chorp, go mórmhór i Londain. Bhí sé mór le lucht aire na reilige agus na dteach geata agus chuile dhuine a bhí in ann eolas a thabhairt dó faoi shochraideacha. Ach bhí air a mbunáite a íoc ar bhealach éigin.

Na reiligirí na cairde is fearr a bhí aige mar bhíodh eolas acusan faoi láthair agus doimhneacht chuile uaighe agus bhí deis acu le láí nó sluasaid nó dréimire a fháil le haghaidh duine i gcónaí. Théadh an Dochtúir é fhéin ag sochraid chuile dhuine ar mhór le rá agus théadh Geanc ag sochraideacha na ndaoine bochta i gcaoi go mbeadh eolas ar leith acu faoin áit. Na reiligí b'ísle balla is minice a d'ionsaídís agus na cinn is faide amach ón mbaile mór. Dá mbuailtí duine de lucht faire na sráideanna leo agus corp ar iompar acu dhéanadh síneadh láimhe cúis bunáite i gcónaí.

D'éirigh cáil lucht aiséirí chomh dona sin sa deireadh go raibh scáth anama agus coirp ar dhaoine rompu agus gráin orthu dá réir. Go deimhin bhí daoine ann agus is beag nach raibh an oiread faitís orthu rompu is a bhí orthu roimh an mbás é fhéin. Is iomaí duine nach raibh baint ná páirt acu leis an obair a fuair broicneáil bhuailte ar shráideanna an bhaile mhóir nuair a bhíodh cónra nó bosca mór istigh i gcarr acu, agus d'éireodh daoine amhrasach faoi.

Shíl an Dochtúir go raibh gaisce déanta aige nuair a ghoid sé corp bhean an bhreithimh – bean dheirdreach, álainn a ndeachaigh a cáil i bhfad agus i bhfogas. Chomh luath agus a rinneadh amach go raibh sí imithe thosaigh an rírá agus an tóraíocht. Cuireadh lucht an dlí agus spiadóirí ag obair chuile áit agus dá bhféadfaí an gadaí a fháil bhainfí sásamh dearg amach, mar bhí an breitheamh é fhéin agus a mhuintir i gcruth a gceangal. Tairgíodh an-chuimse airgid don té a thabharfadh eolas faoi. B'fhaitíos leis an Dochtúir go gcuirfeadh an t-airgead mór cathú ar Gheanc agus go sceithfeadh sé. Ach d'éirigh leis an corp a chur thar lear nuair ba mhó a thóir.

Fuair sé an phingin is airde ar an gcorp sin ach chaill sé a lán airgid dá bharr. B'éigean dó ligean faoi go ceann ráithe gan sciúrtóg a dhéanamh, a ghéire is a bhí an fhaire. Duine ar bith a raibh sé ar a chumas chuir sé garda ar an uaigh go ceann seachtaine tar éis lá na sochraide. Rugadh ar dhaoine ag tochailt agus tugadh leadradh dóibh nach ndearnadar dearmad air go lá a mbáis. Maraíodh duine anonn agus anall. Tumadh breá sa Life a tugadh do dhaoine eile. B'éigean do lucht aiséirí gunnaí beaga a bheith acu agus ba mhinic cogadh dearg eatarthu fhéin agus lucht faire.

Bhí an t-airgead mór ag cur cathú ar an Dochtúir. Agus ó thug sé an cleachtadh dó fhéin thiocfadh sé rite leis éirí as an gceird mar bhí greim an phortáin aici air. Nuair a thosaigh sé athuair bhí air a ghunna beag a bheith aige chomh maith le duine ach is é a neart a thug slán go minic é.

Bhí na coirp an-ghann ar fad faoi seo agus an t-airgead gaibhte suas dá réir, go háirid thar sáile. Ní raibh stró ar an Dochtúir rud ar bith dá n-iarradh sé beagnach, a fháil anois. Níor theastaigh uaidh ach na mairbh. Ach mhéadaigh ar an gcontúirt agus b'éigean dó a bheith an-airdeallach ar fad.

B'eol do Gheanc an géarú a tháinig ar na coirp agus thosaigh sé ag éirí míshásta. Ba dhaoire naoi n-uaire chuile chorp anois ná nuair a thóg an Dochtúir i dtosach é agus gan dósan ach an t-airgead céanna. Agus, ina aice sin, bhí an Dochtúir ina dhuine saibhir de bharr na hoibre agus eisean chomh lom is a bhí sé an chéad lá. Rud eile a bhí ag goilleadh air: cheap sé go raibh an Dochtúir ag iarraidh an méid airgid a bhí sé a dhéanamh a cheilt air.

Oíche Shathairn sa Márta chuir an Dochtúir roimhe dhá chorp a tharlú leis ar ais nó ar éigean. Bhí chuile réiteach déanta aige le lucht loinge lena n-iompar anonn go hAlbain dó. Ag déanamh ar an reilig dóibh tháinig an oíche anuas agus nuair a bhuaileadar ceann scríbe ní raibh snáithe ar Gheanc. Isteach leo faoi thom eidhinn a bhí ag fás ar bhalla na reilige le foscadh a fháil. Ag neartú sa mbáisteach a bhí sé agus is gearr gur oíche sa gclaí a bhí inti. Bhí Geanc mar a tharraingeofaí aníos as an loch é. Bhí sé ag osnaíl agus ag gnúsacht ach níor labhair sé smid.

"Cén gnaithe dhúinn fuireacht anseo níos faide?" ar seisean faoi dheireadh, agus é ag cur chosúlacht imeacht abhaile air fhéin.

"Foighid ort, óir cá bhfhios nach glanadh a dhéanfadh sé, agus nach féidir leat fanacht ar do leaba amárach?" arsa an Dochtúir. "Chonaic mé an dá chónra á ligean síos inniu agus ní domhain atá ceachtar acu."

"Má chraitheann sé suas fhéin ní dhéanfaidh mise aon tochailt anocht."

Chuir caint Gheanc iontas ar an Dochtúir ach mheas sé go mb'fhearr dó é a ghlacadh go réidh.

"Níl mé ag iarraidh ort aon tochailt a dhéanamh," a dúirt sé. "Déanfaidh mé fhéin an tochailt ach iompróidh tú corp dhom. Corp an Dálaigh an ceann is éadroime.

Bhí deis ag Geanc an rud a bhí ina chloigeann le ráithe a chur de.

"Diabhal corp ná cuid de chorp, dá mbeadh sé chomh héadrom le cleite."

"Tuige?"

"Chuile thuige. Breathnaigh ar an mbail atá orm. Ní airíonn súch sách bolg folamh."

"Ach cén neart atá agamsa air? Ar ndóigh ní mise a tharraing an bháisteach?"

"Is cuma sa diabhal leatsa nuair nach n-airíonn tú í. Cóta mór ortsa agus mise báite go craiceann. Tusa i do dhuine uasal de bharr mo chuid saothair-sa agus mise gan chianóg. Bean agus clann agamsa agus gan fionn an pheanna agam."

"Ach nár sheas mé ar an margadh a rinne mé leat? Agus cén t-údar clamhsáin atá agat ansin?"

"Má sheas fhéin cén buíochas sin ort? Shílfeá gur faoi chearc a ligeadh na daoine amach. Bhfuil a fhios agat gurb é an oiread céanna atá tú a thabhairt dhom anois agus a thug tú dhom an chéad lá agus tú ag déanamh deich n-uaire an oiread anois is a bhí tú a dhéanamh an t-am sin? Nó an gceapann tú nach bhfuil a fhios ag na daoine é?"

"Bhfuil a fhios agat céard a dhéanfas mé leat: bhéarfaidh mé an oiread eile dhuit."

"Coinnigh é. B'fhiúntaí dhuit mé a eiteachtáil ar fad, b'fhiúntaí sin. Cuirfidh mé deireadh leis an margadh ar fad mura dtuga tú an ceathrú cuid den bhuntáiste dhom."

"Má chuireann is beag an stró ormsa duine is fearr i bhfad ná thú a fháil agus i bhfad níor saoire ná thú i dteannta sin."

"Agus is beag an stró ormsa deireadh a chur le do cheirdse."

"Beagán cainte uait anois."

"Cuirfead, a bhuachaill, agus gan mórán moille mura dtuga tú dhom an méid atá mé a iarraidh."

"Tá tú i mo sheirbhís-sa agus sin ní fhágfaidh tú go dtogróidh mise é."

"Cuirfidh mise faoi ndeara dhuit é a dhéanamh. Dá mbeadh a fhios gur tú a ghoid bean an bhreithimh is gearr go mbeadh na boltaí ort."

"Sea, agus ortsa chomh maith liom."

"Ní bheadh ná baol orm. Tusa a ghoid í, tusa a dhíol í, tusa a fuair an t-airgead agus tá do phócaí druidte leis an méid airgid atá déanta agat as coirp. Rófhada a d'éist mé leat. Mura bhfágha mé an t-airgead atá mé a iarraidh sceithfidh mé ort."

"Maróidh mé thú má ghníonn tú!"

"Do dhúshlán."

D'éirigh an Dochtúir fiáin. Thug Geanc é sin faoi deara agus dhruid seacht nó ocht de shlata amach uaidh.

"A chuimleacháin na míol, tá do chaiscín meilte agus an áit

seo ní fhágfaidh tú beo choíche," a deir an Dochtúir. "An t-am seo san oíche amárach corp ar bhord loinge a bheas ionat."

Scanraíodh Geanc agus chuir sé scread as.

"Má leagann tú méar fhéin orm cuirfidh mé béic asam a tharraingeos an tír ort," ar seisean.

Rinne an Dochtúir air mar a dhéanfadh tarbh. Ach baineadh leagan as agus thit sé. D'imigh Geanc lena anam ag screadach. Bhasc an cóta mór an Dochtúir agus chinn air teacht suas leis.

Ar a leaba, ceart go leor, a chaith Geanc an lá ina dhiaidh sin. Nuair a rinne sé iarracht éirí facthas dó go raibh lán a chraicinn de thinneas air. I gceann seachtaine is ina chorp a bhí sé.

Thóg an Dochtúir fear eile a raibh an-chleachtadh aige ar an obair chéanna.

Ní dheachaigh an Dochtúir chuig sochraid Gheanc ach chonaic sé an uaigh agus é ag sochraid dhuine uasail sa reilig sin an lá céanna.

Rinne sé socrú leis an bhfear nua bualadh leis in aice na reilige an oíche sin. D'fhuirigh sé go raibh sé tuirseach, sáraithe ach dheamhan den fhear nua a tháinig. Bhí sé i dteannta críochnaithe mar is ag an bhfear a bhí na málaí agus gan aigesean ach an rópa leis na cónraí a tharraingt aníos as an uaigh. Loiceadh a rinne an fear air, mheas sé, rud nach ndearna Geanc bocht ariamh.

Níor mhaith leis a dhul abhaile folamh agus chuir sé roimhe corp an duine uasail a ghoid. Bhí seanaithne aige ar an reilig agus in aice na huaighe sin ab ísle an balla. Ag tarraingt ar an uaigh dó shíl sé gur chuala sé sioscadh éigin. Stop sé agus luigh ar an bhfear. Lucht faire agus iad faoi arm, b'fhéidir? Rug sé ar a ghunna beag agus chuir cluas air fhéin. Focal níor chuala sé anois ach ar fhaitíos gurb iad a bhí ann, agus eisean leis fhéin, tharraing sé siar agus chuir roimhe corp Gheanc a tharlú leis. Airde an bhalla san áit sin is mó b'imní dó. Agus mura bhfaigheadh sé an dréimire bhí sé buailte. Fuair, agus chuir ina sheasamh leis an mballa é.

Ó tharla cóir ghaoithe aige ní fhéadfadh an dream eile – má bhí a leithéid ann chor ar bith – é a chloisteáil. Bhí gealach aige chomh maith, agus níorbh fhada go raibh Geanc in uachtar aige. Ba mhór an babhta air easpa mála. Chuir sé an rópa timpeall ar an gcorp agus dhírigh ar an dréimire. Murach an sioscadh a chuala sé san áit eile is ann a ghabhfadh sé amach mar bhí an balla breá íseal ann.

Leath bealaigh suas a bhí sé nuair a bhris runga agus anuas leis fhéin agus an corp ar an reilig aríst. Rinne sé torann millteach, mheas sé. Rud ba mheasa ná sin rinne sé práisc dá shrón nuair a tháinig sé anuas ar chloch, agus thosaigh ag cur fola.

I gceann deich nóiméad d'ardaigh sé an corp ar a dhroim aríst. Bhí sé suas go maith nuair a sciorr an corp uaidh agus anuas leis an mbeirt acu. Ach níor gortaíodh é an turas seo.

Ní raibh ag éirí leis, ach níorbh fhios dó cén fáth, mar is minic roimhe sin a chroch sé leis corp ba throime i bhfad ná é sin. Ach níorbh fhurasta a dhul suas dhá runga d'aon abhóg amháin.

Chaith sé an corp ar a dhroim an tríú babhta. Dá gcinnfeadh air anois dhéanfadh sé iarracht a dhul amach áit éigin eile. Chuir sé cúpla dual den rópa timpeall ar a mhuineál agus cúpla dual timpeall ar a lámha i gcaoi nach bhféadfadh an corp a sciorradh uaidh aríst, cuma céard a dhéanfadh sé. Suas leis aríst.

Nuair a shroich sé barr an bhalla ní raibh puth dá anáil fágtha ann. Ag brath ar theacht anuas an taobh eile a bhí sé nuair a baineadh leagan as. Thit an corp amach taobh an bhóthair uaidh. Thit seisean isteach sa reilig agus leag an dréimire. Craitheadh an t-anam ann. Is gearr go raibh sé fhéin agus an corp mar a bheidís ina ndícheall báis ag tarraingt an rópa óna chéile. Rinne sé a shainiarracht an duine marbh a tharraingt chuige ach chinn air feanc a bhaint as. Bhí a chosa dhá throigh ón talamh agus thosaigh sé ag tarraingt agus ag síortharraingt. Bhí sé mar a bheadh ceangal na gcúig gcaol air. Ina aice sin bhí leathlámh leis i ngéibheann agus an leathlámh eile beagnach ó rath de bharr buille a fuair sé ag titim dó.

Rinne sé iarracht eile ach ba láidre an duine marbh ná é. Faoi dheireadh d'éirigh leis a theacht anuas cúpla orlach, ach is é gur fáisceadh an rópa faoina mhuineál, an rópa ar tharraing sé na scórtha cónraí aníos leis ba chiontach leis.

Chuir sé scread chúnta as fhéin, ach is í an chluas bhodhar a thug an reilig dó. Ar mhilleán uirthi é? Nár mhinic a ghoid sé a cuid agus a stór uaithi – an stór a tugadh di le aire a thabhairt dó go bpléascadh Bonnán Mhichíl amach Lá an tSléibhe le síol Éabha a dhúiseacht?

De réir mar a bhí sé ag oibriú bhí an rópa ag fáisceadh air. I gceann uair an chloig ní raibh smeámh ina chluais.

An mhaidin ina dhiaidh sin frítheadh corp crochta ar chaon taobh den bhalla.

Sionnach Ghleann na Sí

An t-ocras a bhí ag céasadh sionnach fireann Ghleann na Sí – an t-ocras craosach céanna nár thug foras ná suaimhneas dó le seachtain roimhe sin. Nuair a tháinig sé amach go béal na brocaí chuir sé a shrón in airde ar fhaitíos go mbeadh a namhaid, an duine, thart timpeall in áit ar bith. Nochtaigh sé na fiacla fada géara agus an teanga neamúil nár bhlais d'aon fheoil le naoi nó deich de laethanta roimhe sin ach coinín caite a bhí ar thrí cosa agus pilibín a cailleadh leis an ocras.

Dhearc sé ar chuile thaobh de ach facthas dó nár tháinig blas athrú ar an áit. Bhí an tír ar ghile na heala, díreach mar a bhí sí le dhá lá dhéag roimhe sin. B'ionann críoch agus scríob. Níor léir ucht an treabhadóra thar athpholl an phortaigh. An uair dhealraithe chéanna a bhí ann. Ba dhoiligh seasamh amuigh, a ghéire is a bhí an ghaoth. Bhí an saineire céanna de shneachta ar críth agus garrán, go mórmhór san áit fhoscúil a raibh an t-eidheann ag fás go buacach. Ach thart le bruach na coille, áit a bhí ar bheagán foscaidh, bhí an sneachta ag teacht anuas ina chnapracha boga éadroma mar a bheadh éanacha gleoite bána ann. Agus amuigh sa réiteach bhí sé ag imeacht ina cheathanna mionphúdair roimh an ngaoth anoir aneas agus ag spréacharnaíl faoi ghealaí na Féile Bríde ar nós na súilíní drúchta maidin samhraidh. B'in é sneachta na ceatha a rinne sé an tráthnóna sin. Ní raibh cor as an sean-tsneachta a bhí thíos faoi.

Bhí an sionnach fireann ag éirí allta d'uireasa bia. An dá oíche roimhe sin b'éigean dó a theacht abhaile folamh agus craiceann an choinín a bhí caite ar leithridh aige a ithe. Murach an craiceann sin thiocfadh sé crua leis a theacht as.

Ó tháinig an sneachta mór chinn air éalú ar éan nó ar ainmhí. Thugaidís faoi deara é a luaithe is a chorraíodh sé. Ba bheag an mhaith dó tom feothannáin nó tom raithní a dhéanamh de fhéin anois mar ba ghnáth leis roimhe sin lena bhéile a fháil. Is maith a thuig sé an scéal. Nach ar a mhianach a bhí an mí-adh mór cráite nárbh fhéidir leo an dath damanta sin a athrú ar bhealach éigin tráth a mbeadh call leis! Dá mbeadh sé ar a chumas, is ar dhath an fhaoileáin a bheadh sé le linn an tsneachta. Agus nach iad na coiníní agus na héanacha a d'íocfadh ann ansin!

Amach leis ag sirtheoireacht dó fhéin ach ba gheall le gabhar nó caora é, bhí an oiread sin torainn aige. Bhí an sneachta crua reoite ag gíoscán faoina chosa. Agus bhí a shliocht air mar chinn air a theacht i bhfoisceacht deich slat d'aon chreabhar nó d'aon naosc, óir a thúisce is a d'airíodar é suas leo san aer.

Chuir an boladh gionach air. D'oibrigh sé gach gleacaíocht a gheall Dia dó. Chonaic sé a liacht coinín ag gabháil amach ag tóraíocht bidh, gan gair aige éalú orthu. An dath bradach a bhí dá mharú i gcónaí. Isteach leis go dtína bhrocach aríst agus fíochmhaire an ocrais air.

Bhí sé i dteannta. Cé go raibh an aois ag teacht air b'iontach glan an coisí fós é. Ach cén mhaith é mar choisíocht nuair nach raibh blas le fáil aige dá bharr? Is iomaí gábh a ndeachaigh sé thríd agus is iomaí cosúlacht chomhraice a bhí air, ach bhí na cneácha ar fad cneasaithe agus ní raibh ina n-áit ach na coilm agus an fionnadh bán. Bhí tráth ann agus ní raibh sionnach sa gceantar sin a bhí ag breathnú chomh slachtmhar, slíoctha leis, mar bhí coiníní as éadan thart timpeall air, ach is mór a thit sé siar ó tháinig an sneachta.

D'éirigh sé de léim as a leaba the chompóirteach agus chuir roimhe farra a thabhairt faoi chearca agus lachain Bhaile na Saileach. B'eagal leis an oíche spéirghealaí mar b'eagal lena mhianach an solas chuile lá ariamh. Ní raibh sráid ar an mbaile nár thug sé cuairt uirthi, ach ní raibh púirín gan géibheann teann, diongbháilte. Chuala sé na géabha agus na lachain ag grágaíl taobh istigh, chuala sé na coiligh ag glaoch, d'airigh sé na cearca ag corraí, ach chinn air críochnaithe pus fhéin a leagan orthu. Sin é a chuir an craos ar fad air, óir níor stró air an chearc is mó a bhí ann a alpadh dá bhfaigheadh sé an deis.

Ag teacht abhaile dó thug sé faoi deara ainmhí ionann is chomh mór leis fhéin amuigh i gceartlár an léana. Sionnach a bhí ann, cheap sé, go bhfuair sé deis ghaoithe. Giorria a bhí ann – giorria mór dubh a bhí ag soláthar dó fhéin agus ag tochailt an tsneachta ag iarraidh a ghabháil síos chomh fada leis an gcoimín. Giorria é a bhí beathaithe le tornapaí agus gabáiste go dtáinig an sneachta.

Tháinig fiántas an ocrais ar an sionnach nuair a fuair sé boladh na feola beo. Síos leis ar a bholg agus níor stad go raibh sé tuairim is scór slat óna bhéile. Thug an giorria faoi deara é agus as go brách leis. Chuaigh sé glan oscartha thar an sconsa. Lean an sionnach é ar nós an diabhail mar b'eol dó dá ligfeadh sé an fhaill sin uaidh go raibh sé réidh lena bhéile an oíche sin.

Thug an giorria na muirthineacha agus na breaclacha air fhéin mar a ghníodh sé tráth a mbíodh na gadhair agus na coin ina dhiaidh. Ach níor mhire ná níor chleasaí é ná an sionnach. Nár dhúchas don sionnach an áit aimhréiteach chomh maith leisean?

Bhí ag dul ar an ngiorria dubh. Bhí ag dul ar an luas agus an scafántacht. An alltacht agus an gliceas a bhí á bhualadh. Níor éifeacht don ghiorria anois an cor agus an casadh a rinne cúis dó go minic. Ní bheadh deoir fágtha ann an t-am ar thit sé sa scailp nuair a sciorr an sneachta óna chosa murach go ndeachaigh an sionnach amach thairis ina shainrith, bhí sé ag imeacht chomh mear sin.

Is gearr ina dhiaidh sin gur bhain an sionnach plaic fhionnaidh as istigh i gceartlár an tseileastraim. Chuir an giorria dubh scread as. Scanraíodh an chrotach agus suas léi san aer ag feadaíl.

An nóiméad a bhuail an giorria crioslach an locha facthas dó go raibh sé i sáinn. Nuair a shíl sé casadh a dhéanamh bhí an sionnach roimhe agus amach leis ar an leic oighir. Lean an mada rua é i luas a loinne. Ní raibh aon tsamhail acu ach an sciodar uisce, an chaoi a rabhadar ag imeacht agus an ghealach ag breathnú anuas orthu mar a bheadh moltóir ann!

Leagadh iad agus cuireadh ar shlait a ndroma iad a liacht uair. Bhí an leac oighir ar shleamhnacht na heascainne agus ní fhéadfadh rud dá sceartánaí a dhul i ngreim inti. Seacht n-uaire leag an sionnach craosach a shrón ar cheathrúna deiridh an ghiorria luasanálaigh, ach chinn air é a choinneáil de bharr na leice oighir. Murach an sneachta reoite a bhí ann in áiteacha thiocfadh sé rite leo greim ar bith a fháil ann.

Ag tarraingt ar an oileán, tuairim is míle ón gcaladh, a bhíodar nuair a chuir an leac oighre scread aisti fhéin agus phléasc le caochadh do shúile. D'imigh an giorria dubh ó léargas. Shíl an sionnach ag tarraingt siar ach chinn air agus isteach leis i mullach a chinn sa bpoll. Bhris an leac oighre nuair a bhíodar ar bhruach giodáin de fhíoruisce, timpeall méid cháite nach ndéanfadh aon tsíon a shéid sa tír seo leis na cianta a reo. Is beag loch gan a leithéid uair sheaca. Siocair bháis go minic é.

Is gearr gur léir an giorria aríst. Rinne sé iarracht léim a thabhairt amach as a ghéibheann. Ach bhí an leac ar thanaíochan píosa corónach agus bhris sí an nóiméad ar leag sé a chrúb uirthi agus siar leis san uisce aríst. Rinne an sionnach amhlaidh agus tharla an rud céanna dósan. Ní raibh tuilleadh seasaimh sa ngiorria agus níorbh fhada go raibh sé slogtha ag a loch. Bhí a bhéile imithe ón sionnach aríst!

Ní raibh an sionnach i ngábh ariamh mar a bhí sé anois. Chuile uair ar fhéach sé a theacht aníos as an bpoll bhris an leac oighir faoina chrúba. Tráth amháin bhí sé chomh sáraithe sin gur beag nár lean sé an giorria go tóin poill. Ach nuair a thug sé faoi deara boigeacht an fhíoruisce agus an ghal ag éirí as ghlac sé go réidh é go ceann scaithimh. Chuimhnigh sé ar bheart ansin: thosaigh sé ag briseadh na leice oighre lena chuid fiacal.

Lean sé ar fhéin in aon ghiodán beag amháin. De réir mar a bhí sé ag gabháil chun cinn agus ag imeacht ón bhfíoruisce is ag neartú a bhí an leac. An fíoruisce a bhí á choinneáil ag imeacht. Dá mbeadh an giorria faoina chloigeann anois ar éigean a leagfadh sé fiacail air. An géibheann amháin b'imní dó.

Tar éis cúpla uair an chloig bhí mant maith déanta aige ar thaobh an oileáin agus an leac sách láidir lena choinneáil suas. Ach nuair a rinne sé iarracht glanadh as an bpoll siar leis aríst san uisce. Slíocacht agus sleamhnacht na leice a bhí á bhascadh; níor fhéad a chuid iongan aon ghreim a fháil inti. Ní raibh ann an darna iarracht a dhéanamh. Bhí banlámh dá theanga amuigh aige agus lig sé a scíth.

An chríonnacht agus an luas a sheas dó chuile lá ariamh go dtí an dul sin. Ach níorbh fhiú trumpa gan teanga a chuid críonnachta anois gan rud éigin eile i dteannta leis. Neart a theastaigh uaidh agus ba bheag de sin a bhí fágtha ann. D'imir sé ar an duine, ar an éan agus ar an ainmhí go minic, ach is í an leac oighre an namhaid ba fealltaí dár bhuail leis ariamh.

Nuair a tháinig beagán nirt ann thosaigh sé ag cnámhairt na leice aríst. Ba mhian leis a ghabháil chomh fada le clabhstar sneachta reoite; an gharbhacht a chabhródh leis lena chnámha tugtha, tnáite a tharraingt amach as an bpoll báite. Fuacht an uisce faoin leic is mó a bhí ag cur air. B'éigean dó éirí as trí huaire agus filleadh ar an uisce bog lena cholainn a théamh.

Chomh luath is a bhuail sé an sneachta d'éirigh sé as an gcnámhairt agus lig a scíth aríst. Nuair a neartaigh sé beagán leag sé a chrúba tosaigh ar an leic agus rinne a shainiarracht a theacht aníos. Bhí leis murach an cheathrú dheiridh. Dá bhfaigheadh sé cúnamh dá laghad bhí sé slán. Siar leis san uisce aríst, é chomh dona is a bhí sé nuair a thit sé isteach ann i dtosach. Dá mba mhada a bheadh ann is cosúil go gcaillfeadh sé a chiall leis an uafás.

De réir cosúlachta níorbh fhada uaidh mar bhí a neart á thréigeadh i leaba a chéile. Lig sé a scíth aríst agus d'ól foracan eile den uisce. Le breathnú air bhí sé ionann is sa dé deiridh nuair a bhuail sé a dhá chrúb aríst ar an gclabhrach sneachta den dul deireanach. Ar righin ar éigean a d'éirigh leis. É fhéin a rothláil amach as an uisce a rinne sé. Ach nuair a shíl sé éirí, siar leis ar a chorróga leis an lagar agus dhóbair dhó titim isteach sa bpoll aríst. Tar éis ceathrú uaire d'éirigh sé, chraith sé é fhéin agus rinne ar an oileán, an talamh tirim ba ghaire dó – an áit a dtáinig méileach na gcaorach as sa bpoll dó.

Níorbh fhada ansin é nuair a bhí uan míosa le Muintir Shaothraí ar lár aige agus foracan breá de istigh aige. Bhí sé chomh stiúctha sin go raibh sé ar siúl gur phléasc sé, beagnach.

D'ardaigh sé leis an fuíollach agus siar leis faoi leic mhór, áit ar chaith sé an oíche agus an mhaidin sin.

Nuair a dhúisigh sé bhí sé craplaithe, stromptha de bharr a chiapála leis an uisce agus an leac oighre. Ní raibh rith ná luas fágtha ann. Dá dtiocfadh na coin nó na gadhair ar a thóir bhí sé réidh.

Tháinig an bháisteach agus an choscairt mhór i gcaitheamh na maidne agus thosaigh an sneachta ag imeacht as éadan. D'ardaigh an ghaoth agus thosaigh an leac oighre ag gíoscán agus ag gliogarnaíl agus ag búiríl ina dhiaidh sin thart le cladach nuair a tháinig an t-uisce os a chionn. An lá ina dhiaidh sin is beag den leic agus den sneachta a bhí le fáil.

Thosaigh an sionnach ag éirí imníoch, uaigneach. Bhí faitíos a sháinnithe ag teacht air i leaba a chéile. Ghabh sé timpeall an oileáin ag súil le deis éalaithe. Nuair a chuir sé a shrón in airde bhí a fhios aige go barainneach áit a bhrocaí. Bhí tarraingt ar mhíle cúir agus tonntracha idir é fhéin agus an mhórthír. Ba mhó a fhaitíos roimh an loch sin ná roimh phléascadh na ngunnaí, ceol na n-adharc agus gleo ilfhuaimneach na seilge de bharr an choscartha a thug sí dó.

Sínte taobh leis an gcéibhín a bhí sé nuair a tháinig Muintir Shaothraí i gcoinne na gcaorach sul má bheiridís. Séard a cheapadar a d'éirigh dó, gur tháinig sé amach ar an leic oighre ag tóraíocht a chodach, gur chinn air filleadh nuair a tháinig an leá mór agus gur cailleadh leis an ocras é. Níor smaoin a gcroí go raibh uan na caorach glaise slogtha aige agus chaitheadar isteach sa mbád é in éindí leis na caoirigh, lena fheannadh.

"Meas tú ar cruthaíodh ariamh aon ainmhí chomh deas gleoite leis?" a deir Éamonn Ó Saothraí le Riocard ag tarraingt ar an tír dóibh. "Agus murach an sléacht a ghníonn sé ar éanlaith anois agus aríst níl peaca sa domhan ach é a mharú."

"A dheabhais! Shílfeá go bhfuil úth fúithi seo," ar seisean nuair a rug sé ar an gcaora ghlas. "Ó! Dar lán an leabhair tá sí ag pléascadh. Tá uan caillte aici!"

"Cuirfidh mé geall gurbh é an rógaire sin a mharaigh é," arsa Riocard.

"Ó, an diabhal! Bás bréige atá air mar sin. Cá bhfuil an tua bheag?"

Ní dhearna sé ach cúl na tua a thabhairt don sionnach idir an dá chluais. Chuir an t-ainmhí "deas gleoite" uaill chráite as fhéin agus d'éirigh de léim san aer.

"Is beag nach raibh an bithiúnach imithe uainn. Tabhair buille eile dhó," arsa Riocard.

Nuair ba léir go raibh a chnaipe déanta chaitheadar isteach scór slata ar an talamh bán é. D'fheannadar é agus dhíoladar an craiceann sa mbaile mór.

Boladh an Anraith

An Sagart Ó Domhnaill

Nach céasta fada í an oích'
Mo chroí chomh trom le bró mhuilinn,
Ag éisteacht le caoineadh na gaoith',
Ag súil go bhfillfidh an ministéir.

Curfá:
Fill, fill, a rún ó
Fill a rún ó
'Gus ná himigh uaim,
Fill, a chuisle is a stór,
'Gus gheobhaidh tú an ghlóire má fhilleann tú.

Nuair a théimse chuig an aifreann Dé Domhnaigh
'Gus buailim bóthar mar cleachtach liom,
Séard deireas na cailíní óga −
"Sin í máthair an mhinistéir!"

Curfá

B'fhearr liomsa siúl na sráide,
Brat ar mo bhráid mar phluid orm,
Ná ag éirí ar fhuinneoga arda,
Ag éisteacht le cantaireacht mhinistéir.

Curfá

Shiúil mé abhus agus thall,
I Móta Ghráinne Óige rugadh mé,
'Gus ní fhaca mé iontas ba mhó,
Ná an Sagart Ó Domhnaill 'na mhinistéir.

Curfá

Mo mhallachtsa go deo ar na mná,
Siad a bhain díomsa mo shagairtín,
Léigh tú an t-aifreann Dé Domhnaigh
'Gus bhí tú Dé Luain 'do mhinistéir!

Curfá

Dhiúltaigh tú Peadar agus Pól
Mar gheall ar ór is ar airgead,
Dhiúltaigh tú Banríon na Glóire,
'Gus d'iompaigh tú i gcóta an mhinistéir.

Curfá

"Bhfuil tú istigh?" a deir Gamble, an báille, agus é ag breathnú isteach thar an leathdhoras. Brísteachán meirgeach sleabhcánta a bhí ann agus b'éigean dó cromadh mór a dhéanamh ar fhaitíos go dteangmhódh a chloigeann leis an bhfardoras.

"Bhfuil tú istigh, a deirim leat?" ar seisean os ard nuair nár tugadh aon aird air. Agus tharla an rud céanna dó an Aoine roimhe sin.

Ag brath ar imeacht a bhí sé nuair a shiúil Ceata Rua Ní Loideáin aniar as an seomra agus a paidrín istigh ina glaic aici.

"Maith an bhean, maith an bhean, feictear dhom nach bhfuil tú ag ligint Dia i ndearmad," a deir sé. "Ar ndóigh, is ionann Dia dúinn uilig."

Cé gur minic cheana a tháinig sé chuici, is beag súil a bhí aici leis an darna Aoine i ndiaidh a chéile agus ní go maith a bhí a fhios aici céard a déarfadh sí.

"Dheamhan a raibh a fhios agam nach cuid de na cearca a tháinig isteach thar an leathdhoras leis an ropadh gaoithe atá ann," ar sise faoi dheireadh.

"Is gearr go mbeidh an t-anraith réidh agus soir leat ann is ól siar scalladh breá dhe óir is é gotha an fhuaicht agus an ocrais atá ort. Tá chuile dhuine istigh ar an mbaile thoir ann, bunáite. Tá a lán ann as Gleann an Chaltha agus Bun na nGoirtíní. Beidh muintir an Lagáin ar fad thoir ann i gceann uair an chloig mar beidh an tiarna é fhéin agus a bhean uasal agus a gclann iníon ag roinnt an anraith ann inniu."

Bhí sí i ndáil le bheith cinnte go raibh sé tar éis éitheach a thabhairt mar bhí aithne aici ar dhaoine a d'óladh an t-anraith gach uile lá sa tseachtain ach nach mblaiseadh de Dé hAoine – daoine nár thug cúl don aifreann fós – agus ní fhaca sí ach triúr nó ceathrar ag gabháil soir thar an teach ann ó mhaidin. B'aisteach léi gur Dé hAoine is minicí a thagadh sé chuici anois, ach cheap sí go raibh fáth ar leith leis.

"Coisreacan Dé orainn, lá seachanta an spóla agus eile!" ar sise.

"Ach tá an dá chineál anraith ann agus is féidir leat do rogha cineál a ól."

"Ar ndóigh bhí anraith de mo chuid fhéin agam inné agus beidh aríst amárach. Tuirseach dhe atá mé. Agus tá feoil agam ina theannta sin."

"Tá sé chomh maith dhuit bogadh soir ann mar tá siad ag súil leat. Bíodh ciall agat is coinnigh do chuid cearca mar b'fhéidir go dteastódh siad uait amach anseo."

Bhain sí craitheadh as a paidrín ach níor dhúirt sí go ngabhfadh nó nach ngabhfadh ar fhaitíos go dtosódh sé dá cur i dteannta faoi na cearca. Údar ríméid léi a thúisce agus a chrap sé leis. D'fhan sí ag breathnú ina dhiaidh amach an fhuinneog bheag go ndeachaigh sé sa diallait amuigh ag ceann an bhóithrín, an áit a raibh an capall ceangailte aige.

Siar a thug sé a aghaidh. Mheas sí ansin gur ag mealladh daoine eile soir go teach an anraith, nó b'fhéidir ag cur faoi ndeara dóibh a ghabháil ann, a bhí sé ag gabháil, agus gurbh in é an fáth ar ghlan sé leis chomh sciobtha sin. Cárbh fhios nach acu siúd a dúirt go raibh sé ag fáil an oiread seo íocaíochta as gach uile dhuine a thugadh sé soir go teach an anraith leis – cárbh fhios nach acusan a bhí an ceart? Ba ghnóthaí anois é, dar léi, ná sul má chuaigh an Rev. Mr Stone, an ministéir, go Sasana anonn ag cruinniú airgid.

Ach cheap sí go dtiocfadh an lá agus b'fhéidir go gairid nuair nach mbaileodh sé leis chomh héasca sin. Agus is maith a bhí a fhios aici an port a bheadh aige an lá sin: "Mura dté tú soir ag ól an anraith," nó "Mura dté tú ag éisteacht leis an mBíobla á léamh is ar thaobh an bhóthair a bheas do leaba anocht."

Nárbh in é a bhí sé ag cur in iúl di nuair a dúirt sé go mbeadh an tiarna talún agus a bhean agus na cailíní óga ag roinnt an anraith agus go gcloisfeadh an tiarna go raibh sí ar dhuine den mhuintir a bhí ar iarraidh mura dtéadh sí ann?

Agus nárbh in é díreach an cleas a imríodh ar na dea-chomharsana a bhí aici tráth? Dá bhfágtaí Clann Mhic Chonraoi, agus Muintir Chonaire, agus Clann Dhonnchadha agus Clann Dhomhnaill ina haice ní i mullach na haimléise a bheadh sí anois.

Is minic a chuimhnigh sí orthu agus ar na malraigh a thugadh an braoinín bainne agus an mála móna abhaile ar an asal chuici agus gan fhios aici cén ceard faoi rothaí na gréine a rabhadar anois:

thall i Meiriceá, nó i Sasana, nó in Albain? Nó b'fhéidir gur istigh i dteach na mbocht fhéin a bhí cuid acu? Oiread agus uair amháin níor tharraing sí a paidrín chuici nár dhúirt sí paidir dóibh.

Ní móide gur chúnamh na gabháltais bheaga dheasa a bhí acu leo ach an oiread. Daoine as Íochtar Tíre, agus ainmneacha aduaine orthu, a bhí ina dtionóntaí ann anois. Bhí le rá gur iompairí a bhí iontu agus bhíodh duine nó beirt acu ag léamh an Bhíobla do mhuintir na háite gach uile Dhomhnach. Bhí Ceata Rua lánchinnte gur fada ó dtabharfaí an bóthar di fhéin murach an droch-ghabháltaisín a bhí aici. Na carraigreacha agus na leacracha a bhí ag seasamh di! Ach bhí a fhios aici go raibh Dia láidir agus máthair mhaith aige.

Síos léi ar a dhá glúin agus rinne a cuid paidir a chríochnú. Chuir sí an paidrín isteach sa gcaochóg le hais an tine, áit ar ghnáth leis a bheith – idir na paidreacha – mar ba bheag paidrín sa taobh tíre sin ar tugadh a laghad forais dó, óir ba é an cara ab fhearr a bhí aici anois ar an saol é, ach Dia amháin agus a Mháthair Bheannaithe.

Ar bhealach b'aisteach an paidrín é. Níorbh fhios cá fhad déanta é mar ní raibh ann ach go raibh sé i ndiaidh a chéile. Ba dheacair macasamhail na croise móire buí a bhí air a fháil in áit ar bith anois. Deasaíodh chomh minic sin é nár leis cuid de na clocha a bhí air chor ar bith. Agus bhí cloch ar iarraidh i ndeichniúr amháin.

A máthair fhéin a d'fhág aici é, agus bhí sé de rún aicisean é a thabhairt léi san uaigh. Cé aige a bhfágfadh sí é? Bíodh breith agus dá roghain fhéin aici air, mar bhí Riocard Bhairtliméid, a fear, básaithe le bliain cothrom an ama sin, agus ní raibh de chlann aici ariamh ach Beartla, a cailleadh in aois a sheacht mbliana leis an sine siain? Agus b'fhada í ón áit ar rugadh í.

Ó tháinig Lá Fhéile Bríde b'annamh an paidrín sin as a lámha. Fíor-chorrlá nach dtéadh sí ar a glúine sé nó seacht de chuarta ag guí Dé í a neartú in aghaidh an chathaithe – in aghaidh chathaithe an anraith – mar gair ní raibh aici an tairseach a thaobhachtáil gan boladh an anraith chéanna a fháil.

Ag bun an chnoic, timpeall is dhá chéad slat ó theach an anraith, bhí an bbotháinín aici. Cé go raibh an bótháinín céanna taobh le doras amháin agus fuinneoigín amháin, is iomaí duine a d'fhág a ocras agus a thart ina dhiaidh istigh ann. Ag teacht amach as di b'aisteach léi an ghaoth a bheith as an gceard chéanna chomh fada sin, ionann is cúig seachtainí. Is beag nach gceapfá gur in aon turas amháin a bhí sé amhlaidh le cathú a chur uirthi.

A leithéid de bholadh ní bhfuair sí as aon anraith ariamh ó bhí sí i Meiriceá. Agus mheas sí gur daoine in eolas a ngnótha a bhí i lucht a dhéanta.

Nuair a dhearc sí amach an doras bhí an coileach glas ag piocadh dó fhéin san áit a mbíodh an chruach mhóna ag Riocard. B'uaigneach é leis fhéin, ar nós an ruda a fhágfaí ina Oisín i ndiaidh na Féinne. Ach b'uaibhreach é a ghotha lá den tsaol nuair a bhíodh na cearca ina thimpeall agus é mar rí orthu. "Dheamhan a raibh a fhios agam nach cuid de na cearca a tháinig isteach thar an leathdhoras!"

Scalladh cléibh léi an coileach sin a mharú, óir ba mhór an chuideachta léi é. Ba bhreá go deo an glaoch a bhí aige. Is beag nach raibh sé chomh maith le clog gach uile mhaidin, óir ba é an t-am céanna a chuireadh sé an chéad ghairm as i gcónaí. Agus chuireadh sé sórt dúshláin ar lucht déanta an anraith ag glaoch sa ló dó – cruthú go raibh údar anraith dá cuid fhéin ag Ceata Rua go fóill. B'fhearr go mór é ná na cearca ar an mbealach sin. Nuair a marófaí é bheadh an tsráid ar chiúnas na reilige agus b'fhaitíos léi go mbeadh a fhios ag "daoine áiride" go raibh sí buailte agus go gceapfaidís gur gearr eile go gcaithfeadh sí teach an anraith agus an scoil ghallda a thaithiú chomh maith le cách.

Rud eile de, ní bheadh beithíoch ná éan fágtha ar an saol aici ansin ach an cat agus an gabhar odhar a bhí gan striog. Ceart go leor, bhí an bleán cúir go Samhain aici, agus an lámh fúithi go Nollaig, agus an t-amhras go Féile Bríde mar a bhí gach uile bhliain eile, ach níor tháinig na meannáin i gceann míosa mar ba ghnáth. Agus meannáin ná bainne ní bheadh le fáil an bhliain sin aici.

Rud ba mheasa ná sin aríst ní chuirfeadh an ghlaicín fhataí a bhí aici an ghealach sin amach di, cé gur chuir sí cúpla preab chréafóige ar an bpoillín amuigh sa ngarraí trí nó ceathair de chuarta lena dhéanamh toirtiúil ag breathnú le dallamullóg a chur ar lucht a cathaithe. Murach an chaoi a ndearna sí tíobhas orthu agus an méid neantóg a d'ith sí is fada ó bheidís ídithe, cé go raibh a fhios aici go raibh arán agus min bhuí le fáil ag daoine eile ar "ardaigh orm é". Agus bhí corrdhuine ann nach bhfeicfeadh gearr í dá nglacfadh sí an bheatha sin uathu. Uair amháin bhí sí beagnach géillte gur chuimhnigh sí ar an tseanmóir a rinne an t-easpag an lá fadó.

Cé nár mharaigh sí ach ceann anois agus aríst, níor airigh sí na cearca ag imeacht. I ngan fhios tráthnóna a mharaíodh sí i gcónaí iad, i gcaoi go gceapfaí gur á bhféachaint a bhíodh sí dá dtosaíodh ceann acu ag glagaíl. Boladh an anraith a chuir isteach ina cloigeann i dtosach iad a mharú, agus b'ait léi, freisin, é a bheith le rá aici go raibh anraith dá cuid féin aici, cé go raibh a fhios aici nach raibh ann ach uisce le hais an anraith a bhí ag an muintir eile, mar bhí aois mhór ag na cearca agus gan bior eangaí orthu. Ach nach gcaithfeadh sí iad a mharú sa deireadh mar chinnfeadh uirthi a mbeathú?

Ach is beag rud a bhí ag cur uirthi – nuair a thagaidís ar eití na gaoithe ón scoil ghallda gach uile Dhomhnach – chomh mór le glórtha lucht léite an Bhíobla, go mórmhór glór Ghamble. Níor stró uirthi glór Ghamble a aithneachtáil in áit ar bith anois mar gheall ar an saghas galántachta a bhí ag baint leis. D'aithnigh sí é a luaithe agus a ghlaoigh sé uirthi thiar sa seomra di. Ba léir di óna chuid cainte gur Sasanach ó bhunadh é agus is minic b'iontas léi a fheabhas is a thug sé an Ghaeilge leis, cé go raibh corrfhocal ann ar chinn air a theanga a chur timpeall air i gceart. Bhí a fhios aici gur in aon turas amháin a d'fhoghlaim sé í ar nós an Rev. Mr Stone agus roinnt eile i gcaoi go dtuigfeadh muintir na háite a gcúrsaí. Ar bhealach bhí sé fhéin agus an ministéir deas múinte léi i gcónaí. B'ionadh leo é a bheith de dhánaíocht ina leithéid cur in aghaidh a ghabháil go teach an anraith agus gan a ghabháil ag éisteacht leis an mBíobla á léamh. Is cosúil gur cheapadar go raibh braon inti mar chuadar ar an láíocht léi.

Siar léi ar an scaineamhán ag cruinniú glaicín bhrosna. Ba bhuartha í an tír ina timpeall ag breathnú: na sléibhte fad a hamhairc uaithi gan folach gan foscadh, an loch thíos fúithi agus í coipthe ag an ngaoth anoir aduaidh agus carraigreacha loma éibhir ar gach uile thaobh di. Cé go raibh síneadh maith sa lá shílfeá gur ag gabháil chun fuaire a bhí an uair. Ach b'fhéidir gurb é Garbhshíon na gCuach a bhí ar dhuird abhaile ba chiontach leis.

Ar an loch ba mhó ag smaoineamh í mar is trasna ann a thagadh an t-easpag chucu i gcónaí, agus chroch a croí nuair a chonaic sí an bád mór ag díriú ar an gcéibh bhig an babhta deireanach a dtáinig sé. Ba mhinic a bhreathnaigh sí amach ar an loch úd le seachtain roimhe sin ó d'inis bean déirce di go raibh scéal ag gabháil thart gur gearr go dtiocfadh sé chucu aríst, agus go raibh daoine áirithe faoi imní dá bharr. Bhí sí cinnte go gcuirfeadh sé cúl ar chuid den obair a bhí ar siúl agus go gcuirfeadh sé faoi choinnealbhá gach uile dhuine nach bhfanfadh amach ó theach an anraith agus an scoil ghallda, díreach mar a rinne sé cheana. Ach bhí súil le Dia aici nach dtiocfadh sé trasna an locha sin go gclaochlódh an ghaoth agus go dtiocfadh athrú éigin ar an uair.

Ag filleadh abhaile lena binsín aitinne ag tarraingt ar an tráthnóna a bhí sí nuair a chonaic sí an fear ag teacht anoir an bóthar agus a shaineire de rud éigin aniar ar a dhroim aige. Maitiú Sheáin Mháire a bhí ann. Bairille beag anraith thíos i gcliabh a bhí aige agus greim crua ar an teachtairín aige. Á thabhairt abhaile ó theach an anraith chuig a bhean agus a chlann a bhí sé. Bhí sé ar an mhuintir a d'éirigh as a bheith ag gabháil chuig an scoil ghallda agus teach an anraith an babhta deireanach a raibh an t-easpag i bParóiste an Lagáin agus ba léir gur shíl sé go sciorrfadh sé thart i ngan fhios agus nár mhaith leis go bhfeicfí é.

"Á, muise is maith a shaothraíonn an droim an bolg," a deir Ceata Rua.

"Ní folamh a tháinig tú fhéin ach an oiread, bail ó Dhia ort," ar seisean aguc cár mór leathan air ag iarraidh an dochar a bhaint as an scéal.

"Ar ndóigh, deirtear gur mór an gar an té nach dtagann folamh."

"Faraor nach bhfuil duine eicínt in éindí liom a dhéanfadh sealaíocht dom mar tá an-mheáchan go deo anseo," ar seisean ag leagan an chléibh ar an móta dó.

"Cén bhrí é le hais ualach de phutóga folmha? Arú amárach nó an Domhnach ina dhiaidh tá an t-easpag ag teacht chugainn, an ea?"

"An t-easpag!" ar seisean agus malairt datha ag teacht air.
"Níor chuala mé aon cheo faoi. Ach cá mbeadh sé ag teacht agus
an sagart paróiste ar a leaba agus gan aon duine ann le réiteach a
dhéanamh faoina choinne?"

"Chuala mé ag gabháil tharam é go bhfuil sé le theacht go
gairid."

Níor mhór léi dó an iarraidh a thug sí dó óir níor rómhór é
a meas air ó chuala sí gurb éard a dúirt sé ag gabháil thar an
tséipéil dó agus é ag gabháil soir ag ól an anraith athuair achar
gearr roimhe sin: "Beannacht leat, a Dhia, go bhfása na fataí."

Ina suí istigh ina bothairín di cheap sí gur ag fear an anraith
a bhí an ceart. Cá mbeadh an t-easpag ag teacht, agus an tAthair
Ó Máille, an sagart paróiste, buailte suas? Bhí an Lagán gan sagart
anois mar bhí an Sagart Ó Domhnaill, an séiplíneach a bhíodh
ann, iompaithe ina mhinistéir agus bean faighte aige. Bhí le rá gur
mór a chuir sé sin ar an Athair Ó Máille agus gur fada ó bheadh
sé ina shuí murach é. Agus, ina aice sin, b'eol dó go raibh cuid
den mhuintir a ghabh síos ar a dhá nglúin agus a thug geall don
easpag nach mbeadh aon bhaint acu leis an anraith ná leis an scoil
ghallda uaidh sin suas − b'eol dó go rabhadar ar an
tseanmharcaíocht aríst ó buaileadh suas é fhéin.

Dé Domhnaigh dúirt Ceata Rua lán a paidrín trí huaire. Siar
léi an bóthar ag súil le fairnéis éigin faoin easpag. Ghabh
corrdhuine abhaile folamh ón scoil ghallda. B'fhios di gurbh in
cosúlacht i gcónaí nach raibh a "gceacht" acu. Bhí dearmad
déanta acu ar an gcúpla focal den Bhíobla a múineadh dóibh an
Domhnach roimhe sin agus ní raibh aon arán ná aon mhin bhuí
le fáil acu dá bhrí sin.

Níorbh fhada ina suí lá arna mhárach í nuair a chuala sí go
raibh an ministéir ar fáil agus lán an mhála d'airgead aige le

haghaidh anraith, min bhuí, arán, bíoblaí, leabhra beaga agus eile. Bhí le rá go raibh cúpla míle punt ar a laghad aige agus go mbeadh neart de gach uile chineál le fáil acu seo a thogródh a ghabháil ina choinne.

Ba léir go raibh Betty na bPluid ar fáil, freisin, mar bhí an gearrán glas a bhíodh aici i gcónaí ina sheasamh taobh amuigh den scoil ghallda thoir ar an ardán. Níor bhac sise le aon anraith ná aon mhin bhuí ariamh, ach théadh sí thart timpeall is uair sa ráithe le lán an chairr de phluideanna agus gach uile chineál éadach réchaite – an saghas éadaigh a bhíonn dá chandáil ag Seán Saor lá aonaigh – agus sin é an t-údar ar tugadh Betty na bPluid uirthi. Ó Shasana anall a thagadh an t-éadach chuici, a dúradh. Tharraing Ceata Rua an doras ina diaidh agus síos léi sna breaclacha ar fhaitíos go dtabharfadh Betty cuairt uirthi, mar is ina leaba ag an gcat a bhí an súsa a d'fhág sí ann cheana.

Níor mhaith le Ceata Rua bualadh le duine ar bith anois, agus is amuigh a chaitheadh sí gach uile lá breá beagnach, ag ligean uirthi fhéin gur ag cruinniú údar tine agus údar leapan do na cearca agus ag bleán an ghabhair a bhí seasc a bhíodh sí. B'fhaitíos léi go dtosódh duine éigin dá cur i dteannta faoi na cearca – an rabhadar ag breith? Céard a bhí sí a dhéanamh leis na huibheacha? Cén chaoi a raibh sí dá mbeathú, mar ba léir go raibh an poillín fataí beagnach imithe? Nó b'fhéidir go n-abródh bean éigin léi nach bhfaca sí na cearca amuigh le seachtain nó coicís?

Amach léi agus mharaigh an coileach mar cheap sí gur gearr go dtabharfaí cuairt eile uirthi. Cineál údar gaisce léi an torann agus an ghlagaíl a rinne sé sular éirigh léi breith air, mar bhí sí cinnte go bhféadfaí é a chloisteáil thoir ag an scoil ghallda agus ag teach an mhinistéara agus go gceapfaí nár bhaol di a bheith lom fós.

Bhí sé thíos aici scaitheamh nuair a tháinig an ministéir agus Gamble abuil a chéile. An dá mhada mhóra dhonna a bhí acu, bhíodar chomh ramhar le lao biata agus ar shlíocacht na heascainne.

"Ag tógáil an chíosa atá mé ag teacht," arsa Gamble.

"Ar ndóigh, d'éireodh dhuit," arsa Ceata Rua.

"Is féidir leat margadh maith a dhéanamh anois má thograíonn tú é," arsa an Rev. Mr Stone. "Maithfear na riaráistí dhuit agus gheobhaidh tú lascaine ina aice sin, má tá ciall agat. Chuala mé nár thug tú aon chuairt orainn fhad is a bhí mé as baile."

"Níor thugas," ar sise go leathfhaillitheach.

"Agus cén t-údar dhuit é sin?"

"Ar ndóigh, tá feoil is fataí is anraith de mo chuid fhéin agam."

"Cá bhfuil an t-anraith agus an fheoil?"

"Thíos sa bpota ansin."

Dhearc sé go grinn air agus thosaigh ag dradaireacht gháire.

"Níl ansin ach leithscéal d'anraith," ar seisean. "Mura ndéanfadh an chearc ach seasamh thíos sa bpota ar feadh meandair b'fhearr an t-anraith a bheadh agat ná é sin. Ní thabharfainn do na madraí é."

Agus b'fhíor dó, le hais an anraith a bhí seisean ag tabhairt amach.

"Ach deirtear gur gearr go dtiocfaidh an t-easpag," ar sise.

"An t-easpag!" ar seisean, agus iontas an domhain orthu beirt é a bheith de mhisneach agus de dhánaíocht ina leithéid a raibh na trí scór bailithe aici diúltú a bheith aici roimh bheadaíocht a bhí ag mealladh a lán eile.

"Tháinig sé cheana agus an fearrde sibh é? An dtabharfaidh sé arán is anraith is min bhuí do mhuintir Pharóiste an Lagáin?

Dá mba ina thuilleamaí a bheadh na daoine ní mórán acu a bheadh beo anois. Céard a rinne sé ach iallach a chur orthu seo a bhí ag fáil togha na beatha troscadh a dhéanamh go raibh a mbolg buailte ar a ndroim? Agus cá mbeadh sé ag teacht ar chaoi ar bith? Is léir duit fhéin toradh a shaothair. Nach ó bhí sé anseo cheana a d'imigh an Sagart Ó Domhnaill uaidh agus é ag déanamh obair Dé in éindí linne anois?"

"Sea, ach céard atá ann anois ach réalt a chaill a sholas?"

"Ní raibh sé ina réalt críochnaithe go dtí anois. Nach fear léannta atá ann? Nach minic a chuala tú é ag tabhairt seanmóir uaidh agus nach é a bhí i riocht? D'fhan sé in éindí libh gur tuigeadh dó na pisreogaí agus an tseafóid agus an díthchéille a bhíonn ar siúl ag a mhuintir fhéin agus gur againne atá an ceart. Is fearr an cloigeann seacht n-uaire atá air ná tá ar an easpag seo agaibhse agus b'in é an t-údar dó cúl a thabhairt don easpag agus do na pisreogaí.

"Sea, ach ní scaoth breac."

"Ach cé nár chuala tú faoi na sagairt eile a rinne an cleas céanna? Cé nár chuala tú faoin Rev. Mr Foley agus Rev. Mr O'Brien, agus Rev. Mr Frost agus Rev. Mr Mac Namara? Sagairt a bhí iontu uilig gur tháinig ciall dóibh, go bhfaca siad a bpobal gan snáth de na seacht n-éadaigh orthu agus gan tarraingt na gcos iontu leis an ocras."

"Níor chuala mé ariamh fúthu. Ach céard faoi na céadta is na mílte eile nár iompaigh chor ar bith?"

"Tá siad ag teacht anall chugainne de réir mar atá ciall ag teacht dóibh agus ag déanamh an-obair amach is amach do Dhia ar fud na tíre. An té a gheobhas saol feicfidh sé an lá nuair nach mbeidh aon sagart fágtha in aon pharóiste as seo go Baile Átha Cliath."

"Tiocfaidh ciall fós di," a deir Gamble.

"Tiocfaidh ciall di díreach mar a tháinig sí don Sagart Ó Domhnaill agus do na sagairt eile," arsa an ministéir agus é ag breathnú ar an dá mhada ag déanamh bolg le tine.

Ba bhean ríméadach í Ceata Rua nuair a ghreadadar leo mar bhí sí beagnach stiúgtha leis an ocras. Réitigh sí a dinnéar, ach sháraigh uirthi fiacail fhéin a chur sa gcoileach, a righne agus a bhí sé. Chuir sí síos aríst é ar fhaitíos nach sách bruite a bhí sé, ach b'ionann an cás é. An aois a bhí aige ba chiontach leis, cheap sí. Agus ghabh an t-ocras thríd ina theannta sin. D'ól sí cúpla muga den anraith, d'ith cion na splaince d'fhataí, agus choinnigh an méid sin ag imeacht í.

Níorbh fhada ina suí lá arna mhárach í nuair a fuair sí boladh an anraith aríst. Bhí sé thíos don mhuintir a thiocfadh ag éisteacht leis an mBíobla á léamh. A leithéid de bholadh ní bhfuair sí as aon anraith ariamh. Is beag nach bhféadfadh sí a béile a ithe leis! Agus thosaigh an t-uisce ag teacht óna cuid fiacal.

Bhí a fhios aici nárbh fhada uaithi anois. Gach uile éan a bhí aici, bhíodar marbh aici. Bhí an gabhairín odhar seasc agus an poillín fataí ionann is críochnaithe. Ba bhrú ar an doicheall é a ghabháil in aice na gcomharsan nua a bhí aici dá mba é a gcuid fhéin a bheadh acu le tabhairt do dhuine bocht, rud nárbh ea. Nárbh éard a deiridís léi, "Tuige nach dtéann tú soir ansin thoir agus anraith agus min bhuí a fháil ar nós chuile dhuine eile atá ina gcall?" Nach bhfaigheadh sí bás leis an ocras i ngan fhios don tsaol dá bhfanfadh sí ansin mórán níos faide, mura dtaithíodh sí teach an anraith? Agus ní fada eile a chothódh an cur i gcéill í. Is é a raibh ag gabháil léi anois, béile eile fataí agus chaithfeadh sí é sin fhéin a roinnt leis an gcat.

Le teacht an tráthnóna bhí gach uile rud socraithe aici. Chaith sí an coileach amach agus níor achar go raibh an cat ina éadan. Ina suí cois na tine ag déanamh a marbhna agus ag breathnú ar an gcamán luatha a bhí sí nuair seo ar ais an cat agus thosaigh sé ag crónán agus ag déanamh láichín lena cóta dearg. Ach a luaithe agus a thosaigh sé ag déanamh tóin le tine cheap sí nárbh bhaol don gharbhshíon a bheith thart fós agus go raibh seacht síonta faobhracha na drochuaire air.

A thúisce agus a tháinig an contráth d'éirigh sí ina seasamh agus shocraigh an filléidín ar a cloigeann i gcaoi nár léir ach a srón agus a béal agus a dá súil. Chuir sí amach an cat agus tharraing an doras ina diaidh. Níor mhaith léi go n-aithneodh duine ar bith í, go mórmhór lucht roinnte na mine buí agus an anraith.

Ag gabháil amach an boithrín di chuala sí torann na gcos. Stad sí go hobann agus níorbh fhada go bhfaca sí an chónra á hiompar idir í fhéin agus léas. Bhí a fhios aici ansin gur sochraid a bhí ag gabháil thart. Síos léi ar a dhá glúin taobh thiar den sceach ghil le hais an bhóithrín agus dúirt an phaidir a dúirt sí go minic roimhe sin:

"Nár ba liachtaí ribe féir ag fás, ná gráinne gainimh ar an trá, ná na láin chleite pinne den fharraige mhór, ná réaltóg ar an spéir, ná lá beannaithe sa tsíoraíocht ná de bheannachtaí Dé le hanam na marbh."

An bealach aic a thóg sí le teach an anraith agus teach an mhinistéir agus an scoil ghallda a sheachaint agus thug a haghaidh ar theach na mbocht, soir bóthar uaigneach an tsléibhe in aghaidh na gaoithe géire gaibhtí a bhí dá léasadh agus dá coscairt.

An mhaidin ina dhiaidh sin frítheadh caite ar thaobh an bhóthair í thiar ag Léim na hEilte, an seanphaidrín ina glaic aici, í préachta, dealraithe, agus lag leis an gcall agus leis an ocras. Tugadh isteach tigh na Seoigeach í agus is ann a cailleadh í.

Paidir ní abraítear le hais a huaighe, agus leac, liagán ná cros níl os a cionn mar níl a fhios ag duine ar bith beo anois cá bhfuil sí fhéin agus a seanphaidrín curtha. Agus is ar éigean a bheidh a fhios go bpléascfaidh Bonnán an Bhreithiúnais.

An Captaen

B'aisteach linn triúr scéal ón gCaptaen an tráth úd, mar bhí le rá go raibh sé ag cloí. Theastaigh uaidh bualadh linn thiar sa seoimrín cúil thall ag tigh na Máilleach Lá Samhna.

Seisear, nó mórsheisear a thoillfeadh sa seoimrín, agus deireadh an Captaen nach raibh tairne ann gan fhios dó. Thaitnigh cúlráid na háite leis le haghaidh cúrsaí áirithe, ach b'fhada imithe an saol sin.

D'fhan an Captaen air ó aimsir na troda. Agus é buille míréasúnta fhéin ghéilleadh muid dó go hiondúil. Ghéill muid dó an lá úd, freisin: an comhluadar a roinnt agus teacht le dhá phionta an duine.

"Bheadh sé ina ardtráthnóna agus ceithre cinn ólta againn. Agus cén mhaith beithíoch a dhéanamh díot fhéin," a deir sé.

B'in athrú agus fáth ar leith aige leis, mheas mé. Níor inis sé dúinn ach cuid den scéal. Bhí an tseanacmhainn ar na piontaí caillte aige, nó ní raibh sé de chead aige ach péire a ól?

Captaen le fána a bhí ann. Ba mhór imithe ó Cháisc fhéin é. Ach bhí saol crua aige tamall, i ngéibheann dó agus saor. D'fhág an stailc ocrais úd a shéala fhéin air. Bhí trua agam dó nuair a chuimhnigh mé ar an sínneán d'fhear a bhí ann tráth. Shílfeá go raibh cuid de na sé troithe fhéin caillte aige.

"Bhfuil a fhios agaibh céard atá uaim?" a deir sé agus failm bainte as an bpionta aige. "Liosta den mhuintir a bhí san IRA agus IRB. Tá onóir shaighdiúra ag dul do chuid acu ar aon nós. Táthar á dhéanamh in áiteacha eile."

"Mura bhfuil an fhaisnéis sin ag an gCaptaen cé aige a mbeadh sé?" arsa an Búrcach.

"Bhí sé aige tráth, ach tréimhse fhada dhá scór blianta, a bhuachaill. Agus níl aon chuimhne cinn fanta agam. B'ait liom agam uilig iad."

"Cén mhaith tosaí anois, agus cuid de na buachaillí ab fhearr curtha gan onóir gan ómós?"

"Cérbh iad fhéin?"

"Stiofán Ó Fathaigh agus an Móránach, beirt nach bhfuair ach cur *pauper*. Ghoill sé orm agus ar dhaoine nach mé. Agus céard a déarfas a muintir má thugtar do dhaoine eile an onóir a bhí tuillte acusan céad uair níos fearr?"

"Cén chaint sin ort ar chur *pauper*? Tuigeann a muintir an scéal uilig. Mhínigh mise dóibh é. Ní cheidneoinn ar a lán go raibh mé buailte síos. Murach sin chloisfeadh an t-aer an torann. Tá a fhios agaibh nach raibh eatarthu beirt ach an choicís."

"Cén sórt cur a gheobhas an mhuintir atá thall i Meiriceá agus in áiteacha eile, agus a ghabhfadh i gcontúirt a mbáis duit?"

"Cuir an milleán ar Chogadh brónach na gCarad. Is iomaí intinn a d'fhág sé buartha."

"Nárbh fhearr ligean dó ar fad?"

"Tugaí dom na hainmneacha, in ainm Dé!"

"Déanfaidh sin, de ghrá an réitigh. Is fusa a gcomhaireamh inniu ná fiche bliain ó shin, agus ná deich mbliana ó shin fhéin."

"An bhfuil an Dugánach thíos agat?"

"Tá."

"Briartach Triondolóid?"

"Tá."

"Brian Ó Beáin?"

"Tá mé réidh! Agus mé buailte air ar an aonach! Faraor nach bhfuil do chuimhne cinn-sa agam."

"An Seoigeach?"

"Níl agus ní bheidh!"

Las sé suas agus tháinig cuma na buile air nuair ba chóir dó fanacht go socair de réir cosúlachta.

Bhuail tost tobann an comhluadar, agus leagadh na piontaí ar an mboirdín os ár gcomhair amach.

"Ag cúnamh leat a bhí mise, agus nár éiligh tú cúnamh?" arsa an Búrcach tar éis scaraithín agus sórt múisiam air, shílfeá.

"Nach bhfuil a fhios agam é. Ní thugtar cur saighdiúra do chladhaire i dtír ar bith. Loic an buachaill úd orainn."

"B'fhéidir go raibh leithscéal maith aige — míniú atá mé a rá."

"Nár leithscéalta uilig é? Bheadh capall nó bó buailte suas acu nó bheadh pian i laidhricín aige. Cén leithscéal a bheadh ag an té a loicfeadh faoi dhó nuair ba mhó ag teastáil é?"

"An bhfuil a fhios agaibh an chaoi ar chaill sé luíochán an Mhílic — luíochán nach raibh ann i ngeall airsean? Chaith sé an oiread sin ama ag croitheadh an uisce coisreacain air fhéin is go mb'éigean don mhuintir eile bogadh leo tar éis fanacht dhá uair an chloig leis. Agus na cúig raidhfil agus na piléir ar chóir dó a chur chun bealaigh an oíche roimhe sin i bhfolach sa mbaile aige!

"Ghabh sé ag fágáil slán ag an gcailín, mar dhóigh de nach raibh aon fhilleadh i ndán dó, agus tháinig sé ar ais deich n-uaire ó gheata an bhóthair le braon eile a chur air fhéin. Dóbhair dó an teach a fhágáil gan braon."

"Níor chuala cuid againn focal riamh air. Tá blas agus craiceann na háibhéile air ar aon nós."

"Is í an ghlanfhírinne í. Chás do mo bhean, agus í ina gearrchaile, a bheith ar cuairt ann. Ní raibh aon ionsaí ann mar ní raibh na piléir acu, tar éis a raibh de am agus imní agus eile caite leis. É a chaitheamh a bhí acu a dhéanamh. Murach an sos cogaidh ghabhfadh sé rite leis, mar chuirfí cúirt mhíleata air. Cur saighdiúra a thabhairt dá leithéid! Tugadh sibhse dó é más breá libh, ach ní bheidh aon bhaint agamsa leis."

"Nach bhfuil sé in am againn dearmad a dhéanamh ar a leithéid tar éis dhá scór bliain?"

"Ní furasta an feall agus an loiceadh a dhearmad."

"Tá faitíos orm go mbeidh tú i do chadhan aonraic."

"Is cuma liom ó tharla an ceart agam."

"Is deacair dallamullóg a chur ar an bpobal, a bhuachaill. Chuala sibh céard a dúradh an lá ar cuireadh Blácach an Chillín? An chéad uair riamh nár rith sé ó na hurchair a scaoileadh ina ghaobhar! B'in éagóir dháiríre. Bhí an Blácach ina shaighdiúir, rud nach raibh an Seoigeach. Agus céard a déarfaí dá bhfaigheadh an Seoigeach cur saighdiúra? Nach mbeadh muintir na seacht bparóiste uilig ag magadh fúinn? Agus tá sé ag iarraidh a dhul isteach i gCumann na Sean-Óglach más fíor. Má théann ní fhanfaidh mise ann."

"Cé córa do dhuine eile é? Ar ndóigh ní bheadh tada san áit seo murach é. Agus ní bhfuair sé bonn bán riamh as, pinsean ná eile."

"Céard a chaill sé leis? Ní raibh air a dhul i bhfolach fhéin – cruthúnas nar shíl na Gaill go raibh mórán dochair ann."

"Bíonn dhá thaobh ar chuile scéal."

"Níl ar an scéal seo ach taobh amháin."

"An dtiocfaidh ciall choíche dhúinn, nó cén cat mara atá ar na hÉireannaigh – á marú fhéin, agus ag sáraíocht, agus iad oibrithe faoi rudaí nach dtitfidh amach choíche, b'fhéidir," arsa an Súilleabhánach, fear beagchainteach arbh iondúil ciall agus meáchan a bheith ina chuid cainte. Bhí sé ag síorchorraí sa chathaoir le teann mífhoighde. Bhain sé an chaint as mo bhéal ach bhí áthas orm gur labhair sé.

"Bhí an Seoigeach os mo chomhair amach sa séipéal inniu, agus dheamhan lá aoise a tháinig air le fiche bliain," ar seisean. "Chuirfinn a bhfaca mé riamh go gcuirfidh sé síos chuile dhuine againn agus tuilleadh linn."

"Bhí sé sa mianach a bheith saolach," a deir an Búrcach. "Nach raibh an t-athair agus an mháthair ag tarraingt ar na ceithre scór go leith?"

"D'éireodh dó a bheith go maith," a dúirt an Captaen. "Thug sé aire mhaith dó fhéin. Ní raibh air codladh amuigh oícheanta dealraithe geimhridh mar a bhí ar chuid againn. Onóir shaighdiúra a thabhairt dó sin!"

"Sin údar imní nach mbeidh ag aon duine againn choíche a déarfainn," a deir an Súilleabhánach. Caint nár thaitnigh leis an gCaptaen cé nach raibh inti ach an fhírinne. Ghoill sé air go raibh an triúr againn ina aghaidh.

Níor facthas istigh sa seoimrín cúil riamh ina dhiaidh sin é, ní nárbh ionadh le cuid againn ar bhealach, mar bhí faitíos orainn nárbh fhada uaidh.

Agus gan aon tsúil lena mhaith síos leis an triúr againn aige oíche earraigh. B'fhearr é ná mar a shíl muid, bhí suim aige i scéalta nua. Scéal amháin nár inis muid dó ar fhaitíos go ngoillfeadh sé air: go raibh an Seoigeach tar éis a theacht isteach i gCumann na Sean-Óglach agus cúram an Chaptaein air ann.

"An bhfuil a fhios agaibh nach bhfuil tada agamsa in aghaidh an tSeoigigh ach amháin gur mheas mé nach raibh onóir shaighdiúra ag dul dó?" a deir sé. "Maithim dó chuile ní, chuile ní." Rud ba léir ar an gcaoi ar dhúirt sé é.

An chéad uair eile bhí sé déanta don bhás agus níor labhair sé smid linn.

Ach ar smaoin sé riamh ar leaba a bháis dó gurbh é an Seoigeach a bhéicfeadh amach trí huaire os cionn na huaighe: "Scaoiligí!"

An Cliamhain

Nuair a tháinig Tadhg Riocaird abhaile ón aonach Lá Fhéile tSin Seáin bhí a bhean agus a ochtar iníon amuigh ar an mbóthar le fáiltiú roimhe. Tháinig siad amach ar an nóiméad a bhfaca siad Kruger, an madra buí caorach, ag glanadh an bhalla ar aghaidh an tí agus a dhul síos an bóthar ina shéirse lena fháilte fhéin a chur roimh a mháistir.

Ba léir ríméad ar na páistí go raibh a n-athair ar fáil agus gan aon chosúlacht óil air, agus b'fhéidir milseáin aige dóibh. An cúpla babhta a bhfaca cuid acu óltach é níor smaoin a gcroí gurbh iad fhéin siocair an óil.

"Fanaigí isteach as an mbealach ar fhaitíos go ngabhfadh na beithígh i bhur mullach," a deir sé go slóchtach, saothrach ag tarraingt orthu dó.

Bhí a chasóg caite ar a leathghualainn agus a hata ina leathláimh aige. Ghabh na gamhna siar thar na páistí ina sodar agus an ghal ag éirí astu, agus stiall dá dteanga amuigh leis an teas.

"Siar leatsa rompu, a Shiobhán, is cuir isteach i nGarraí an Tobair iad, agus dún an geata ina ndiaidh," a deir sé leis an gcailín is sine.

"Tá tú ar fáil go slán sábháilte, buíochas le Dia," a dúirt an bhean, agus Nápla, an duine ab óige, nach raibh ach tar éis siúl a theacht di, ina bachlainn aici.

"Tá cuid díom ar fáil ar aon nós."

"Bhuel, ó ghabh an chéad bheithíoch suas ón aonach níor stop na créatúir ach ag caint ort agus ag rith amach chuile nóiméad ag súil go mbeifeá ag teacht anuas an bóthar," agus an dreach cumhach céanna uirthi a thagadh gach uile uair a mholfadh sí na páistí os a chomhair.

"Dá naomhtaí mé ní fhéadfainn milseáin ná tada a cheannacht dóibh le teann cruóige ó mhaidin."

Ba léir an t-athrú a tháinig ar cheannaghaidh mhórsheisir acu agus dhearc an mháthair go truamhéileach orthu.

"An chéad lá eile ceannóidh tú rud eicínt deas dóibh, le cúnamh Dé," a deir sí.

"Tá sé clamprach te. An oiread d'anraith mo chroí níor chaill mé aon lá riamh is atá caillte agam ó mhaidin inniu," agus é ag glanadh an allais dá éadan is dá mhuineál lena naipcín dearg.

"Tá an slaghdán teaspaigh sin do do bhascadh."

"Dá dhonacht é ba seacht measa an deacair atá mé tar éis a fháil ó scubaide de bhodóg a cheannaigh mé ó Bhúrcach na Crannaí. Bóithrín níl ar an mbealach nach ndeachaigh sí síos ann ina cos in airde agus gan deoraí agam a chúnódh liom."

"Is maith an scéal gur dhíol tú ar nós ar bith."

"Cé nach bhfuair mé breith mo bhéil orthu, níor chaith mé uaim iad. Deirimse leat nach saill gan fiacha cuid de na cinn a cheannaigh mé."

"Cén dochar má bhíonn an t-ádh orthu, agus beidh le cúnamh Dé."

"Ar ndóigh, is é lá do dhíolta lá do cheannaithe."

"Nach ocht gcinn atá ann?"

"Seacht gcinn."

"Anois a chailíní, céard a déarfas sibh le Deá? Cheannaigh sé gamhain an duine daoibh agus ceannóidh sé ceann do Nápla an chéad uair eile, le cúnamh Dé. Nach fearr iad sin ná milseáin ar bith?"

Ach de réir cosúlachta níorbh fhearr. Gliondar dá laghad níor tháinig ar dhuine ar bith acu.

"D'éagóir nár fhan tú le muintir an bhaile mar leath an oiread síleála ní bhfaighfeá ó na gamhna."

"Níor fhéad mé an gort féir a chur as mo chloigeann. Bhfuil mórán déanta ag Mac Uí Fhathaigh leis?"

"Ar ndóigh níor tháinig sé chor ar bith."

"Níor tháinig! Agus is beag nár thug sé an leabhar inné go dtiocfadh. Ba dhual athar dó gan aon fhocal a bheith aige. Beidh an fear céanna ina thuí átha mura bhfuil ag Dia. Agus gan é bainte as an mbuille fós."

"Nach dtiocfaidh sé ar ais sna cocaí? Agus cén mhaith dhuit a bheith do do chrá fhéin le himní. Cá bhfios nach dtiocfadh sé amárach nó lá éigin eile?"

"Chí Dia an lá sin! Go bhfóire Dia ar an té nach bhfuil aige ach é fhéin, agus atá i dtuilleamaí a leithéide."

Níor dhúirt sí tada eile. B'fheasach í brí na cainte sin: "An té nach bhfuil aige ach é fhéin."

Chuala sí cheana í.

"Meas tú an dtabharfá lámh chúnta dhom ar ball, a Shiobhán? Á rácáil?" Ach níor thug Siobhán aon fhreagra air. "Cén bhailbhe bhréige sin ort? Nó an bhfuil teanga ar bith agat?"

"Tá bonnbhualadh uirthi ó inné, an créatúr," arsa an mháthair.

"Mura mbeadh bonnbhualadh uirthi bheadh gearradh drúichtín nó leithscéal éigin eile aici. Níl díol trua ann ach an créatúr a bhfuil gabháltas talúna aige agus gan aon chúnamh aige. Agus chuile dhuine anuas air."

"Cén mhaith dhuit thú fhéin a mharú leis?"

"Is mura ndéanfaidh mé é cé dhéanfas é?"

D'éirigh sé ina sheasamh, bhain searradh as fhéin agus soir leis sa gharraí féir.

Nuair a chonaic sé a raibh le déanamh lig sé tromosna. Óra, a dhiabhail! Tá sé millte, tá sé rósta, ar seisean, ina intinn fhéin agus slám féir ina ghlaic aige. Ansin rug sé ar an bpíce is thosaigh air ar a mhíle dícheall ag déanamh rollaí.

Níorbh ionadh gurbh é an Rúscaire a thugadh muintir na háite air mar ba chumasach an fear oibre lá fómhair agus earraigh é, gan aon bhuille marbh ina chuid oibre. Bhí sé oscartha géagánach agus dhéanfadh cion beirte agus díocas oibre air. Spreag an torann a ghníodh an féar é, agus é thar am a chraptha.

Níor mhoill nó go raibh na múnóga allais ag rith anuas a dhá leiceann. Tar éis cúpla uair an chloig bhí dhá rolla déanta trasna an ghoirt aige. Dá mbeadh duine ann a dhéanfadh an rácáil fhéin dó ba mhór an chabhair dó é, dar leis.

Thosaigh sé ag tuirsiú beagán. Ach nach raibh sé ina shuí le giolc an éin? Agus tar éis siúl ar an aonach agus abhaile arís? Agus stiall mhaith den lá a chaitheamh ina sheasamh faoi neart na gréine? Agus ag rith anonn is anall i ndiaidh na mbeithíoch? Ina theannta sin, ní raibh sé bliain ón leathchéad.

Dhírigh sé a dhroim agus thug diúl do chos an phíce. Chuir a raibh le déanamh aige imní agus drochmhisneach air. D'fhéadfadh sé cocaí móinfhéir fhéin a dhéanamh dá mbeadh an cúnamh aige. Ach is beag nach raibh a shúil curtha de chúnamh aige. De réir cosúlachta bheadh air fhéin bunáite na hoibre a dhéanamh. Nach raibh Mac Uí Fhathaigh tar éis fealladh air? B'fhearr le fir óga a dhul ag obair ar na bóithre nó ag plé le móin nó gaineamh, rud ar bith ach talamh agus cur. Nach raibh corrthalmhaí fhéin ag saothrú airgid ar na bóithre.

Ba léir dó athrú saoil ag teacht ó thosaigh buachaillí óga ag tarraingt an *dole*. Ní raibh ó fhir óga, dar leis, ach airgead gan allas agus a bheith saor go breá luath tráthnóna, agus gan lá cneasta fhéin a chur isteach dá mb'fhéidir leo.

Agus cén bhail a bheadh air fhéin i gceann deich mbliana eile, dá dtugadh Dia an fhad sin saoil dó? Nach mbeadh a mhaitheas tugtha, nó geall leis? É tarraingthe as a chéile ag obair leis fhéin. Ní sheasfadh capall é. Ar ndóigh bhí lán an tí aige, ach níorbh ionann iad agus cúnamh.

Bhuail drochmhisneach é nuair a smaoin sé ar a liacht rud nach bhféadfaidís a dhéanamh. Ní bheidís i riocht treabhadh ná fuirseadh, ná móin a bhaint, ná innleán a láimhsiú, ná aire a thabhairt do bheithígh ná do chaoirigh, agus ní íosfadh aon duine acu ceapaire dára choíche!

Dá mbeidís i riocht rud a dhéanamh taobh amuigh fhéin bheadh bonnbhualadh nó rud éigin orthu. Agus ceathrar mac ag a dheartháir, Peadar!

Ach nach raibh a chol ceathrar, Micil Thomáis, gan duine ar bith? Agus beirt nó triúr lánúin eile sa gceantar amhlaidh? Agus nach dtabharfaidís a bhfaca siad riamh duine amháin den ochtar a bhí aigeasan a bheith acu? Ba chóir dó a bheith buíoch de Dhia.

Ceart go leor, ach céard faoi chaint a athar nuair a shíl sé a dhul go Meiriceá deich mbliana fichead roimhe sin? "Is tú a gheobhas an áit seo má fhanann tú sa mbaile. I ndiaidh do sheanathar, Tadhg Mór, a tugadh Tadhg ort. Le céad bliain anuas is ag Tadhg Riocaird nó ag Riocard Thaidhg a bhí an áit seo, agus is amhlaidh a mb'ait liomsa é a bheith, más toil le Dia."

Riocard a bhí leagtha amach aige do gach uile dhuine den ochtar, dá mba buachaill a bheadh ann, ach bhí air a dhul thar ghaolta amach le hainmneacha a fháil do chuid den ochtar, ainmneacha nach raibh ar aon duine dá mhuintir fhéin ná de mhuintir a mhná.

Ba mhinic le cúpla bliain é ag cuimhneamh ar an strainséara cé nach raibh tuairim dá laghad aige cérbh é an strainséara céanna, nó cén t-ainm a bheadh air.

Gaol dó fhéin ab fhearr leis, mac lena dhearthair, Peadar, ach amháin nár mhaith leis go bpósfadh aon iníon leis col ceathrar di. Agus ní raibh aon chol seisear nó col ochtar fhéin níos gaire ná Meiriceá. Ba é comhaireamh na hanachana leis é, beagnach. Ach céard eile a d'fhéadfadh sé a dhéanamh ach an strainséara a thabhairt isteach sa teach? Fear óg éigin nach mbeadh de shuim aige in athair nó i máthair a mhná ach amháin go mba fhada leis go mbeidís thíos sa talamh agus as an mbealach aige.

Smaoin sé ar an méid allais a chaill sé fhéin is a athair, agus a sheanathair roimhe, ar an ngabháltas sin, an tonnáiste a d'fhulaing siad ag pléascadh cloch agus dá gcur aníos as poill le spéicí agus gróití, ag déanamh claíocha le linn fuaicht agus fliucháin, ag glanadh sceacha agus tomacha as an áit laethanta leata rite agus ag tarraingt chréafóige le talamh cuir a dhéanamh den mhuirthin. Agus ansin nuair nach raibh groigh, ná grafán, gráinseach ná frioth fágtha ann, agus bail is bláth air é a thabhairt don strainséara!

Dá dtéadh sé chuige sin nach don strainséara a bhí sé ag cailleadh a chuid allais an tráthnóna úd? Nach ag an strainséara a bheadh a raibh aige i gceann scór bliain eile, nó b'fhéidir roimhe sin?

Ach níorbh é an chéad talmhaí é a raibh air a ghabháltas is a raibh aige a thabhairt don strainséara. Mar sin fhéin níor fhéad sé é a chur as a chloigeann. Agus cá bhfaigheadh sé an fear a shásódh é fhéin agus a bhean, gan chaint ar Shiobhán? Agus nach mbeadh sise ina seanchailín óg, nó geall leis, tar éis scór bliain eile?

Riocard a bhí faoi a thabhairt ar an naoú duine freisin, dá mba páiste fir a bheadh ann. Lá an bhaiste shíl an sagart go mba gheall le fear é a bhí tar éis ráig óil a chur de nó cúpla oíche a chaitheamh ina shuí. Bhí trua aige dó mar bhí a fhios aige narbh fhear óil é agus nach ndearna sé aon ól ó rugadh Nápla, bliain go leith roimhe sin. Bhí an naíonán ansin ag a máthair bhaiste agus í ina sámhshuan. Cúpla turas tháinig saghas meangadh uirthi a chuir dealbh aingil uirthi.

"Níor inis tú dom fós cén t-ainm a thabharfas tú uirthi?" a deir an sagart.

"Níl aon ainm agam di," arsa Tadhg Riocaird.

"Cé nach ndeachaigh tú chun cainte le do bhean faoi?"

"Ní dheachas."

"Bhuel, tá a fhios agat nach bhféadfaidh mé í a bhaisteadh gan ainm?" a deir an sagart go lách séimh leis.

Chorraigh an naíonán agus lig dhá shraoth i ndiaidh a chéile.

"Do bhaiste leat! Do bhaiste leat!" a deir an mháthair bhaiste.

"Áiméan!" arsa an t-athair baiste agus athair an naíonáin.

"Narbh fhearr ainm éigin a fháil di ar fhaitíos go ndéanfadh sí an tríú sraoth?" a deir an mháthair bhaiste de leathchogar.

"Nach bhfuil an sagart ansin istigh?" arsa an t-athair baiste.

"Má tá féin. Céard faoi Jude? Ach céard atá mé a rá? Nach bhfuil Jude ann cheana?"

"Foighid oraibh," a deir Tadhg Riocaird, agus an sagart ag filleadh. Síos leis an séipéal fearacht duine a bheadh ar tí turas na Croise a dhéanamh. Dhearc sé suas ar phictiúr agus ansin ar phictiúr eile.

"Veronica!" a deir sé.

"Déanfaidh sin – Veronica," a deir an sagart.

Tar éis an bhaiste thosaigh Tadhg Riocaird ag ól aríst ag iarraidh dearmad a dhéanamh ar an strainséara.